치마 속 조선사

치마 속 조선사

초판 1쇄   2009년 10월 12일
지은이   손을주
펴낸이   김영재
펴낸곳   책만드는집

주소   서울 마포구 합정동 428-49번지 4층 (121-887)
전화   3142-1585·6
팩스   336-8908
전자우편   chaekjip@chol.com
출판등록   1994년 1월 13일 제10-927호
ⓒ 손을주, 2009

* 이 책의 전부 또는 일부 내용을 재사용하려면 사전에 저작권자와
  책만드는집의 동의를 받아야 합니다.
* 잘못 만들어진 책은 구입하신 서점에서 교환해드립니다.

ISBN 978-89-7944-318-9 (03900)

이 도서의 국립중앙도서관 출판시도서목록(CIP)은 e-CIP
홈페이지(http:///www.nl.go.kr/cip.php)에서 이용하실 수 있습니다.
(CIP제어번호: CIP2009002917)

말하는 꽃, 사랑으로 세상을 말하다

치마 속 조선사

손을주 지음

책만드는집

책머리에

TV에서 황진이를 소재로 한 드라마를 방영할 때 참 재미있게 보았다. 드라마를 다 보고 긴 여운 속에서 나는 '어찌 이 땅에 치열하게 살았던 기생이 황진이뿐이랴' 하는 막연한 생각이 들었다.

그때부터 말하는 꽃, 즉 기생妓生에 대해 관심을 갖기 시작하여 기생과 관련된 자료를 모았다. 여러 도서관과 문화원에서 찾은 각종 단행본과 지역에서 발행한 향토지 등에서 많은 기생의 이야기를 접할 수 있었다. 기생에 대한 자료들을 찾고 모아서 공부하고 정리하는 과정은 즐거운 시간 여행이었다.

기생에 대해 자료를 찾아보기 전에는 필자는 기생, 하면 그저 남자들 시중이나 들며 술 따르고 노래 부르고 춤추는 천한 여자들로 생각했었다. 그러나 춤, 노래, 시詩 등에 능한 예인藝人으로서의 기생 한 사람 한 사람의 삶의 애환과 사랑을 알게 되면서 그런 나의 인식이 바뀌었다.

우리나라 기생 제도는 조선 시대에 와서 자리를 굳히게 되었기 때문에 기생이라 하면 일반적으로는 조선 시대의 기생을 지칭하기도 한다. 사회 계급으로는 천민에 속하지만 시와 글에 능한 교양인으로서 대접받는 등 특이한 존재였다.

조선 시대 관청에서 기생을 둔 목적은 주로 여악女樂과 의침醫針에 있었다. 따라서 관기는 의녀醫女로서도 행세하여 약방기생, 또는 상방尙房에서 침선針線(바느질)도 담당하여 상방기생이란 이름까지 생겼다. 그러나 주로 연회나 행사 때 노래와 춤을 맡았고, 거문고 · 가야금 등의 악기도 능숙하게 다루었다. 매춘 행위를 하는 기생의 경우는 기생 중에서도 가장 등급이 낮은 삼등 기생으로 취급받았다.

지역에 따라 어느 누구보다도 그 지역에서 많은 사람에게 기억되는 인물들이 있다. 부안의 이매창이 그렇고, 춘천의 전계심이 그렇고, 진주의 주논개가 그렇다. 오랜 세월이 흐른 오늘날 지역 문화의 한 장으로 지역 축제로까지 이어지는 바탕이 되기도 한다.

여기 37명의 기생 이야기는 이 땅의 수많은 기생의 이야기를 모아 정리한 내용을 다섯 가지 테마로 분류한 것이다.

책으로 엮기까지는 선진 연구자들이 기생과 관련된 연구를 하여 먼저 세상에 보여주었기에 가능했다. 선진 연구자들에게 감사를 드리고, 또 각 지방에서 향토 사학 연구로 지역 문화의 바탕을 마련해주는 향토 사학자들에게 감사를 드린다. 어찌 보면 이 책은 선진 연구자와 향토 사학자들의 책이다.

재미있게 배우고 공부했기에 책으로 엮어져 나오게 된 것은 나에게 있어서는 하나의 덤인 셈이다. 덤의 보배를 얻게 된 것은 책만드는집 김영재 사장님의 덕이다. 감사를 드린다.

－ 2009년 9월
샘골에서 손을주

차례

책머리에 • 4

1장_ 명사와의 사랑

태조 이성계의 4대조 이안사와 애기 • 12
율곡 이이와 버들가지 • 20
암행어사 박문수와 이매 • 24
송강 정철과 관비 • 31
여덟 살 꼬마 이시항과 초선 • 40
개국공신 함부림과 막동 • 48
어사 이현로와 옥영 • 53
남자 물평의 명수 자운아와 손비장 • 56
기생의 원한을 풀어준 천추사 조광원 • 64
최충헌과 양수척 출신의 자운선 • 68
민영의 사타구니에 채워진 자물쇠 • 78

2장_ 시심의 사랑

거문고와 함께 묻힌 매창 • 88
사연 많은 전설이 된 황진이 • 98
삼괴당 신종호와 상림춘의 가야금 • 114
문장가 목계 강혼과 은대선 • 120
박생과 메주 산호주 • 131
암행어사 노수신과 기생 귀신 노화 • 144

3장_ 일편단심의 사랑

청주의 홍림과 김해월 • 154
목숨으로 말하는 전계심 • 164
책방 황규하와 만향의 절개 • 169
첫정의 낭군 따라 죽은 연심 • 186
거지와 어사를 분별하는 일곱 살 가련과 이광덕 • 196
두 사람을 위해 수절한 무운 • 200
동주 성제원과 춘절의 정신적 교우 • 208
망나니 심희수를 군수로 만든 일타홍 • 212
부사 따라 순절한 매화 • 218

4장_ 나라 위한 사랑

피보다 붉은 마음 주논개 • 224
평양성 전투의 김응서 장군과 계월향 • 233
양놈에게 몸을 허락하고 죽은 최옥향 • 242

5장_ 왕실과 사랑

연산군과 궁녀의 옷을 입은 광한선 • 250
월하매의 초혼제에 무당과 함께 춤을 춘 연산군 • 256
명나라 사신들에게 유명한 자동선 • 271
권율의 후예 권직과 단종의 후예 영월 • 280
신하와 기녀를 중매한 성종 임금 • 302
영천군 이정과 소춘풍 • 312
뱀에게 제문을 올린 종실 파성령 • 320
임영대군 이구와 금강매 • 324

1장

명사와의 사랑

태조 이성계의 4대조 이안사와 애기

고려 때 전라도 전주에 애기愛其라는 기생이 있었다. 하얀 얼굴이 복슬복슬하게 복스러웠고 샛별처럼 반짝이는 눈은 매우 아름다웠다.

애기는 단순한 풍류아보다도 호걸을 좋아했다. 그중에서도 애기가 특히 경모한 사람은 같은 전주에 살고 있는 이안사李安社라는 호족豪族이었다. 이안사도 애기를 사랑하여 두 사람은 이미 보통 사이가 아니었다.

원수 사이가 된 별감과 이안사

어느 날 고려의 수도인 송도松都에서 전주로 산성 별감山城別監이 부임해 왔다. 그런데 이 별감이라는 자가 어찌나 거만하던지 전주 사람을 시골내기라 하여 여간 깔보는 게 아니었다. 비록 송도와는 멀리 떨어져 있을망정 풍류가 있고 평야 지대로 인하여 풍요롭게 살고 있던 호족들은 몹시 못마땅했다.

'제기랄, 산성 별감이면 제일인 줄 아나 보지. 벼슬을 하면 누가 그만한 벼슬쯤 못 할 줄 알고?'

사람들은 이렇게 생각하며 그가 내려온 지 여러 날이 지나도록 환영 잔치를 베풀어주지 않았다. 그러나 벼슬이 벼슬인지라 결국엔 마지못해 자리를 마련하고 그를 초대했다. 그 자리엔 지방 호족들이 모두 참석했고 관기를 비롯한 손꼽히는 기생들이 전부 불려 왔다. 술잔이 돌고 모두들 거나하게 술이 오르기 시작했다. 기생들은 번갈아 노래를 부르고 춤을 추며 흥을 북돋았다.

산성 별감은 윗자리에 거만하게 버티고 앉아서 한 늙은 기생이 따라주는 술을 받아 마시며 만족한 듯이 좌중을 둘러보고 있다가 문득 저만치 떨어져 앉아서 좌우의 손님에게 술을 권하고 있는 한 기생을 발견했다.

몽롱하게 취한 별감의 눈에는 그 복스럽고 앳된 모습이 매혹적이었다. 그는 서슴지 않고 오만불손하게 소리를 질렀다.

"애, 거기 있는 그 기생 이리 오너라."

애기는 자기에게 집중되는 시선을 느끼며 그것이 자기를 부르는 것임을 알았다. 옆에 앉았던 이안사의 얼굴에 불쾌한 빛이 스쳐 갔다. 애기가 못 들은 체하고 그대로 앉아 있노라니 다시 별감이 소리를 쳤다.

"애, 이리 오라는데 들리지 않느냐?"

이안사는 흥이 깨질 것을 두려워하여 불쾌한 얼굴을 감추고 "애기야, 가보아라" 하고 점잖게 권했다.

"그럼 영감, 곧 돌아오겠어요. 잠시 기다리셔요."

애기는 부스스 일어나면서 이렇게 소곤거리고는 별감 옆으로 가서 앉았다.

"소녀를 부르셨나이까?"

별감은 눈을 부라리며 말했다.

"그래, 왜 오라는데 냉큼 오지 않느냐?"

"못 들었나이다."

"못 들었어? 너는 관기의 몸으로 어째서 그곳에 붙어 앉았느냐? 부르지 않더라도 먼저 손님에게 와야 할 일이지."

"손님이 어려워서 그리하였습니다."

"뭐라고? 허허, 고것!"

별감은 애기의 아리따운 몸매를 훑어보며 너털웃음을 웃으면서 빈 술잔을 들었다. 애기는 묵묵히 술을 부어주고 무표정하게 앉아 있었다. 별감은 아무 말 없이 꾸어다 놓은 보릿자루처럼 가만히 앉아만 있는 애기의 태도가 눈에 거슬렸다.

"너 아무래도 서방이 있구나. 관기가 그렇게 뻣뻣하게 굴 수가 있느냐?"

별감이 느닷없이 애기의 허리를 끌어당겼다. 그러자 애기는 "소녀는 아무에게나 함부로 정을 두지 않소이다"라고 대꾸하면서 살짝 그 팔을 풀었다. 그러나 별감을 너무 노엽게 할 수는 없다고 생각해 고개를 기울이며 술을 권했다.

"자, 이러지 마시고 술이나 드세요."

"너는 아무래도 저기 있는 저자하고 무슨 곡절이 있어."

별감은 여전히 불쾌한 태도로 이안사 쪽을 한번 노려보고는 단숨에 술을 들이켰다. 술상이 다시 어울려 들어가고 왁자지껄 웃고 떠드는 소리가 더욱 흥을 돋우어갔다. 잔치가 한창 최고조에 달했을 때, 애기는 슬그머니 일어나서 이안사의 옆으로 가버렸다. 이것을 발견한 별감의 눈썹이 곤두섰다.

"관기를 어떤 자가 독점하고 있느냐? 빨리 내놓지 못할까?"

별감은 똑바로 이안사 쪽을 노려보며 호통을 쳤다. 아까부터 별감의 수작이 몹시 눈에 거슬려서 뭉클뭉클 솟아오르는 울화를 억누르고 있던 이안사는 이 말에 그만 분노가 폭발하고 말았다.

"관기는 산성 별감 따위의 전용물이 아니오!"

"뭣이?"

"관기를 마음대로 하려거든 사또의 분부부터 얻어 오시오."

"아니, 뭐라고?"

붉으락푸르락하는 별감의 얼굴을 향해서 계속 이안사의 야유가 쏟아졌다.

"산성 별감이면 산성이나 지킬 일이지 관기까지 감독하고 싶은 게요?"

여러 사람 앞에서 모욕을 당한 별감은 분을 참지 못해 벌떡 일어서면서 소리쳤다.

"이 연회가 대관절 누구의 연회냐?"

이안사도 따라 일어서면서 말했다.

"우리가 베푼 연회지 누구의 연회요? 좀 점잖게 앉아 먹지 못하고……. 나 참, 별꼴을 다 보겠군."

화가 머리끝까지 치민 별감은 술자리를 건너오면서 소리쳤다.

"이 무식한 놈 같으니. 시골 촌놈 따위가 감히 누구 앞에서 목소리를 내는 게냐. 네 이놈, 냉큼 물러가거라."

이안사는 어이가 없다는 듯이 "너나 물러가거라!" 하고 한마디 응수해놓고는 "얘, 애기야, 일어서거라. 기분을 잡쳤으니 춤이나 한번 추자" 하면서 애기를 잡아 일으켜 덩실덩실 춤을 추기 시작했다. 그 태도에 별감은 부들부들 떨면서 추상같이 호령했다.

"저놈을 잡아내라!"

그러나 아무도 일어나는 사람이 없었다. 연회에 참석한 호족들과 기생들은 물론 뜰아래 종들도 그저 묵묵히 그 광경을 바라보고 있을 따름이었다. 아무도 응하지 않자 별감은 별안간에 "에라, 이놈!" 하고 소리를 치며 애기의 손을 잡고 춤을 추는 이안사의 뺨을 후려갈겨 버렸다. 다음 순간에 발을 멈추고 휙 돌아선 이안사의 주먹이 별감의 면상으로 날아왔다.

"이놈이 누구에게 함부로!"

이안사는 이렇게 호통을 치면서 비틀거리는 별감의 얼굴에다 두 번째 주먹을 내리쳤다. 별감이 술상 위에 넘어져 뒹굴고 연회장은 일시에 수라장이 되고 말았다. 이안사는 "뒈져라, 이 관리 놈아!" 하고 한마디 내뱉고는 애기의 손을 잡고 밖으로 뛰쳐나갔다.

이 소식은 곧 사또의 귀에도 들어갔다. 곡절 불문하고 사또는 이안사가 관원에게 거역한 사실에 격분하여 "그놈을 잡아다가 당장에 때려 죽여라!" 하고 서슬이 퍼렇게 명령했다. 그러나 사령들이 그의 집

전주 경기전에 봉안된 **이태조의 영정**. 조선의 제1대 왕인 태조 이성계는 목조 이안사의 고손자다.

으로 달려가 보니 이안사와 애기는 이미 자취를 감추고 없었다. 관원에게 폭력을 휘둘렀으니 도저히 살아남지 못할 것을 안 이안사가 집에 돌아간 즉시로 간단한 행장을 꾸려 애기와 함께 전주를 빠져나간 것이다. 이안사와 애기는 그 길로 강원도 삼척으로 도망가서 그곳에서 살았다.

그러나 원수는 외나무다리에서 만난다더니, 얼마 안 가서 전주에 와 있던 그 산성 별감이 삼척 안렴사按廉使로 내려온다는 소문이 전해졌다. 그들은 그곳에도 있지 못하고 다시 의주를 거쳐서 아주 멀리 경흥慶興 땅으로 들어갔다. 그곳은 고려의 세력이 미치지 못하는 곳이므로 아니꼬운 고려 지방관의 꼴을 보지 않아도 되었다. 주로 여진족들이 많이 살며 그들이 세력을 잡고 있었기 때문이다.

이안사와 애기는 비로소 아무런 거리낌 없이 달콤한 사랑의 보금자

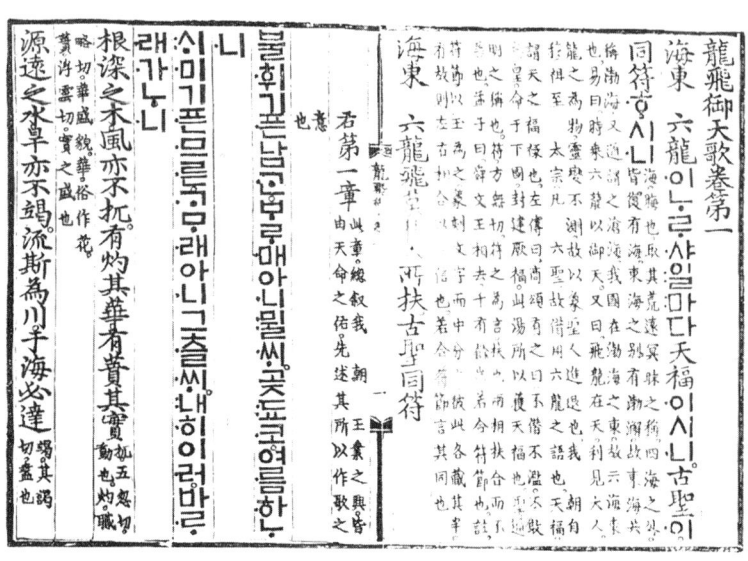

조선 왕조의 창업을 칭송한 서사시 용비어천가. 서두 부분의 육룡(六龍)은 조선을 개국한 여섯 조상, 즉 목조, 익조, 도조, 환조, 태조, 태종을 말한다.

리를 마련할 수 있었다. 그런데 차츰 이곳의 풍운이 급해지며 원元나라의 군사와 관원들이 들이닥쳤다. 여진족에게 신세를 졌으나 신흥하는 원의 세력이 커갈 것을 생각한 이안사는 원나라의 군대로 들어갔다. 그는 호담한 성격을 인정받아 나중에는 군사 오천을 거느리는 오천호戶가 되어 거들먹거리며 살게 되었다. 그때 낳은 아들이 행리行里인데, 행리는 이자춘李子春의 할아버지가 되는 사람이고 이자춘은 바로 이성계李成桂의 아버지다.

이태조의 선조

전주 이씨의 시조는 이한(李翰)으로 신라 말기에 사공(司功)을 지냈는데 사공이란 왕경의 성곽 수리를 담당한 경성주작전(京城周作典)이란 관청에 소속된 관원이다. 이한 이후에는 두각을 나타내는 인물이 없어 평범한 가계(家系)가 되었는데 고려 고종 때에 18세손인 목조(穆祖) 이안사가 전주에서 지금의 함경남도 덕원으로 이주하면서 출세를 꿈꿔볼 수 있게 되었다. 당시 중국을 지배하고 있던 원(元)은 함경북도 영흥에 쌍성총관부(雙城摠管府)를 두고 그 이북의 땅을 점령하고 있었다. 이안사는 원나라에 투신(投身)하고 알동(斡東, 간도)으로 이주하여 천호(千戶)란 관직을 갖게 되었다. 이후 이안사의 아들 익조(翼祖) 이행리, 도조(度祖) 이춘(李椿), 환조(桓祖) 이자춘에 이르기까지 천호의 지방관을 습직(襲職)했다.

율곡 이이와 버들가지

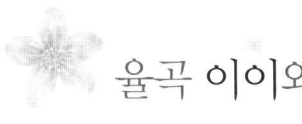 조선 왕조는 전 시기를 통하여 지방에 관기를 두었다. 아무리 성현 군자라 하더라도 목민관으로 홀로 부임하게 되면 관기를 일종의 관물로 여기고 그들을 성적인 배설구로 삼았다.

율곡의 곧은 심지

율곡栗谷 이이李珥가 황해 감사로 내려갔을 때 황주黃州에 들르게 되었다. 황주의 수령은 감사를 대접하기 위해 기생을 들여보냈다.
"네 이름이 무엇이냐?"
"버들가지柳枝라 하옵니다."
"몇 살이냐?"
"열여섯이옵니다."

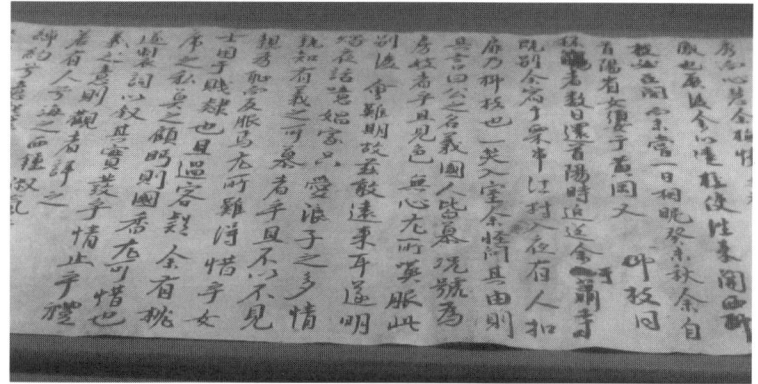

율곡 이이의 연서 유지사. 유지에 대한 사모의 정이 절절이 배어 있는 이 글에서 고결한 인품을 가지고 있는 선비의 모습과 사랑하는 여인을 향한 애틋한 마음을 숨기지 못하는 남자의 모습을 동시에 엿볼 수 있다.

화석정. 율곡이 관직에서 물러난 후 제자들과 함께 이곳에서 여생을 보냈다고 한다. 몇 차례 소실과 복원이 반복되었는데, 지금의 화석정은 6·25전쟁 때 소실된 후 1966년 파주 유림들이 다시 복원한 것이다.

율곡 이이. 기생 유지를 사랑했으나 함부로 범하지 않았고 오직 정신적으로만 교우할 뿐이었다.

유지의 자태는 매우 고와 사람을 끌 만했다. 그러나 율곡은 어린 유지에게 조금도 정욕이 일어나지 않았다. 능히 이성으로써 색정의 본능을 이겼다.

그 후도 율곡은 명나라 사신이 들어와서 원접사遠接使의 임무를 띠고 마중 나갈 때면 황주에 들렀다. 그러면 이때도 역시 유지가 들어와 문안을 올리고 여러 가지 이야기를 나누었다. 원접사인 율곡도 같이 이야기하며 지나간 일을 회상하기도 했다.

세월이 흘러 유지에게 성숙한 여인의 향취가 배어나기 시작했다. 율곡을 대한 유지가 스스로 "소녀, 대감을 모시고자 들어왔나이다" 하고 고운 목소리로 율곡을 유혹했다. 그래도 율곡은 유지를 범하지 않았다. 한 송이 화려한 꽃을 감상할 따름이었다.

간혹 율곡이 자기의 누님 집을 찾아갈 때도 황주에 들르면 으레 유지가 나와 대접했다. 이때도 율곡은 역시 범하지 않았다.

유지에 대한 율곡의 예찬사

아아! 황해도에 사람 하나
맑은 기운 모아, 선녀 자질 타고났네.
곱기도 해라, 그 뜻이랑 태도여
맑기도 해라, 그 얼굴이랑 말소리여.

새벽하늘 이슬같이 맑은 것이
어쩌다 길가에 버려졌나.
봄도 한창 청춘의 꽃 피어날 제
황금 집으로 옮기지 못함이여, 슬프다 일색이여.

그토록 자태가 아름답고 심성이 고운 여인이 천기(賤妓)가 되었음을 안타까워하고 귀인의 지위로 옮기지 못함을 슬퍼하는 시다.

율곡의 출생에 얽힌 일화

율곡 이이의 아버지 이원수는 한양에서 벼슬을 하다가 청룡과 황룡이 얼크러져 품에 안기는 꿈을 꾸고 대길할 태몽이라고 여겨 강릉으로 부인을 만나러 내려오던 중이었다. 대관령 마루에 있는 주막에서 주막집 여자가 이원수의 기상을 보고 유혹했으나 이원수는 꿈꾼 것을 생각하고 거절한 뒤 부인 신사임당에게 가서 율곡을 잉태하게 했다. 한양으로 돌아가는 길에 이원수가 대관령 주막에 들러 여인의 소망을 들어주려 했으나 그 여자는 이미 큰 인물을 낳을 시기를 놓쳤다며 거절했다.

암행어사 박문수와 이매

 암행어사로 유명한 박문수朴文秀는 영조英祖 대왕이 왕세자로 있을 때부터 궁중에 드나들며 서로 친구같이 지냈다. 무신난 때에는 종사관으로 안성 싸움에 출정하여 큰 공을 세워 영성군靈城君의 봉군까지 받았다. 이때부터 당당한 고관으로서 영남 지방의 어사는 물론 각지의 지방 장관을 역임했다.

| 함흥의 명기, 이매

박문수가 함경도 지방의 관찰사로 내려가 함흥에 있을 때의 일이다. 함흥은 북관의 중심지로서 물색이 화려했다. 그는 부임한 후부터 관기 이매二梅를 가장 마음에 들어 했다. 일찍이 박문수는 영조 18년경에 함경도 감진사監賑史로 내려가 그 지방 빈민을 구제하는 데 힘썼기 때문에 함경도 주민들은 그를 고맙게 여겨 잘 대접했다.

이때 박문수는 감영 안에서 각지의 방백方伯과 수령守令을 단속하여 민폐를 일소하기도 했다. 먼 지방인 만큼 때로는 가혹한 수탈을 일삼는 수령이 많았다. 그는 어사로서 관리들의 비리 사실을 잘 알고 있었으므로 그러한 방면에는 누구도 그를 따를 사람이 없었다. 그러한 까닭에 박문수가 함경도의 감사로 부임했다는 소식을 듣고 백성들은 안심했다.

"명어사가 함경도로 내려온다지? 이제 수령 놈들도 겁이 나겠네."

"그렇고말고. 한번 걸려들면 용서 없다는데."

"그래야 우리 함경도 사람들도 잘 살 수 있지."

"물론이지. 여부가 있나."

백성들은 이러한 말을 서로 주고받으며 그를 찬양했다.

박문수는 호조 판서를 여러 해 지냈으므로 재정에 대해서도 밝았다. 그런 한편 여인을 호리는 데에도 누구에게도 지지 않을 만한 명수였다. 삭풍이 불어오는 함경도에는 조선 왕조 초기에 김종서金宗瑞가 육진을 개척할 때부터 호기 있는 기풍을 보여주어, 원정 간 군인뿐만 아니라 일반인까지도 의협심을 가지고 있었다.

박문수는 관기 이매를 사랑했다. 북쪽의 여인은 남성 못지않게 강직했다. 이러한 모습이 박문수의 눈에 들었다. 가슴에 안긴 이매의 부드러운 여체는 더욱 매혹적이었다.

"사또, 소녀도 한양으로 가고 싶소이다. 데려가지 않으시렵니까?"

이매는 애정 어린 말투로 졸라댔다.

"한양에 올라가 무엇 하느냐? 사람은 무릇 고향이 제일 좋은 법이니라."

"그래도 화려한 곳이 그립습니다. 그래야만 출세할 수 있지 않습니까? 그리고 소녀도 사또의 아이를 갖고 싶습니다."

지방의 수령으로 내려간 사람이 그 지방에서 아름다운 여인을 맞이하면, 대개의 경우 여인은 그 소생을 원한다. 소생이 생겨야만 언젠가 함께 한양에 갈 수 있기 때문이다.

"마음대로 되는 일이 없느니라. 그리고 사람의 정은 인연이 있어야 생긴다고 하지 않더냐."

이매는 더욱 박문수에게 다가붙으며 애정의 도가니 속으로 유인했다.

"사또, 소녀에게도 아이를 낳도록 해주세요."

"어떻게 해주면 되겠느냐?"

"이곳의 명산대천에서 기도를 올리면 귀한 아이를 얻는다고 하옵니다."

"그럼 산신령의 아이가 생기겠구나."

"어찌 산신령님의 아이오니까? 바로 사또의 아들이옵니다."

"그러면 반쯤은 산신령의 영혼이 들어 있겠구나."

"그래도 좋습니다. 영험 있는 산에 가서 기도를 드리게 하여주세요."

"네 마음대로 하려무나."

"사또께서 명령만 내리시면 모든 일은 소녀가 하옵니다."

"그러한 소원쯤이야 못 들어주겠느냐?"

박문수는 선선히 대답했다.

다음 날부터 이매는 아들을 낳기 위해 명산을 찾아다니며 치성을 드리고 기도를 올렸다. 그 비용은 모두 관에서 나왔다. 청렴한 관찰사 박문수의 체면으로서는 도저히 있을 수 없는 일이었다.

감영 안에 있는 이속吏屬들이 항의했다.

"사또, 관기가 산천에 기도하러 다니는 것은 안 될 일이옵니다."

그래도 박문수는 이매의 청이라 하여 그대로 두게 했다. 그러자 다른 관속들이 또 들고일어났다.

"청렴하신 사또께서 관기의 소청을 들어주시면 한양에서 말썽이 생깁니다."

"누가 그런 소리를 하느냐?"

박문수는 점잖게 타일렀다. 그래도 이속들은 자기들이 한양에 보고하겠다고 협박까지 했다.

"그럼 즉시 중지시켜라."

박문수가 한번 명령을 내리면 이매는 다시 졸라댔다. 그러면 관속들이 또 항의했다.

"사또의 아들이 곳곳에서 나옵니다."

"그만두도록 하여라. 너무 많이 나와도 큰일이다."

박문수는 크게 웃고 기도를 중지시켰다.

후에 이것이 말썽거리가 되어 박문수를 배격하는 노론老論 일파에서 이 일을 문제 삼았다. 부사과副司果 홍계희洪啓禧는 상소까지 올렸다.

"박문수는 전날 함경도 관찰사로 있을 때 관물을 많이 축낸 자이오. 경신년庚申年(영조 16년)에 함경도가 흉년이라 하여 정부의 재물과 곡

영조 19년 2월 5일의 승정원일기. 홍계희가 박문수를 탄핵한 상소문 전문이 실려 있다. 함경 감사로 있을 당시의 여러 가지 실정을 지적한 것이다.

식을 많이 진휼한다 하였소. 그러나 그중에 백성에게 나누어준 곡식은 얼마 되지 않고, 대부분을 자기 마음대로 처리하였소. 그런 중에도 관기 이매에게 혹하여 기도까지 올리며 그 비용을 관곡으로 처분하였소. 엄중 단속해주시오."

얼토당토않은 말이다. 진휼을 엄중히 감독하는 청렴한 관찰사 박문수로서는 그러한 일은 생각도 못 할 일이었다. 그러나 이때의 풍조는 사실상 타락하여 지방의 관기를 데리고 오는 자가 많았고, 이 때문에 사실무근의 소문도 많이 생겼다.

이매야말로 함흥의 명기로서 이름을 날리던 기녀였다. 한번 명기 소리를 듣게 되면 그녀의 생활은 풍부해진다. 이 때문에 기생들은 명산대천을 찾아다니며 그들의 명성이 떨어지지 않도록 기도까지 했다. 이러한 것을 반대파들이 상소하며 상대 당의 중요 인물을 공격하는 데 이용했다.

박문수. 이매와의 일 등으로 탄핵의 위기에 몰리기도 했으나 영조의 신임으로 혐의가 풀렸고, 오히려 박문수를 모함했다 하여 홍계희가 파직되었다.

    박문수는 함경도에서 관찰사로서 백성을 잘 다스렸으나 곡식이 부족하게 되면 반대파에서 으레 관찰사의 행적을 추적하며 물고 늘어졌다. 박문수는 다만 함흥의 명기 이매에게 혹한 점이 있었을 뿐이다. 그래도 왕에게 이미 신용을 얻은 터라 박문수는 쉽사리 그 자리에서 물러나지 않았다. 지방의 관찰사를 한 번 지낸 후에는 병조 판서와 호조 판서 등을 역임하며 자신의 이름을 높였다.

박문수

조선 중기의 문신으로 1723년(경종 3년) 문과에 급제하고, 1727년(영조 3년) 영남 암행어사가 되어 부정한 관리들을 찾아냈다. 1728년 이인좌의 난 때 출전하여 공을 세웠으며, 1730년 호서 어사가 되어 굶주리는 백성들의 구제에 힘썼고, 1734년과 1738년 두 차례 청나라에 사신으로 다녀오기도 했다. 1741년에는 함경도 진휼사로서 경상도에서 곡식 1만 섬을 실어다가 흉년으로 굶주리는 백성들을 구제하여, 후에 함흥 만세교 옆에 송덕비가 세워졌다. 1749년 호조 판서가 되어 균역법을 만드는 데 힘을 기울였고, 왕세손의 사부가 되었으나 1752년 세손이 죽자 책임을 추궁당해 제주도에 귀양 갔다가 다음 해에 풀려났다. 특히 군사와 세금에 관해 밝았고, 여러 번 암행어사가 되어 많은 일화를 남겼다.

기녀의 한양 진출

간혹 지방의 유력한 관찰사들이 기생을 한양으로 올려 보내 나라의 관기로 넣어 주었다. 또한 예조(禮曹)에서는 각 도에 진상기(進上妓)를 보내라고 명령까지 내렸다. 그러면 한양에 진출코자 하는 기녀들은 이러한 기회를 이용해 한양으로 올라왔다. 한번 진상기가 되어 올라오면 그들은 다시는 시골로 내려가지 않고 한양에서 자리를 잡고 살았다. 때문에 한양에는 기첩(妓妾)이 많이 생겼다. 조정에서는 이를 방지하기 위해 다음과 같은 명령까지도 내렸다.
"현재 한양에 체재한 기녀 중에 남의 기첩으로 들어간 자라도 아들이나 딸 등 자녀가 없는 자는 모두 자기들의 고향으로 보내도록 하라."
이러한 명령이 내려오면 기녀들은 남의 집 아이까지 자기의 소생이라 하면서 당국을 속여가며 한양에서 살았다. 나중에는 선상기로 올라온 기녀를 한양 성문 밖까지 압송케도 했다.

송강 정철과 관비

 송강松江 정철鄭澈은 쾌활한 남성이었다. 관에서 쫓겨났을 때도 술과 안주를 장만해 기녀를 싣고 강호江湖에 돌아다니며 유흥에 잠겼다. 평안도 북쪽 강계로 귀양 갔을 때도 기녀를 대동하는 등 풍류를 잃지 않았다. 그러던 중 임진왜란이 일어나자 송강은 강계의 귀양살이에서 풀려나 의주로 피난 간 선조 임금을 뵈러 갔다. 강계는 의주에서 얼마 떨어지지 않은 곳에 있어 송강은 힘 들이지 않고 미리 피난한 운수 좋은 대신이 되었다.

선조는 기뻐하며 송강을 만났다.

"경은 국난을 극복하기 위하여 앞으로 나아가야 하오. 모든 일은 경에게 맡기려는 중이오. 경은 종군하되 종사관과 군관을 마음대로 선택하여 쓰도록 하오. 지금 이곳에는 마땅한 사람이 없구려."

선조는 전날의 좌의정 정철에게 국난을 돌파하기 위해 체찰사體察使를 주며 출정하라고 했다.

"황은이 망극하옵니다. 소신이 어찌 감당할는지 두려울 따름입니다."

송강은 전쟁 중이라 어명을 제대로 이행할 수 있을지 의심스러웠다. 그래도 어명을 띠고 남으로 향했다. 사실상 어려운 문제였다. 물에 빠진 자가 지푸라기라도 잡는 심정으로 아무에게나 구국을 호소해야 했다. 송강에게는 아무런 군대도 없었기 때문에 다만 군정을 살피는 데 지나지 않았다. 더구나 의주에서 떠날 때는 겨우 한 사람의 군관을 데리고 나가는 허황한 종군이었다.

평양 이북은 왜적의 말굽 아래 유린되지는 않았지만 벌써 사람들은 불안해하고 있었다. 언제 왜적이 쳐들어올지 모르는 형편이었기 때문이다.

▎놀기 좋아하는 호탕한 송강

송강은 며칠 만에 영유현永柔縣에 도착했다. 영유현은 비교적 조용했다. 현감 한 사람이 남아 있어 송강을 접대해주었다.

"대감, 이곳은 대접할 것이 없사옵니다."
"전쟁 중이 되어 그렇겠구려."
"겨우 술이나 조금 대접할까 하옵니다."
"좋소, 술이 있으면 그만이지 무엇을 더 바라겠소."
"곧 준비하오리다."

영유 현감은 송강이 기녀를 좋아하는 것을 알고 있었다. 얼마 후 주안상이 들어왔다. 별로 차린 것이 없었다.

"대감, 이곳은 높은 양반이 많이 왕래하여 준비한 것도 많이 없어졌습니다."

"그만하면 되었소. 그런데 술이 있으면 따라올 것이 있겠지?"

"예, 몇 사람의 기녀는 남았습니다. 곧 대령합죠."

풍류를 아는 송강은 무미, 무취한 술은 마시지 않는다. 얼마 후 관기가 들어왔다. 송강은 벌써 마음이 흔쾌해졌다.

"이리 가까이 오너라."

"두렵습니다."

"무엇이 두려우냐?"

"글 잘하시는 대감을 어찌 천한 몸이 뵙겠습니까?"

"별소릴 다 하는구나."

"그래도 두려워서 그러하옵니다."

촌티가 흐르는 관기는 매우 겸손했다. 그럴수록 송강은 마음이 끌렸다. 강계에서 기녀와 이별한 후 벌써 석 달이나 지났다. 갈증이 날 때가 된 것이다.

"아니다. 두려워할 것 없다. 가까이 오너라."

그제야 기녀는 송강 옆으로 다가왔다. 자세히 보니 과히 밉지 않게 생긴 여자였다. 그녀는 매우 수줍어하고 있었다.

"많은 사람을 겪어보지 않았구나."

"처음이옵니다."

"그래?"

송강은 매우 만족했다. 덥석 그녀의 손을 잡았다. 기녀의 손은 매우 거칠었다.

"손이 거칠구나."

"살성이 좋지 않아 그러하옵니다."

"일을 많이 하였구나."

"시골에 있는 천한 몸이 어찌 일을 아니하겠습니까?"

송강은 촌티가 나는 순진한 여성을 더욱 좋아했다.

"관기가 무슨 일을 많이 하느냐?"

"쇤네는 관기가 아니옵니다. 이 고을의 관비官婢이옵니다."

관비치고는 너무나 아름다웠다.

"수줍어할 것 없다. 술을 따르도록 해라."

"예."

관비는 두 손으로 곱게 술을 따라 올렸다. 지금까지 다루어보던 섬섬옥수의 여인들보다 더 은근한 정을 느낄 수 있었다. 여러 잔 마시는 동안 관비도 입이 열려 여러 가지 이야기를 했다.

"너도 가끔 손님을 대하였구나."

"아니옵니다. 손님은 관기가 모두 접대하지 쇤네는 하지 않사옵니다."

"그럼 여기는 어째서 들어왔느냐?"

"사또의 분부이옵니다. 관기는 난리가 났다 하여 대개 도망갔습니다. 간혹 남은 기녀는 한양에서 오신 손님이 데리고 갔습니다."

"그렇겠구나. 그럼 오늘은 관기 대신 노래나 부르고 술이나 마시자."

"술은 먹을 줄 모르옵니다."

"다른 것은 곧잘 하는 모양이구나."

"예, 무엇이든지 시키시는 대로 곧잘 합니다."

말도 제법 잘했다. 밤이 깊어갈수록 그녀의 순진한 태도는 글 잘하는 송강의 비위에 맞았다.

술상을 치운 후 관비는 잠자리를 모시겠다며 비단 금침을 폈다.

"전쟁 중에도 한 떨기 꽃은 보기 좋게 피었구나."

송강은 혼잣말로 감탄했다.

"전쟁 중이라고 꽃이 시들겠습니까?"

"그렇구나. 네 말이 맞다."

"어서 자리로 드시지요."

"옷을 좀 풀어야겠다."

관비는 자기 손으로 옷을 벗었다. 얼마 후에 그녀는 등불을 끄고는 베개 밑으로 들어왔다. 술이 일시에 깨는 듯했다.

"머리맡에 밀수를 장만해놓았습니다."

"오냐, 잘했다. 그만하면 준비가 충분하구나."

"사또의 분부시옵니다."

"사또도 술을 잘하는 모양이구나."

"못하십니다. 그저 이곳에는 한양에서 오셨다가 지나가는 행인이 많아서 항상 준비해놓습니다."

"그럼 네가 모두 준비해놓았구나."

"그만한 것은 항상 준비하옵니다."

송강은 관비가 매우 영리하다는 것을 깨달았다. 모든 면에 능수능란했다. 하나에서 열까지 거칠 것 없는 여인이었다. 남자의 가려운 곳

송강정선생시비. 담양 송강정 옆에 세워져 있는 이 시비에 「사미인곡」이 새겨져 있다.

을 긁어주듯 모든 면에서 만족스러웠다. 촌구석이라 하여 보잘것없는 곳인 줄 알았더니 뜻밖에 그녀의 행동은 누구에게도 지지 않을 만했다. 천리원정千里遠程의 길손에게 거리낌 없이 정성으로 대해주는 그녀와는 어느덧 정이 두터워지는 듯했다. 설왕설래하며 베개 밑에서 그칠 줄을 모르고 속삭였다. 그윽한 그녀의 정은 더욱 깊어갔다.

뜻하지 않은 곳에서 선녀를 만난 듯한 느낌을 받은 송강은 떠나고 싶지 않았다. 그러나 어명을 받든 몸이니만큼 오래 지체할 수는 없었다. 다음 날 총총히 떠나게 될 때 다시 보고자 했으나 그녀는 좀처럼 나타나지 않았다. 송강은 지난밤의 감미로운 생각에 젖어 붓을 들고

송강정. 선조 17년, 동인의 탄핵을 받아 대사헌직에서 물러난 뒤 이곳에 초막을 짓고 4년 동안 은거 생활을 했다. 정철은 이곳에 머물면서 「사미인곡」, 「속미인곡」 등 많은 가사를 지었다.

한 수의 시를 썼다.

> 가인이여, 이내 심정 묻고자 하면
> 이내 눈에서 눈물만 몰래 흐르노라.
> 밤중에 그대 그리운 천 리의 꿈속에
> 북으로 돌아갈 길 만중산 넘기보다 어려워.

은연중 다시 이곳에 돌아와 만날 기약이 어려운 것을 나타내고 있다. 송강은 어명을 띠고 일선으로 나갈 때도 여전히 기녀나 창녀를 데리고 놀았다 하여 말썽이 되곤 했다. 그러나 호탕하고 기녀와 놀기를 좋아하는 송강으로서는 있을 법한 일이었다.

정철

송강 정철의 큰누이가 성종(成宗)의 셋째 아들인 계성군의 양아들 계림군(桂林君)의 부인이었다. 그가 열 살 되던 해인 1545년(명종 즉위년)에 을사사화가 일어나 집안이 풍비박산되었다. 을사사화에 그의 매부인 계림군이 역모와 관련이 있다 하여 정철의 집안에도 화가 미쳐 맏형은 죽고 아버지는 청평으로 귀양을 갔다. 어린 정철은 이후 5년간을 아버지의 유배지를 따라다니느라 생활의 안정은 물론 공부할 기회마저 잃었다. 그의 아버지는 귀양에서 풀려나자 그 길로 자연에 묻혀 살기로 하고 식구들을 데리고 할아버지 묘소가 있는 전라남도 창평(현 담양군 창평면)으로 내려갔다. 그런데 가족의 이주가 정철에게는 대전환기를 맞는 기회가 되었다. 그간 유배 생활로 잃었던 소년 시절의 화려한 꿈이 모두 이곳에서 이루어질 수 있었으니, 이곳 성산(담양)의 자연 풍경과 성산 앞을 흐르는 죽계천인 일명 '송강(松江)'이 감수성 예민한 정철의 청소년 시절을 사로잡아 훗날 '송강(松江)'이라는 그의 호를 낳게 한 것이다.

식영정. 환벽당, 송강정과 함께 정송강 유적이라 불린다. 당시 정철은 임억령, 김성원, 고경명과 함께 '식영정 사선(四仙)'이라 불렸는데, 이들과 함께 성산의 아름다운 풍경을 읊은 식영정이십영은 후에 「성산별곡」의 밑바탕이 되었다.

송강과 진옥

귀양살이하는 송강 정철이 달 밝은 밤 적막한 처소에서 혼자 누워 있었다. 밖에서 인기척이 들리는가 싶더니 문 두드리는 소리가 들렸다. 송강은 누운 채로 누구인가 물었다. 대답 대신 문이 스르르 열리더니 한 여인이 고개를 다소곳이 숙이고 들어섰다. 달밤에 보는 지붕 위의 박꽃처럼 여인은 너무나 고왔다. 그가 바로 기생 진옥(眞玉)이었다. 두 사람은 술상을 마주하고 앉았다. 송강이 진옥에게 말했다.
"진옥아, 내가 시조 한 수를 읊을 테니 노래에 화답을 하겠느냐?"
"예, 그리하지요."
진옥의 가야금 반주에 맞춰 송강이 한 가락의 시조창을 읊었다.

옥(玉)이 옥이라커늘 번옥(燔玉)만 여겼더니
이제야 보아하니 진옥(眞玉)일시 분명하다
나에게 살 송곳 있으니 뚫어볼까 하노라.

송강의 시조창이 끝나자 지체 없이 진옥이 받았다.

철(鐵)이 철이라커늘 섭철(잡철)로만 여겼더니
이제야 보아하니 정철(正鐵)일시 분명하다
나에게 골풀무 있으니 녹여볼까 하노라.

여덟 살 꼬마 이시항과 초선

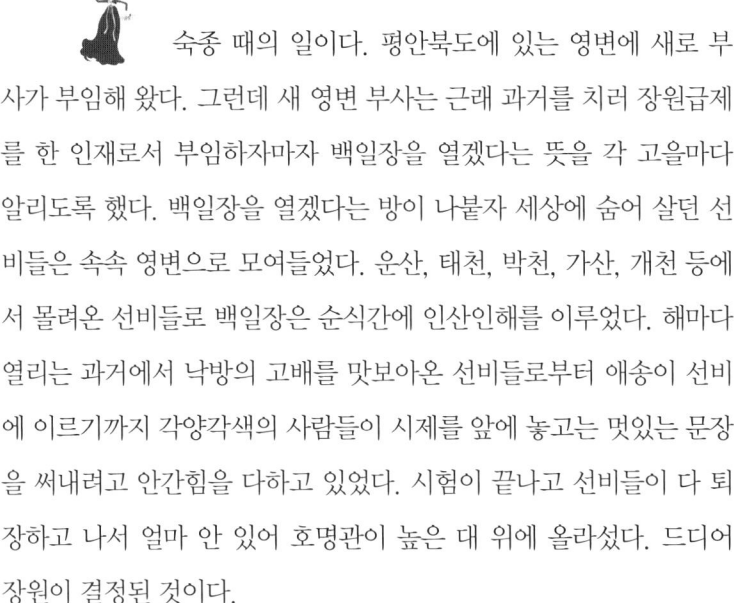 숙종 때의 일이다. 평안북도에 있는 영변에 새로 부사가 부임해 왔다. 그런데 새 영변 부사는 근래 과거를 치러 장원급제를 한 인재로서 부임하자마자 백일장을 열겠다는 뜻을 각 고을마다 알리도록 했다. 백일장을 열겠다는 방이 나붙자 세상에 숨어 살던 선비들은 속속 영변으로 모여들었다. 운산, 태천, 박천, 가산, 개천 등에서 몰려온 선비들로 백일장은 순식간에 인산인해를 이루었다. 해마다 열리는 과거에서 낙방의 고배를 맛보아온 선비들로부터 애송이 선비에 이르기까지 각양각색의 사람들이 시제를 앞에 놓고는 멋있는 문장을 써내려고 안간힘을 다하고 있었다. 시험이 끝나고 선비들이 다 퇴장하고 나서 얼마 안 있어 호명관이 높은 대 위에 올라섰다. 드디어 장원이 결정된 것이다.

"장원에 이시항이오!"

소리 높이 불러진 장원으로 호명된 사람을 찾는 고개들이 사방으로

두리번거렸다. 개중에는 실망의 낯을 짓는 사람도 있었다. 이윽고 많은 사람이 주시하는 가운데 장원으로 뽑힌 이가 단 위로 성큼성큼 올라갔다.

"아니, 저럴 수가?"

"어럽쇼, 저건 꼬마 아니야?"

"저 애가 장원이라고?"

저마다 놀라움에 찬 말들로 장내는 물결쳤다. 그도 그럴 것이 장원으로 뽑힌 사람은 이제 불과 열 살이나 되었을까? 코흘리개 정도의 어린아이였기 때문이다. 호문관을 비롯한 참관인들이나 영변 부사마저 이 사실에 어안이 벙벙할 따름이었다.

"혹시 사람이 바뀐 게 아닐까?"

이렇게 생각하는 사람도 있을 정도였다. 어쨌든 장원은 결정된 것이다. 곧이어 장원을 축하하는 풍악 소리가 장내에 울려 퍼졌다. 이시항은 여유작작하게 의젓한 태도로 상을 받았다. 영변 부사는 애송이 이시항의 시구가 너무나도 훌륭해서 믿어지지가 않았다.

"장내엔 하고많은 재사가 붐볐건만 사람의 재주란 알 수 없는 것이로군. 어쨌든 장한 일이로고."

호문관의 호명 소리는 계속되었다. 이윽고 등용의 영광을 차지할 이들의 호명도 끝나고 그 절차도 끝났다. 그리고 얼마 뒤, 급제자들을 포상하기 위한 연회석이 한참 절정에 도달했을 즈음에서다.

"그런데 사또님!"

호문관이 사또에게 말을 건넸다.

"왜 그러느냐?"

"글쎄 저런 조그마한 장원에게도 기생 수청을 들여야 하나요?"

호문관은 심히 난처한 낯으로 영변 부사의 눈치를 살폈다. 하긴 영변 부사도 그 소릴 듣고 보니 난처한 일이었다. 자고로 이곳 영변에는 대대로 내려오는 관습이 있었다. 그것은 다름이 아니라 장원급제를 한 사람에겐 그날 밤만큼은 관가의 기생으로 하여금 수청을 들게 하여 장원한 사람을 포상하는 풍습이었다. 몇 년을, 아니 몇십 년을 머릴 싸매고 공부한 보람이 있어 어려운 관문을 통과하여 모처럼 그 빛을 보게 되었으니 수고했다는 위로의 처사로 그렇게 했던 것이다. 부사와 호명관은 그 일로 걱정을 하는 것이었다.

"대대로 내려온 관습대로 한다면야 기생 수청을 들게 해야 되겠습니다만, 장원의 나이가 어리니 어찌할까요? 이번만은 그냥 넘어가도록 할까요?"

심히 어려운 문제였다. 연회석이 파하면 관례대로 다음 순서를 시행해야 하는데, 그 일이 목전에 닥쳐온 것이다. 한동안 묵묵부답이던 부사가 이윽고 입을 열었다.

"관례를 깰 수는 없는 법! 더구나 장원으로 뽑힌 신분이고 보면 아무리 어리더라도 함부로 대할 수 없는 일 아니겠느냐?"

"지당한 말씀인 줄로 아뢰오."

"또 어리면 어린 대로 기생을 다룰 줄 아는 것이 사내대장부가 아니겠느냐! 그러니 잡담 제하고 관례대로 시행하렷다."

"예이! 분부대로 거행하겠나이다!"

이렇게 해서 기생 수청 문제가 해결됐다. 영변 부사는 이방을 가만히 눈짓해서 불렀다. 그러고는 그의 귓전에 살며시 전했다.

"무리가 될지 모르겠지만 통례대로 기생 수청을 들게 하였으니 그리 알고 예쁘고 앳된 관기 하나를 뽑아 먼저 나를 만나보고 가게 하여라."

그렇게 이르는 부사의 입가에는 장난스런 웃음이 번졌다. 이방도 그런 부사의 표정을 보고 짐작이 간다는 듯 피식 웃음을 터뜨렸다.

"너 듣거라! 오늘 밤 너는 장원급제를 한 사람의 수청을 드는 영광스러움을 얻은즉, 그리 알고 보살피는 데 소홀함이 없도록 하여라."

부사는 능수버들처럼 매끈한 허리에 난초 향기를 풍기며 부복한 아리따운 관기에게 엄포를 놓았다.

"만약에 장원과 더불어 동침을 한다면 내 후한 상을 내릴 것이며 따라서 그의 애기로 내줄 것이로되, 그러지 못할 시에는 중한 벌이 내릴 줄 알아라!"

"황공하여이다. 분부대로 하오리다!"

천재 소년, 이시항

앳되고 아름다운 기생은 부사의 엄한 다짐을 받고 부사 앞을 물러났다. 관기의 이름은 초선이었다. 요염한 난초 꽃이 연상될 만큼 청초하면서도 빼어나게 아름다운 그녀는 어린 나이에 비해 장구춤, 시화 등 못하는 게 없는 재주꾼이요, 영변의 자랑거리이기도 했다. 뿐만 아니라 관기들 사이에서도 미움을 산다든지 시기를 당하는 일 없이 매사를 잘 처리하여 동료 간에도 여간 귀여움을 차지하는 게 아니었다. 초선은 기생청으로 들어서기가 바쁘게 몸단장을 시작했다.

잘 발육된 나체를 향탕수 섞은 물로 목욕을 한 다음 동료 기생들의 도움으로 곱게 단장을 했다. 이윽고 초선은 동료 기생들의 부축을 받아 장원급제자가 있는 방으로 발을 옮겼다. 주위는 쥐 죽은 듯 조용하기만 했다.

바스스 문이 열리자 초선은 사뿐히 방 안으로 들어섰다. 수줍은 신부처럼 고개를 떨어뜨리고 있던 초선은 상머리에 앉은 남자의 버선발을 보자 그쪽을 향해 넙죽 큰절을 했다.

"소녀 초선 문안드리오!"

"너는 어인 여인인고?"

"소녀는 영변 부사님 부중에 있는 관기이옵니다!"

"관기?"

소년 이시항은 부르지도 않은 관기가 왜 찾아왔는지 알 수가 없었다. 그럴 수밖에 없는 것이 이시항은 고작 여덟 살에 지나지 않았던 것이다.

"그래 무슨 연유로 나를 찾아왔는고?"

자꾸 캐묻는 이시항의 말에 초선은 무어라 대꾸를 못 하고 귀밑 뿌리까지 붉어졌다.

초선은 장원의 나이가 이렇게 어릴 줄은 몰랐다. 이미 영변 부사의 함구령이 내려진 후에야 초선의 등청이 허용되었기 때문에 장원의 신상에 관해 일절 알지를 못했고 더구나 연회석상에 참석지 않았던 초선으로서는 장원을 장성한 사람으로만 여기고 궁금해했을 따름이었다. 방 안에 들어섰을 때만 해도 어려워서 고개조차 들지 못했기 때문에 상대방의 인품을 알지 못하고 있었는데 어린 애 같은 목소리가 아닌 밤중에 왜 찾아왔느냐고 채근을 하니 답변할 말이 없었다.

"누가 보내서 왔느냐, 그렇잖으면 네 스스로 왔느냐?"

자꾸 묻는 소리에 살며시 고개를 들던 초선은 장원이라는 애송이를 보고서는 더욱 답변할 말을 잃고 말았다. 그리고 생각하니 낮에 사또가 자길 불러서 다짐하던 말의 뜻을 알 것 같았다. 이래저래 일은 난처하게 돼버렸다. 그렇다고 무작정 앉아 있을 수만도 없는 노릇이다. 할 수 없게 된 초선은 울고 싶은 심정으로 이곳까지 오게 된 연유를 고했다. 초선은 그런 자신의 신세가 처량했고 사또가 원망스럽기까지 했다.

"허허, 그래? 그렇다면 너무 상심할 필요가 없느니라. 사내대장부가 어찌 일개 아녀자의 청을 물리칠까 보냐!"

이시항은 이렇듯 말하면서 민숭민숭한 턱을 쓰다듬으며 안심하라고 했다. 그러고는 보던 책을 덮더니 초선에게 이불을 깔라고 했다. 이렇게 하여 두 남녀는 한 이부자리 속에 눕게 되었다. 그런데 이시항은 초선에게 자꾸만 옛날이야기를 해달라고 졸랐다. 갑자기 어머니 품이 생각난 모양이다.

어쨌든 두 사람은 밤이 새도록 이야기를 나누다가 새벽녘에야 비로소 남매처럼 다정하게 끌어안고 잠이 들었다. 평상시 공부에 쫓기던 이시항은 초선의 품에 안겨 모처럼 단잠을 이룰 수 있었다.

초선의 속치마에 적힌 시구

다음 날 아침, 잠을 깬 이시항은 자기 옆자리가 비어 있는 것을 발견하고 얼른 고개를 들어 주위를 살피다가 언제 일어났는지 옷을 단정히 입고 자기 발치에서 고개를 숙이고 앉아 있는 초선을 발견했다.

"아니, 벌써 일어났느냐?"

"예, 서방님께서 단잠을 깨실 때를 기다리고 있었나이다."

초선은 밖으로 나가서 세숫물을 떠 받쳐 들고 들어왔다. 그리고 이내 조반상이 들어왔다. 밥을 들고 난 후에도 초선은 나갈 생각을 않고 사뭇 초조한 듯 윗목에서 서성거리고 있었다.

"어째 그러고 있느냐? 아직도 무언가 미진한 일이 있는 게로구나!"

"예…… 실은……."

"어려워 말고 말해보거라."

"사실은 다름이 아니오라 지난밤 사또께서 저를 이 방으로 보내실 때 서방님께서 저에게 정을 주셨다는 정표를 받아 오라 하셨사옵니다. 만약 이대로 돌아간다면 사또의 엄한 꾸중을 받겠사옵기에 그러하오니 정표가 될 만한 것을 주시어 소인을 곤경에서 건져내옵소서."

초선은 떨어지지 않는 입을 열고 죄 없는 이시항을 보며 정을 나눈 정표를 달라고 했다.

그러자 이시항은 "오, 그래? 그게 뭐 그리 어려운 일인가?" 하며 선선히 응했다.

"속치마를 꺼내보아라. 내 너에게 줄 게 별로 없구나!"

초선은 이시항이 어쩌려고 속치마를 내놓으라는지 그 뜻을 몰랐으나 안 내놓을 수도 없는 처지였다. 이시항은 속치마 끝을 잡더니 벼루에 먹을 묻혀 다음과 같은 글을 썼다.

> 창밖은 삼경인데 봄비는 뿌리고
>
> 두 사람의 유정한 마음은 두 사람밖에 모르는데
>
> 아직도 함께 지낸 정이 흡족지 않건만
>
> 무정한 새날은 자꾸 밝아오누나
>
> 해금을 알리는 파루치 소리에
>
> 소맷자락 부여잡고 다시 만날 날을 묻는 고야.

초선은 백배치사하며 내청으로 돌아갔다.

이 글을 본 영변 부사는 그만 입을 딱 벌리고 말았다.

"허허, 과연 명필이요, 천재로다."

초선이 영변 부사로부터 후한 상을 받은 것은 말할 것도 없다. 초선은 그 이후부터 연회에 나올 때면 이시항이 적어준 시구에 음을 붙여 멋들어지게 노래를 불렀다.

기생이란

기생(妓生)은 전통 사회에서 잔치나 술자리의 흥을 돋우기 위해 제도적으로 존재했던 특수 직업 여성이다. 일종의 사치 노예(奢侈奴隸)라고 할 수 있으며, '기녀(妓女)', '화류계 여자(花柳界女子)' 또는 말을 할 줄 아는 꽃이라는 뜻에서 '해어화(解語花)'라고도 했다.

개국공신 함부림과 막동

 동원군東原君 함부림咸傅霖은 조선 왕조 초기의 개국 삼등 공신이다. 그는 이미 고려 말기에 문과하여 출사한 인물로, 이때부터 화류가로 방랑하여 풍류남아로서 명성을 떨쳤다.

함부림은 일찍이 호남의 감사로 전주에 머물게 되었다. 으레 감사 방에는 감사를 모시는 기녀가 있어, 감사의 객고를 풀어주고 여러 가지로 위로해주었다. 그러면 풍류를 아는 감사는 마음이 풀린다.

"내 여러 지방에 가보았지만 너같이 똑똑한 기녀는 처음이구나."

"소녀는 전주 태생이옵니다. 이제 전주에서는 이름이 알려졌으나 한양에서는 모르고 있습니다."

기녀들은 모두 한양으로 올라가야 출세의 길이 열린다고 생각했다. 전주 기생 막동莫同 역시 감사를 따라 한양으로 올라갈 생각을 품고 있었다.

"오냐, 좋다. 너만 따르면 한양이고 어디고 가자꾸나."

"대감의 말씀이 정말이오리까?"

"그렇다. 거짓말이야 하겠느냐!"

함부림은 처음에는 대수롭지 않게 여겼으나 시일이 갈수록 젊은 여성이 마음에 들었다. 저녁이 되어 그녀의 위로를 받으면 새로이 생명이 부풀어 오르는 듯했다. 함부림은 명재상이라 불리며, 무슨 일에든지 근엄하고 성실하여 공사를 잘 처리했다. 함부림의 나이 오십이 거의 되어가고 있었지만 아직은 장년의 힘이 남아 있었다. 오히려 기녀 막동에 대한 연연한 마음은 더욱 커갔다. 풍류남아로서 화류계에서 많은 기녀를 마음대로 꺾은 그도 이제는 철이 드는지 한 여성에 대한 정이 더욱 깊어가는 듯했다.

함부림은 '내 어찌 된 셈인가' 하고 홀로 생각하며 장차 전주를 떠나갈 날을 기다리고 있었다. 막동은 이럴 때면 달려들었다.

"대감, 이제 가시면 언제 오시나요?"

"다시 오기 어렵다."

"그러시면 천첩을 아주 버리시나요?"

"버릴 수가 없구나."

함부림은 막동을 버리기 싫어하는 눈치였다. 그럴 때면 막동은 감사에게 더욱 매달렸다.

"소녀도 한양으로 갈 터이니 이곳에서 관기의 적을 뜯어버려 주셔요."

"오냐. 그러면 내가 호패를 주마."

함부림은 막동에게 호패까지 떼어주고 다시 만날 날을 기약하며 한양으로 떠났다. 전주의 관기로서는 출세할 좋은 기회였다. 임과 이별한 후 잠시 있다가 막동은 집안일을 정리하고, 한양으로 올라갈 차비를 했다. 언제 오라는 한양의 기별도 기다릴 필요가 없었다. 자기 일이 끝난 후 막동은 전주 부윤府尹에게 하직을 고했다.

"사또, 쇤네는 한양으로 가겠나이다."

막동이 부윤에게 말했다.

"무슨 소리냐? 관기는 마음대로 떠날 수 없다."

"아니오이다. 전에 내려오시었던 감사를 따라갑니다."

"전의 감사라니, 동원군 함부림 대감 말이냐?"

"그러하오이다."

"안 될 말이다. 동원군은 우리나라의 명재상이시다. 더구나 지금 대사헌으로 있는 분이 관기를 떼어 간다는 말이냐? 거짓말이렷다."

부윤은 좀처럼 믿지 않았다. 막동은 함부림 감사가 주고 간 호패를 내놓았다. 그래도 부윤은 믿지 않았다. 나중에는 사헌부의 대사헌으로서 관기를 부른다는 문서까지 내놓았다. 이제는 전주 부윤 이언李堰도 어쩔 수 없는 일이었다.

"국가의 감찰을 맡은 법관이 어찌 관유물인 관기를 데려간다는 말이냐? 기막힌 노릇이다. 나는 그래도 함 감사는 절개 있는 선비로 알았는데, 이제 보니 아주 하품 인간이로구나."

이언은 매우 불쾌해하며 막동을 보냈다.

이제부터 전주 관기는 어엿한 대사헌의 첩이 되는 것이다. 그러나 함 감사는 관기를 한양으로 불러왔으면서도 그녀를 그다지 가까이하지 않았다.

"대감, 어인 일로 불쾌하게 생각하시나이까?"

"대사헌으로서는 관기를 건드릴 수 없어 그런다."

그래도 오래간만에 만난 함부림은 전날 전주에서 놀았던 생각을 하고, 다시금 옛정을 이어보았다.

의녀가 된 막동

함부림은 청년 시절의 방탕한 생활이 원인이 되었는지 나이가 들어 병상에 눕게 되었다. 한번 자리에 누워 세간의 일을 잊고 있으니 더욱 처량해질 뿐이었다. 그런 중에 자기 앞에 있던 딸이 병들어 죽었다. 이제는 아무도 없었다. 오직 전부터 부리던 종 한 사람이 병간호를 해 주고 있었다. 이제는 술도 먹지 않으며 본부인은커녕 첩 한 사람도 곁에 남아 있지 않았다. 때로는 끼니까지 걸렀다. 삼등 공신에 봉군封君까지 받은 사람이 아주 꼴사납게 된 것이다.

한편 막동은 감사의 손에서 다시 관기로 들어가 의녀醫女가 되어, 여의로서 이제는 궁중에서 자리를 튼튼하게 잡았다. 그녀는 함부림이 불우한 생활을 한다는 소문을 듣고 병중에 찾아왔다.

방 안에 들어서자 악취가 코를 찔렀다. 함부림은 대소변도 제대로 처리하지 못하는 형편이었다. 여의는 손수 방을 치우고 누워 있는 함부림을 바라보았다.

"대감, 쇤네가 왔소이다."

막동이 귀에 대고 한마디 했다.

"누구냐?"

"전주에서 살던 관기입니다."

"응, 그러냐? 이제 알겠다."

"대감, 왜 이렇게 초라하게 지내십니까?"

"세상은 일장춘몽이니라. 아마 전날 풍류장에서 잘 놀던 죄가 닥쳐온 모양이다. 그러니 나의 일은 걱정 마라. 그래, 너는 잘 지내느냐?"

"쉰네는 대감의 천거로 궁중에 들어가 잘 지내고 있습니다."

"다행한 일이다."

막동은 지난날을 생각하며 눈물을 훔쳤다.

함부림

《태종실록》에는 다르게 전해지나 이야기와 정사를 굳이 동일시할 필요는 없다. 함부림은 강릉부 사람으로 자는 윤물(潤物)이고 호는 난계(蘭溪)다. 1385년(우왕 11년)에 급제한 후 예문관 검열(檢閱)로 들어갔다. 후에 좌우의 정언(正言)까지 지냈고, 공양왕 때는 헌납(獻納)으로 있었다. 이때 국내의 불화로 일시 춘천의 지사로 쫓겨났으나, 다시 궁중으로 들어와 형조 정랑(刑曹正郞)이 되었다. 마침 이때 중방의 장군들이 문관을 멸시하므로 함부림이 분연히 일어나 장군들과 대항하며 문관이 무관을 누르도록 마련했다. 그러나 끝내는 이것이 근원이 되어 관에서 물러나게 되었다.

1392년(공양왕 4년)에 이성계가 득세하자 다시 들어와 병조(兵曹)의 정랑으로 도평의사사와 경력사(經歷司)의 도사를 겸했다. 이해 7월에 이성계가 왕이 된 후 추대한 공으로 삼등 공신이 되었다. 얼마 후 좌산기상시(左散騎常侍)가 되어 욱일승천의 기세로 세력을 갖게 되었다. 1403년(태종 3년)에 의정부 참지사(參知事)가 되고 동원군의 봉군을 받았다. 다음 해에는 대사헌으로서 수완을 나타냈고, 계속하여 형조 판서로 관직을 끝냈다. 관에 있는 동안 강직하기로 이름이 높았고, 조정에 있을 때는 바른말을 하여 관리로서 명성이 높았다. 지방관으로는 경기, 충청, 경상, 전라, 황해도 등 각 지방의 관찰사로 있을 때 청징(淸澄)하여 추호도 잘못을 범하지 않았다. 이로써 관내가 안온했으며 모두 그의 행적을 칭찬했다. 더구나 판서를 지낸 지 1년 후에 직을 그만두었으며, 얼마 후 1410년(태종 10년)에 쉰한 살로 세상을 떠났다.

어사 이현로와 옥영

이현로李賢老는 세종 때 사람이다. 어느 해 그가 어사로 강릉에 부임하게 되었다. 그는 평생 여색을 가까이 않기로 유명했던지라 강릉 부사府使 권기權技는 기녀들에게 누구든지 이현로를 훼절시키면 후하게 대접하겠노라고 했다. 이때 기생 옥영玉英이 자기가 맡아 해보겠다고 나섰다. 옥영은 미리 운교역雲橋驛에 가서 마치 한양에서 오는 체하고 어사가 도착하기를 기다렸다. 보통의 수수한 옷차림을 하고 있었으나 옥영의 미모는 눈에 띄고도 남았다. 드디어 어사 일행이 당도하자 옥영은 일부러 울타리에서 일행을 넘겨다보았다. 그러자 괴이하게 여긴 이현로가 아전을 불러 저 여인이 누구인가 알아보라고 일렀다. 아전이 갔다 와서 아뢰었다.

"저 여인은 장사하는 부녀로서 한양서 오는 것으로 아옵니다."

일단의 호기심이 풀리자 이현로는 갈 길을 재촉했다. 이현로는 해가 저물어 여장을 풀고 외로이 객사 난간에 기대어 바람을 쐬고 있었다. 그런데 아까 역에서 본 여인이 거기 있었다. 어사는 자못 궁금한 듯 여인에게 말을 붙였다.

"그대는 도대체 무슨 일로 여기 있는가?"

이현로가 말을 걸자 옥영은 짐짓 수줍어하는 양하며 대답했다.

"본래 저희 집은 강릉이온데 한양서 지내다 모친의 병이 위독하기에 강릉으로 가는 길이옵니다."

"오라, 그렇구먼. 마음이 무겁겠구먼. 내 마음도 심산하던 차인데 그대는 성악聲樂을 좀 아는가?"

"가야금을 조금 배운 바 있습니다."

이현로가 듣고 싶다며 한 곡조를 청했다. 방으로 든 옥영은 다소곳이 앉아 머리를 숙이고 가야금을 타기 시작했다. 이현로는 그 아리따운 모습과 가야금 소리에 정사情思가 혼미해졌다. 여운을 남기며 한 곡조를 마무리하고 옥영이 돌아가 버리자 이현로는 심사를 억제키 어려운 지경에 이르렀다. 이때 옥영이 어사의 침방을 찾아들었다. 심산하여 잠을 이룰 수 없어 다시 왔다며 가야금을 뜯으니, 이현로의 마음은 이제 완전히 옥영에게 쏠려 하룻밤을 함께 보내게 되었다.

이현로를 훼절시킨 옥영

이윽고 날이 밝아 아침이 되자 헤어지기가 못내 아쉬운 이현로는 비단에다 시구詩句를 적어 옥영에게 주었다. 그런 뒤 이현로는 다시 강릉을 향해 떠났다.

한편 이 사실을 이미 알고 있던 강릉 부사가 어느 날 옥영을 시켜 일렀다.

"한번 어사를 뵙고 정을 통한 후에는 정사를 이길 길이 없으니 매일 어사를 찾아뵙겠다고 하거라."

옥영이 이를 따른 것은 두말할 것도 없다. 이리하여 이현로와 옥영은 더할 나위 없이 가까운 사이가 되었다.

그러던 어느 날 옥영의 집에 이현로가 찾아왔다. 부사가 이를 미리 알고는 방문을 전부 방석으로 가려 방을 어둡게 만들어놓았다. 이현로는 날이 새는 줄도 모르고 대낮까지 옥영과 함께 지냈다.

한편 날이 샜는데도 어사가 등청하지 않자 부청에서는 어사 찾기에 야단이 났다. 드디어 그들은 옥영의 집까지 찾아왔다.

이제 이현로는 봉변을 피할 수 없게 되었다. 그대로 나가자니 주위의 눈이 두려워 궁리 끝에 여복으로 갈아입었다. 그러나 이현로의 여복 입은 꼴이 오래 숨겨질 리가 없었다. 여자 행세를 하던 이현로는 큰 망신을 당하여 더 이상 지체하지 못하고 그 길로 줄행랑치듯 떠나고 말았다. 그리고 옥영은 부사로부터 후한 상을 받았다.

이현로

조선 초기의 문신으로 세종 때 식년 문과에 급제했다. 그 후 수양대군 측으로부터 안평대군에게 아부하여 권세를 부린다는 탄핵을 받고 삭직되었다가 1453년 계유정난이 일어나자 남원으로 귀양 가는 도중 정분(鄭苯)과 함께 죽임을 당했다.

남자 품평物評의 명수 자운아와 손비장

나주 기생 자운아紫雲兒는 한양으로 올라와 일시 명성을 떨쳤다. 그러던 중 종실의 첩 생활까지 했으나 남편이 죄에 걸려들어 자운아는 고향으로 쫓겨났다. 그래도 기적은 그대로 있어 나주에서 관기 노릇을 했다.

손비장孫比長은 부안 사람으로 세조 10년에 문과한 후 출세의 길이 열렸다. 성종 초년에 이조吏曹의 정랑正郎으로 있을 때, 호남에 옥사가 크게 벌어졌다. 그는 어명을 받고 이 옥사를 다스리러 나주에 내려왔다.

이때 자운아는 이곳의 관기로 있어 수청을 들게 되었다. 원래 그녀는 한양에서 오래 살았으므로 장안의 명기 노릇까지 했다. 저녁이 되어 수청을 들라는 말이 나왔다. 화류장에서 자라난 만큼 그녀는 옹졸하고 풍류를 모르는 손비장과는 한방에 들고 싶지 않았다. 그래도 객지에서 며칠간 있던 손비장은 저녁이 되자 수청 기생을 데려오라 했다.

"나주 목사는 무엇 하느냐? 수청기를 들여보내라."

손비장은 크게 호령했다. 그래도 한양에서 왔다 하여 일류 기생을 들여보내라는 것이었다. 목사도 어쩔 도리가 없어 이름이 높은 자운아를 들여보냈다. 객사 뒷방에 홀로 앉아 있던 손비장은 기뻐하며 맞아들였다.

세상 물정 모르는 손비장

손비장은 원래가 세상 물정 모르는 선비였다. 비록 문장은 잘한다 하지만 사람이 모든 일에 당황하기를 잘하며, 때로는 엄벙덤벙 체모 없는 짓도 곧잘 했다. 자운아가 들어서자 그는 어서 가까이 오라며 그녀를 채근했다. 자운아는 마지못해 가까이했다. 손비장은 이도 닦지 않았는지 입에서 구린내가 났다. 자운아가 가까이 다가서자 손비장은 자기 욕심만 채우려고 다짜고짜 주린 호랑이같이 덤벼들었다.

"정랑 양반, 왜 이리 급히 구시오. 하룻밤을 자도 만리장성을 쌓으라 하였소이다."

"그게 다 무슨 소리냐? 나는 네가 들어오기를 기다렸다. 어서 이불 속으로 들어오너라."

"아무리 급하시지만 그래도 이야기라도 하셔야 하지 않소."

"무슨 이야기 말이냐?"

"나리, 여기 여러 날 계실 것입니까?"

"아마 며칠간 묵을 것 같다."

"그러시면 주안상이라도 가져오라 할까요?"

신윤복의 〈사시장춘〉. 방문 앞에 남녀의 것으로 보이는 두 켤레의 가죽신이 놓여 있다. 가지런히 놓여 있는 여자의 가죽신과는 달리 아무렇게나 벗어 던진 듯한 남자의 가죽신이 방 안의 상황을 암시하고 있다.

"그런 건 모두 귀찮다."

손비장은 얼마나 기뻐 날뛰는지 어찌할 줄을 몰랐다. 자운아는 매우 불쾌했다.

"저는 그렇게 서두르는 어른은 뫼시지 못하옵니다."

"안 될 말이다. 나는 어명을 띠고 온 사람이다. 자고로 관기는 관유물이라 하여 관원이 마음대로 할 수 있는 법."

"그러시지만 남녀 간에는 애정이 있어야 하지 않습니까?"

"객고를 푸는데 애정은 무슨 애정이냐?"

그러는 중에도 손비장은 관의 위세를 내세우며 자운아의 몸을 마음대로 주물렀다. 마치 송충이가 덤비는 것 같았다. 아주 아무런 취미도 없었다.

원래가 기생 오입도 못 해본 사람이고, 또 성질이 당황하는 면이 있는 사람으로서 때로는 덜렁거리고 간혹 일의 순서도 가리지 않고 술 덤벙물덤벙하는 거칠기 한량없는 사람이었다.

자운아는 관의 힘에 눌려 천침은 했지만 하나도 재미가 없었다. 손비장은 그저 굶주린 거지가 밥을 먹듯, 미친것이 널을 뛰듯 자기의 욕심만 채우면 그만이었다. 그러면서도 저녁마다 수청을 들라 했다. 자운아는 관기가 된 것이 서러울 지경이었다. 손비장은 옷도 제대로 빨아 입지 않았는지 케케묵은 냄새가 코를 찔렀다. 지척에서 모든 악취를 당하게 되니 기가 막힐 지경이었다. 그래도 본인은 아무런 눈치도 채지 못하고 있었다.

어느 날은 손비장이 방으로 들어오며 종이 뭉치를 펴고 보았다.

"영감, 그게 무엇이오?"

그래도 몇 날 같이 있은 정리가 있어 공손하게 물었다.

"아, 이것은 이 고을 유생들이 글을 지은 문서니라. 여기서 글을 잘 지어야 초시初試를 하는 것이다."

"초시는 해서 무엇 하나요?"

"시골에서 향시 시험에 합격하여 한양에 가서 문과한다."

"영감도 그런 일을 하셨소?"

"하고말고. 지방에서 처음 초시에 급제한 후, 다시 한양에 가서 생원과를 보고, 이 년 후에 회시會試 한 후 끝으로 문과까지 하였단다."

"그러시면 그 종이 속에 있는 글을 보고 점수를 주나요?"

"암, 그렇지. 가장 잘된 자를 상지상上之上이라 하고, 그 다음을 상지중, 상지하로 정한단다."

"그럼, 세 종류밖에 없어요?"

"아니다. 또 있지. 상 다음에는 이지상二之上, 이지중, 이지하로 구별하고 다시 삼지상三之上, 삼지중, 삼지하로 정한단다. 이것을 받아야 그래도 초시를 볼 수 있지."

"그 밖에는 없나요?"

"구품九品 속에 들어가지 못한 것은 다시 차상次上, 차중, 차하로 정해진다."

"최하는 없나요?"

"왜 없어. 아주 못 쓸 것은 경지경更之更이란다. 이런 것은 글인지 무엇인지 아무것도 모르는 종류다."

"글에는 참으로 여러 가지 등수가 있군요. 사람도 그런가요?"

"글을 잘 못한다고 사람까지 나쁘겠느냐?"

"그래도 무슨 일이든지 못 쓸 사람이 있지 않겠어요?"

"그야 내가 어찌 아느냐?"

"영감, 언제쯤 한양으로 올라가시나요?"

어서 가라는 말이다.

"일도 거의 끝났으니 수이 올라가게 되겠다. 우리도 곧 이별하겠구나."

"섭섭한 말씀을 하시네요."

자운아는 겉으로는 그렇게 말했으나 속으로는 '이 못생긴 양반아, 어서 가거라. 내 속이 타서 죽겠다'라고 말하고 있었다.

경지경更之更이 된 사북량

얼마 후 손비장은 일을 마치고 서울로 가게 되었다. 그래도 나주 목사는 송별연까지 열어주었다. 그 자리에는 응당 자운아가 참석해야 했으나, 그녀는 손비장이 꼴도 보기 싫어 몸이 불편하다는 핑계를 대고 자기 집에 가서 누웠다. 손비장은 송별회장에서 계속 자운아를 찾았다.

나주 목사는 손비장을 위로하며 치하의 말까지 하고, 자운아가 서로 이별하기가 아쉬워 일부러 자리에 나오지 않은 것이라고 추어주었다. 손비장은 이러한 말을 정말로 듣고 속으로 기뻐했다.

얼마 후 조치규趙稚圭가 전주 부윤으로 나주를 순시하러 내려왔다. 나주에서는 큰손님을 대접하느라고 법석이었다. 저녁이 되어 잘 먹은 후, 조치규는 기녀의 천침을 기다렸다. 과연 나주의 명기 자운아가 들어왔다. 소문난 명기인 만큼 용모가 단정하고 언어와 행동거지가 단아했다. 조치규는 기뻐하며 꿈속 같은 온유향에서 헤맸다. 부윤의 처소인 만큼 화려한 병풍을 둘러치고 좋은 금침까지 마련되어 있었다. 환락의 일순이 지난 후, 마치 태풍이 지난 것과 같이 조용했다.

조치규는 자운아와 여러 가지로 속삭였다.

"너는 그동안 한양에서 명기 노릇을 하였으니 많은 사람을 구경하였겠구나. 그러면 나 같은 사람은 어느 정도쯤 되느냐? 네가 잘 알겠지.”

"예, 알고말고요. 사또는 삼하三下가 되겠습니다.”

"무엇이야! 겨우 삼하로구나. 그런 말은 어디서 들었는고?"

"전번에 한양에서 오신 손비장이란 사람이 가르쳐주었습니다.”

"그럼 그 손비장은 어떠하더냐?"

"예, 아주 경지경更之更이로소이다.”

자운아는 지난날을 생각하듯 다시 아미를 찡그렸다.

"나는 삼하이니 겨우 합격이구나. 그러면 누가 상이 되느냐?"

"예, 군수 정문창鄭文昌이 이지상二之上이 됩니다.”

"그럼 누가 상지상上之上이냐?"

자운아는 다만 한양에 있다는 말만 하고 이름은 대지 않았다. 어느덧 그녀의 볼에는 홍도화 색이 돌고 있었다. 이러한 사람의 행사에 대한 평은 자운아 당사자 한 사람의 마음 가운데서 정해진 것이다.

후일 노희량盧希亮이 이 말을 듣고 풍자의 시를 읊었다.

> 호남으로 사신 내려간 이 중 누가 황당하냐
> 이부랑 중 사북량이라 하겠네
> 삼 년의 풍류 누구나 다 아는 중에
> 그래도 정문창이 실력을 보이었구나.

사북량은 손영숙, 즉 손비장을 말하는 것이다. 일찍이 손영숙이 생원시에 합격했을 때 방이 붙었다. 생원시는 여러 사람이 합격하므로 손비장은 그중에서 자신의 이름을 찾아보았다. 그러나 아무리 찾아봐도 자기의 이름을 찾을 수가 없었다. 오히려 다른 사람이 벌써 보고 말해주었다.

"이 사람아, 자네도 합격일세. 방에 붙어 있지 않나."

"어디 내 이름이 있나?"

"이것이 아닌가?"

손비장은 당황했다.

"이 사람아, 그게 어디 손비장인가, 사북량이지."

방을 붙이는 이방이 합격자 명단을 적을 때 글씨를 흘려 썼으므로 손비장孫比長 석 자가 사북량絲北良으로 보였던 것이다.

그 후 사람들은 손비장을 일부러 사북량이라고 불러주었다. 그러나 자운아가 평한 후부터는 손비장을 경更이 둘 있다 하여, 이경거사二更居士라 했다.

손비장

부안 출신으로 생몰년이 미상이다. 조선 전기의 문신으로 자는 영숙(永叔)이다. 세조 때 생원으로 별시 문과에 을과로 급제하여 예종 때 신숙주(申叔舟) 등과 『세조실록』 및 『예종실록』을 편찬했다. 1476년에는 문과 중시에 갑과로 급제하여 예문관 부제학 참찬이 되어, 간언에 기꺼이 따를 것과 대간의 임기를 연장할 것 등을 내용으로 한 시무4조(時務四條)를 왕에게 건의했다. 1478년 승지로서 왕이 성균관에 행차할 때 예에 어긋났다는 죄로 파직되었다.

기생의 원한을 풀어준 천추사 조광원

 창녕군昌寧君 조광원曺光遠이 판돈령부사判敦寧府事로 중국 태자太子의 탄생일을 경축하기 위한 천추사千秋使의 사명을 띠고 연경燕京으로 가는 도중에 평안도의 한 큰 주州에서 자게 되었다. 길을 인도하는 자가 객관客館이 아닌 별사別舍로 안내했다. 조광원이 안내하는 관리에게 따져 물으니, 그 관리가 아뢰었다.

"객관에 요귀妖鬼가 있어 사신이 누차 죽음을 당하였으므로 이 객관을 폐쇄한 지 이미 여러 해가 되었습니다."

"왕명을 받든 사신의 체통에 마땅히 객관에서 자야 하는데, 어찌 요귀로 인해 객관을 폐쇄하였는가!"

조광원이 서둘러 명하여 객관을 수리, 청소하고 숙소를 옮기도록 했다. 그 고을의 수령이 나와 뵙고 객관에서 자는 것을 간절히 말렸으나, 조광원은 끝내 듣지 않고 그 객관에 들어가 자기로 했다. 밤에 촛불을 밝혀놓고 잠자리에 들어 자는 척하니, 담당 방의 기생 및 대령하

〈연행도〉. 천추사는 해마다 정기적으로 명나라에 보내던 사절로서, 중국 태자의 생일을 축하하기 위해 약 40명으로 구성된 사신들이 조공품을 가지고 갔다.

는 하인들이 "요귀가 들이닥쳐 사신은 반드시 죽게 될 것이다" 하며 모두 달아나 버렸다.

한 맺힌 요귀의 원통함

밤이 이슥해지자 갑자기 한 줄기 음산한 바람이 불어와서 장막을 걷어 올렸다. 촛불이 꺼질 듯 깜박거렸다. 조광원이 언뜻 깨닫고 일어나 앉으니 들보 사이 판자에서 삐걱삐걱하는 소리가 들리는데, 마치 누군가가 판자를 걷어내고 있는 듯한 소리였다.

얼마 뒤에 사람의 사지四肢가 차례로 내려오는데, 가슴과 배가 머리와 얼굴에 이어져 잇달아 내려와 서로 붙어서 한 여인의 몸이 되었다. 그 여인은 살갗이 눈처럼 희고 피가 묻은 흔적이 낭자했으며 실오라기 하나 안 걸친 알몸이었는데 온몸이 비단처럼 얄팍하게 붙어 있었다. 여인은 얼굴을 감싸고 흐느껴 울며 잠깐 나왔다가 다시 물러나곤 했다.

조광원이 정색을 하고 호통을 쳤다.

"너는 어떠한 요귀냐? 듣건대, 일찍이 왕명을 받든 사신을 여러 차례 해쳤다 하니, 그 죄가 이미 크다. 그런데 또 감히 내 앞에서 당돌함이 이와 같단 말인가. 만일 호소할 일이 있으면 들어주겠거니와, 그렇지 않으면 마땅히 중형으로 다스리리라."

요귀가 흐느끼며 입을 열었다.

"소녀가 하늘처럼 끝없는 혹심한 원통함이 있어 호소하려고 오면 사신이 곧 지레 서거逝去하였사옵지, 소녀는 실로 죄를 짓지 않았습니다. 다행히 하늘의 은택을 입어 오늘을 만나게 되었으니, 어찌 원통함을 풀 수 있는 기회가 아니겠습니까. 소녀는 본주의 기생 아무입니다. 아무 해 아무 날에 아무 사신을 이 방에서 뫼시었습니다. 밤이 깊은 뒤에 소피所避로 인해 바깥 섬돌로 나갔더니, 관노官奴 아무가 기둥 아래에 누워 있다가 마침 달빛 아래에서 소녀가 오는 것을 보고 뛰어와서 겁탈하려 하므로 소녀가 거절하고 따르지 않았습니다. 관노 아무는 본래 힘이 세기로 유명했는데, 옷을 찢어 입을 막아 소리를 지르지 못하게 하고 안고서 동산의 큰 돌 옆으로 가서, 손으로 그 돌을 들고는 소녀를 그 돌 밑에 놓고 눌러버렸습니다. 그리하여 사지가 가루처럼 부서져서 이러한 꼴이 되었으니 어찌 천하의 지극한 원통이 아니겠습니까?"

조광원이 다 듣고 나서 곧 명령을 내렸다.

"마땅히 처결함이 있을 터이니, 속히 물러가거라."

그 여인은 울며 사례하고는 그림자도 없이 사라져버렸다. 조광원은 밖에 혹시 누가 남아 있을까 하여 하인을 불러보았으나 응답하는 사람이 하나도 없기에 마침내 옷을 벗고 잠자리에 들었다.

새벽이 되어 관아에 들어가서 기생의 이름을 기록해둔 책을 이름마다 확인하고, 아무 관노의 이름을 가리키며 즉시 포박하여 대령하게 했다. 이어서 많은 사람을 시켜 간밤에 여인이 말한 대로 그 돌을 들어 살펴보니, 그 여인의 시체가 조금도 썩지 않은 채로 있었다.

시체를 뜰에 내놓고 그 관노를 신문하니, 한마디 변명도 못 하고 모두 승복했다. 조광원은 곧장 곤장을 쳐서 그를 죽이고 그 주의 수령으로 하여금 관을 짜고 염(殮)을 하여 그 기생의 장례를 후하게 치르게 했다. 그 뒤로는 요귀가 나타나지 않았다.

조광원

조선 중기의 문신으로 중종 때 문과에 급제했다. 개성부 도사(都事)에 이르러 왕의 대가(大駕)를 영접하지 않은 사건으로 파면되었다가 다시 서용되어 북도병사(北道兵使)에 이르러 창녕군(昌寧君)의 습봉(襲封)을 받았다. 조광원은 40년 동안 벼슬에 있으면서 국경 방어에 많은 공을 세웠다.

최충헌과 양수척 출신의 자운선

  천하의 세도가 이의민李義旼의 둘째 아들 이지영李至榮이 아비의 권력을 믿고 삭주 분도 장군朔州分道將軍으로 내려갔다. 원래 분도 장군은 그곳의 병마지휘兵馬指揮의 명령을 받고 도내를 순행해야 한다. 그런데 이지영은 마음대로 삭주 지방에 출입하며 행패를 부려, 얼마 후 감창사監倉使 합문지후閤門祗侯 최신윤崔莘尹이 어명을 띠고 삭주로 내려갔다. 응당 분도 장군이 마중을 나와야 한다.

"분도 장군은 어디 갔는데 마중도 하지 않는다는 말이냐?"

최신윤이 불쾌해하며 말했다. 얼마 후에 이지영이 나타났다.

"미안하오."

한마디뿐이다.

"나는 어명을 띠고 먼 길을 온 사람이오. 그대가 영접지 않으니 어명을 거역하는 결과가 아니오?"

따지는 말이었다. 이지영은 뒤가 튼튼해서인지 역시 굽실거리지 않았다. 저녁이 되어 최신윤이 공관에 유숙하게 되었다. 이지영은 평상시의 옷을 그대로 입고 대접했다.

"관복은 어디 두었소?"

"밤에도 관복을 입소?"

퉁명스러운 이지영의 대답이었다. 서로 음식을 나누어 먹을 때 이지영이 돌연 최신윤의 옷을 잡고 낚아챘다. 최신윤은 정신없이 나가떨어졌다. 그대로 있다가는 무슨 봉변을 당할지 알 수 없었다. 여기서 한참을 엎치락뒤치락하다가 잠시 이지영이 지쳐 쉴 때 최신윤은 도망쳤다. 이지영은 분하여 도망친 최신윤의 옷을 가져다 불태우고, 최신윤이 데리고 온 나장螺匠 한 사람을 분풀이로 죽였다. 자기의 뜻에 맞지 않으면 누구를 막론하고 폭력을 행사했다.

이지영은 이때 분도 장군으로 흥화진興化鎭과 운중도雲中道를 시찰하게 되었다. 이곳은 국경의 변방 지대로서 양수척揚水尺이 많이 살고 있었다. 원래 양수척은 고려 태조가 전날 후백제를 정복할 때 최후까지 반항하던 백제의 잔중殘衆이다. 그들은 고려 왕조에 대해 조금도 협조하지 않았으며 끝까지 버텨나갔던, 그러므로 관적貫籍도 가지지 못하고 살 수 있는 곳을 따라 유랑하던 사람들이다. 그들은 결국 압록강 중류 지대에 물과 버드나무가 무성한 곳을 찾아 정착했다. 여기서 그들은 고리버들을 심어 고리짝을 짜서 팔며 호구지책으로 겨우 생활해나갔다. 이와 같이 무적자였으므로 국가에 세금도 바치지 않았다. 이들을 고리백정이라 했으며, 고려의 기생도 이러한 고리백정의 집에서 나와 노래와 춤으로 생을 영위해나갔다.

자운선이라는 기녀도 고리백정 출신으로, 이지영이 삭주 분도 장군으로 갔을 때 데려온 기생이었다. 고리백정들은 국가에 세금을 바치지 않았으므로 이지영은 고리백정촌으로 내려가 그들에게 "너희는 국가에 세납을 하지 않으니 이제부터는 나의 기녀 자운선에게 세금을 내도록 해야겠다" 하며, 대략 이때부터 그들의 부역賦役을 받아 자운선이 마음대로 쓰도록 했다. 이후 자운선은 고리백정을 괴롭히며 많은 세금을 거두어 갔다. 말하자면 이지영은 기녀도 얻고 동시에 백정들의 세금까지 거두어 먹게 된 것이다.

고리백정 출신, 자운선

한편 권세에 맛을 들인 이지영은 애기 자운선을 얻은 후, 항상 그녀와 행동을 같이했다. 예성강에서 경승지로 알려진 벽란도碧瀾渡는 송나라 상인이 자주 드나들어 국제 무역항으로 번화하고 풍성했다. 이곳에서는 송에서 들어오는 술, 향내 진동하는 차 등속이 매일같이 팔려갔다. 그중에도 송의 황색 비단은 고려 여성들의 눈을 매혹했다. 이지영은 벽란도의 예성강을 질러 막을 다리를 놓을 생각을 하고 항상 자기의 원찰인 벽란도의 보달원普達院에 나가 놀았다. 이런 때면 자기의 허장성세虛張聲勢를 여러 사람에게 보여주고 싶었다.

  때마침 예성강의 물이 불어, 강 언덕을 휩쓸며 물이 굽이쳐 내려갔다. 이러한 시기를 이용하여 이지영은 자운선을 데리고 보달원으로 구경을 나갔다. 보달원에서는 음식을 차려놓고 그를 기다리고 있었다. 이지영은 기분이 좋아 그 근처에 있는 여러 장군을 불렀다.

그의 명령인 만큼 송도 시중에 있던 장군들은 일제히 보달원으로 모여들었다. 보달원은 송도에서 불과 30리밖에 떨어지지 않은 곳이기도 했지만 한번 명령만 내리면 모여드는 것이 당시 장군들의 기풍이었다. 이의민은 당대의 권력가이고, 그의 아들은 아비의 세력을 등에 업고 행세하는 자였다. 이 때문에 그의 부름이 있다면 천 리라도 갈 사람들이었다.

좌중에 여러 사람이 모였으니 주인공이 되는 이지영은 기분이 좋았다.

"장군, 보달원이야말로 천하의 일경이올시다."

"부디 오래도록 이 절을 잘 수호하시어 큰 복을 누리시오."

"현세의 영광을 미래에도 누리시도록 하시오."

모두 아첨하는 인사의 말이었다.

"여러 장군들이 모였으니 준비한 음식이나마 충분히 맛보도록 하오."

"장군의 성덕을 어찌 잊겠소이까."

모두들 극구 칭찬하며 보달원의 음식을 맛보았다.

연회가 익어갈수록 진귀한 음식은 더욱 많이 나왔다. 국제 항구가 가까우니 송나라의 음식이 많았다. 승려들은 소찬을 즐긴다 하나 권력자의 대연인 만큼 육류가 많이 놓였고, 예성강의 물고기도 상에 올랐다. 장군들은 감격한 듯이 술을 마시며 한때를 즐겼다.

"풍악을 울려라. 술에는 풍악이 있어야 하느니라."

주인의 말이 떨어지자 풍악 소리 요란하게 울리며 이와 동시에 기녀들이 주연석으로 올라왔다. 기녀들은 모두 긴 옷을 입고, 음악 소리에 맞추어 춤을 추었다. 꽃 속에서 노는 나비같이 한들거리며 감미로운 선율에 맞추어 넘어간다.

술이 돌아갈수록 무기舞妓의 춤은 더욱 화사해졌다. 그중에도 자운선이 춤을 출 때 그녀의 미모에 모두 입이 벌어졌다.

"하늘에 선녀가 있다더니 바로 저 자운선을 말하는 게로군."

"함부로 말하면 큰일 나네. 자운선이야말로 바로 주인 이지영의 애기일세. 입을 함부로 놀리지 말게."

"저런 아이는 대관절 어디에서 나타났을까?"

"저절로 굴러 왔다네."

"아니지. 하늘에서 내려왔지."

제각기 칭찬이 자자했다. 장군 가운데는 최충헌도 있었다. 그는 아직 말석에 앉는 하급 장군이었다. 그는 자운선의 춤을 보고 완전히 넋이 나가버렸다.

"이 사람, 무엇을 그렇게 보고 있나? 술이나 들게."

옆에서 말을 건넸다.

"선녀가 따로 있는 게 아니군. 선녀는 하늘에서 내려오는 게 아니라 바로 이 땅에 있었어."

"예성강의 물귀신의 딸이라네. 그래서 저렇게 미끈하다네."

마치 물속에서 뛰어노는 은어같이 보여 하는 말이었다.

"대장부가 세상에 나왔다가 저런 계집애를 품어보아야 사람다운 행세를 하지."

"이 사람아, 큰일 날 소리 말게. 주인이 노려보고 있네."

"이왕 자랑삼아 내놓은 기녀인데, 손목이라도 한번 만져보아야지."

최충헌이 흠모한 나머지 말했다. 거센 무부들은 그동안 여러 번 내란을 겪었으니 본 것은 모두 살벌한 광경뿐이었다. 이제 평화가 돌아오니 부드러운 여성이 그리웠다. 그중에도 최충헌은 감히 쳐다보기도 힘든 자리이지만 그래도 이지영의 자리에 앉아 자운선을 마음대로 주무르고 싶었다. 그럴수록 그녀는 춤을 추며 자기를 슬금슬금 보는 것 같았다.

"최 장군님, 술을 드시지요."

가냘픈 여성의 목소리였다. 최충헌은 깜짝 놀라 쳐다보며 술잔을 내밀었다. 정녕 자운선이 앞에 와서 술을 권하는 것 같다.

"어찌 네가 나를 아느냐?"

큰 소리로 물었다. 그러나 다시 보니 자운선은 바로 건너편 높은 곳, 이지영의 옆에 앉아 있었다. 술을 권한 기녀는 아주 못생긴 기녀였다.

"장군을 어찌 모르오리까?"

그녀는 애교 있는 웃음을 지으며 술을 따랐다.

"잘못 보았구나."

혼자 탄식할 때 기녀는 사라져 옆 좌석에서 술을 권하고 있었다.

최충헌의 심정은 오매불망할 지경이었다. 당장 뛰어가고 싶었으나 일개 무변을 알아줄 리 없었다. 자기는 이제 겨우 섭장군攝將軍의 지위에 있었다. 그것도 명종 4년에 조위총趙位寵의 반란 때 싸운 공으로 별초 도령別抄都令이 되었다가 바로 그해에 겨우 섭장군이 된 것이었다. 일종의 장군 대우에 불과했다. 어떻게 하든지 이의민의 세력을 꺾어야만 자기 뜻대로 할 수 있을 것이었다.

세력 잡은 최충헌

명종 26년(1196), 어느덧 최충헌의 나이도 마흔여덟이 되었다. 최충헌은 아우 최충수崔忠粹와 합심하여 이의민의 세력을 제거하기로 했다. 때마침 명종은 보제사普濟寺로 가고, 이의민은 왕을 모시지 않고 미타산 별서彌陀山別墅에서 쉬고 있었다. 이날이 이의민의 멸망의 날이다. 최충헌 형제는 실력으로 대결해 이의민을 죽였다. 잠시 시가전이 벌어졌으나 일은 쉽사리 풀려 최충헌의 득세 시대가 열렸다.

한편 이의민의 아들 이지영은 예성강에 다리를 놓기 위해 그 비용을 염출코자 안서도호부로 내려갔다. 이 사이에 이의민이 죽고, 세상이 바뀌었다. 최충헌은 장군 한휴韓休를 보내 이지영을 잡으라 명했다.

"네가 내려가거든 이지영만 죽이지, 같이 간 자운선은 죽이지 말고 데려오너라."

10년 가까이 벼러왔던 일이다. 한휴는 군사를 거느리고 안서도호부로 내려갔다. 마침 이지영은 송도의 소식을 모르고 도호부의 태수 허대원許大元과 앉아 주연을 벌이고 있었다. 권력자의 아들을 환영하는 연회인 만큼 일대에 큰 잔치가 벌어졌다. 머리에 꽃을 꽂은 기녀가 일어나 춤추며 노래까지 부르고 있었다. 한휴가 들어서며 소리쳤다.

"역적 이지영은 어명을 받아라."

연회장은 일순 비통한 순간으로 변해갔다.

"누구의 명령이냐?"

술에 취한 이지영이 그래도 큰소리로 맞섰다.

"어명은 왕명뿐이다. 다른 어명이 있겠느냐?"

조금 전까지만 해도 어명이고 무엇이고 어기며 자기 마음대로 했던 이지영은 한휴의 험악한 모습에 당황하여 사태를 파악하지 못하고 일어서서 칼을 뽑았다.

"어명에도 칼을 대느냐?"

이 말에 이지영은 수그러졌다. 세력을 잃은 그는 그 자리에서 처참히 죽었다. 한휴는 이지영의 머리를 잘라 송도 최충헌의 처소로 보냈다. 안서도호부의 백성들이 이 소식을 듣고 기뻐하며 한마디씩 했다.

"이지영이 어명에 죽었으니 이제 우리는 근심을 덜게 되었구나."

한휴는 최충헌의 밀명을 그대로 실행하여 자운선을 잡아 최충헌의 처소로 보냈다. 최충헌으로서는 세력을 잡고, 또 그리워하던 자운선을 차지했으니 그야말로 소원이 성취된 셈이었다. 자운선의 나이도 이미 서른이 넘었다. 자운선으로서는 전날과 같은 영광을 누리게 되니 아무런 변화도 없는 셈이었다. 다만 젊고 씩씩한 이지영의 품 안에서 50대의 늙은 최충헌의 품속에 안긴 것이 얼마간 불만이었다.

"영공은 나를 버리지 않으실 작정이신지요."

자운선은 불안하여 물었다.

"내가 너를 그리워한 지 이미 오래인데, 어찌 버리겠느냐! 너의 소원대로 대접해주마. 염려 말아라."

"전과 같이 양수척에게서 받은 공물貢物을 저에게 주시어요. 이게 소원이외다."

"그래라."

이 한마디로 자운선은 최충헌의 집으로 들어갔다. 자운선의 인물은 조금도 변하지 않았다. 오히려 서른이 되어갈수록 몸은 더욱 무르익어 여성으로서의 아름다움을 물씬 풍겼다.

궁전 같은 최충헌의 집에서는 여러 기녀를 모아놓고, 신선이 산다는 봉래산蓬萊山을 만들어놓았다. 일종의 석가산石假山으로 그 위에 봉래궁을 지어놓았다. 유량한 음악이 흐를 때 기녀들은 일제히 최충헌 앞으로 나와 절했다.

"영공의 큰 힘으로 국가가 안태하게 되었으니 이제야 봉래산에서 신선이 하강하였나이다. 만수무강하시오."

저마다 축하의 말을 올렸다. 그래도 그곳에 모여든 선녀 중에 자운선만 한 기녀는 없었다. 소위 봉래산 선녀의 하례賀禮라 하여 무슨 일만 있어도 기녀들이 신선을 가장하고 놀았다.

자운선은 전과 같이 양수척에게서 공물을 받았다. 시일이 갈수록 공물의 양은 많아졌다. 그들은 자운선에게 원한을 품었다. 마침 국경지대에 거란군이 쳐들어왔다. 양수척들은 모두 일어나 적병의 향도 노릇을 했다.

"우리는 반역하는 것이 아니다. 기녀들이 우리를 못살게 굴며, 많은 공물을 가져가니 어찌 살겠느냐? 살기 위해 저항한다. 기녀들을 쫓아내면 국가를 위해 충성을 다하겠다."

그들은 이러한 글을 최충헌에게 보냈다. 이로써 최충헌은 기녀들을 다시 자기들의 고향으로 보냈다.

양수척

후삼국으로부터 고려에 걸쳐 떠돌아다니면서 천업(賤業)에 종사하던 무리로 일명 수척(水尺)·화척(禾尺)·무자리라고도 한다. 고려 태조가 후백제를 정벌할 때 제어하기 어려웠던 유종(遺種)의 후예라고도 하지만 이에 관한 정확한 사료는 없는 편이며, 일반적으로 여진의 포로 또는 귀화인의 후예라고 알려져 있다. 변경 지대에 주로 많이 살았고 수초(水草)를 따라 떠돌아다니면서 사냥과 유기(柳器)를 만들어 파는 것을 업으로 삼았다. 최충헌의 집권 때에는 양수척에 대한 공물의 과다 징수가 있자 크게 원망하여, 거란 유종인 금산 왕자(金山王子)·금시 왕자(金始王子) 무리가 침입하자 이들의 길잡이 노릇을 하기도 했다.

이지영

고려 후기의 무신으로 무신 집정 이의민의 아들이다. 명종 때 삭주 분도 장군이 되어 흥화진과 운중도의 양수척들을 기생 자운선에게 소속시키고 공물을 징수했다. 아버지의 권세를 믿고 횡포를 부려 자기 뜻을 거스르는 사람이 있으면 죽이고, 왕의 폐희(嬖姬)마저도 협박했으나 왕이 벌하지 못했다. 이의민의 여러 아들 가운데서도 지광(至光)과 더불어 횡포가 유난히 심해 사람들이 이 두 사람을 쌍도자(雙刀子)라 불렀다고 한다.

최충헌

최씨 무신정권의 독재자다. 최충헌은 고려 황제 두 명을 갈아 치우고 여섯 명의 황제를 모셨다. 몽고와 고려의 첫 만남도 최충헌이 거란족을 물리칠 도움이 필요해서 부름으로 이루어졌다. 최충헌은 18세에 고려 군대에 참가해 정중부와 이의방 밑에서 벼슬을 높이면서 이름을 떨쳤다. 최충헌은 아우 최충수와 함께 독재자 이의민을 치며 그의 목을 베고, 고려 황제 명종을 폐위시킨 뒤 명종의 아우를 보위에 올렸다. 그가 신종이다. 이후 최충수가 자신의 딸을 태자비로 삼으려 하는 것을 알고 군사를 움직여 아우를 죽였다. 최충헌이 세운 무신정권은 최의가 살해되면서 4대 60여 년간의 역사를 뒤로하고 막을 내렸다.

민영의 사타구니에 채워진 자물쇠

조선 선조 말년에 호조 참판까지 지냈던 민영이란 선비가 장안에 살고 있었다. 민영이 아직 벼슬에 오르지 못하고 기둥이 꼬여 비뚤어진 헌집을 쓰고 궁색하게 지내고 있을 때였다. 그는 당장 저녁쌀이 없는 줄 알면서도 그것에는 조금도 개의치 않고 불경을 외우는 중처럼 여념 없이 글만 읽고 있었다. 그래도 자기 딴에는 장래에 대한 큰 야심을 품고 있었다.

민영에게는 평양 감사로 있는 친구가 있었다. 그는 조항이란 사람이었다. 조항은 어렸을 때 같은 서당에서 글을 배우며 장난을 하던 죽마지우로서 민영보다 총명하여 일찍 대과에 급제하고 그 후 얼마 있다가 평양 감사로 출세한 인물이었다. 그가 평양 감사로 가 있다는 소문을 들은 민영은 한편 몹시 부럽고 또 한편으로는 반가워서 저녁상을 물리고 자기 아내에게 이 사실을 말했다. 전에도 가끔 그 친구 얘기를 했던 터라 그 아내도 퍽 반가워하면서 자기 남편의 우둔함을 정면으로 나무랐다.

"그래 친구는 벌써 대과급제해서 평양 감사까지 되었는데 당신은 아직 초시 한자리도 못 하고 이처럼 곤궁하게 지내니, 창피하지도 않단 말이오?"

"여보, 벼슬이란 운이 있어야 하고 분복이 있어야 하는 법인데 억지로 되오?"

아내보다도 더 초조하고 안타까운 건 민영이었다. 그런데 민영에게는 혼인을 정한 딸이 있었다. 혼인날은 밀물 밀려오듯 점점 다가오는데, 민영은 딸을 위해 실 한 올 사줄 돈이 없었다. 내외가 앉으면 늘 걱정하는 것이 일이었다. 그날도 이 걱정을 하고 있다가 평양 감사 친구 얘기가 나오자 아내는 문득 이런 생각을 했다.

'옳지, 그 평양 감사가 우리 남편 친구라니 가서 청을 한번 해보면 다소 얼마라도 도와주겠지.'

아내는 부끄러움을 무릅쓰고 남편에게 조르다시피 간청했다.

"여보, 혼인날은 자꾸 다가오는데 맨손으로 그냥 이러고만 있으면 어느 누가 도와준다요. 그러니 당신이 평양으로 가서 그 친구에게 딱한 처지를 알리고 좀 도와달라고 말해보시오."

"글쎄, 그 사람이 도와줄까 몰라."

"그래도 어릴 때부터 친구라는데 그런 것쯤 안 도와주겠소?"

"글쎄……."

미녀에게 매혹되어

민영은 아내의 말에 못 이겨 자신 없는 길을 떠났다. 성공을 못 하더라도 오래간만에 친구도 만나고 평양 구경도 할 겸 해서다. 한양서 평양까지는 먼 거리다. 한양을 떠난 지 여드레 만에 평양에 닿았다. 평양은 자고로 서경西京으로 이름 있는 명승의 시가이므로 그 번화함은 한양에 못지않았고, 관가의 문은 임금의 대궐처럼 웅장해서 그 안에 들어앉은 평양 감사의 권위란 그 지방에서만큼은 임금 이상의 것이었다.

민영은 연락하여 통인의 안내로 감사가 있는 방으로 들어가서 오래간만에 회포를 풀고 감사의 사처로 물러 나왔다. 사처로 나온 민영은 우선 자기가 평양에 오게 된 곡절부터 말했다. 터놓고 자기 딸 혼인날에 처하여 친구의 덕 좀 보러 왔다고 했다.

"허허, 자네에게 벌써 그런 딸이 있는가? 하여튼 차차 보세."

감사는 친구에게 독방 하나를 정해주고 사령 하나를 전속 종자로 보내주었다. 그러고는 별도로 서경에서 가장 예쁜 기생 하나를 불러서 친구가 거처하는 앞집에 가서 이리이리하라고 꾀를 일러주었다. 민영은 고기에 술에 잘 얻어먹기는 했지만 가만히 생각해보니 자기 딸 혼인날이 가까워오는데 감사는 아무 말이 없으니 답답하기 그지없었다. 그리하여 이제는 동정받을 것을 단념하고 내일쯤은 관가로 들어가 작별 인사나 하고 한양으로 돌아가리라 생각하고 앉았는데, 건너 집 들창 밑에서 소복한 어여쁜 여인이 얼굴을 반쯤 내밀고 이쪽을 건너다보고 있었다. 민영으로선 난생처음 보는 미녀였다. 꿈속 같았다. 한참을 그녀에게 정신이 팔려 우두커니 바라보다가 시종하는 사령을 불렀다.

"애, 저 건너 집이 누구네 집인고?"

"예, 그 집은 소인 매부의 집이올시다."

"그러면 지금 그 여자는 누구인고?"

"예, 소인의 누이인데, 작년에 소인의 매부가 죽고 혼자 삽니다."

"그래? 참으로 예쁘구나. 나이가 몇이나 됐느냐?"

"예, 스물한 살이올시다."

"애야, 너 그 누이 좀 불러올 수 없겠느냐, 응?"

"……가서 이야기해보지요."

저녁때가 지난 후 사령은 자기 누이동생을 데리고 왔다.

민영은 세상에 이런 미인이 또 있는가 싶어 정신이 황홀해져서 용기를 내어 그 여자에게 수작을 걸었다.

"너 과부라고 하니 나하고 한밤을 같이 놀자."

"안 됩니다. 우리 오라버님 말씀이 한양서 오신 손님이 여기 감사와 정다운 친구라며 부르신다기에 오기는 했으나 밤을 같이할 수는 없습니다."

"음, 그렇다. 이 고을 감사는 나의 친구다. 듣자 하니 네가 과부라 하고, 나도 멀리 와서 적막한데 한밤을 같이 논들 무슨 허물이 있겠느냐……."

민영은 슬슬 그 여자의 손목을 잡아당겼다. 하얀 버선 두 짝이 꼬리처럼 치맛자락 뒤에 따라오면서 여자의 상반신은 민영의 가슴속에 푹 파묻혔다. 민영은 더 용기를 낼 참이었다. 주위는 극히 고요했다. 민영은 난생처음 만난 미녀에게 매혹되어 이성을 잃고 말았다. 자신이 지금 어디에 있는지조차 몽롱했고 그리하여 정신없이 더듬고 또 더듬었다. 그런데 그런 꿈같은 순간도 잠시뿐이었다. 민영이 자기 정욕에 도취된 틈을 타서 어느새 소복의 여인은 요술사처럼 이상한 자물쇠로 민영의 두 다리 사이를 잠그고 재빨리 도망을 쳐버렸다.

민영은 이상한 자물쇠가 사타구니 사이에서 찰각하고 잠기는 순간에야 그 여자의 계략에 속은 줄 알고서, 혼자 앉아서 입맛을 다시며 싱겁게 웃었다.

자물쇠는 아무리 빼려고 노력해도 열쇠가 없이는 열 길이 없었다. 민영은 남부끄러워 누구에게 얘기도 못 하고 벙어리 냉가슴 앓듯 혼자서 끙끙 앓기만 하다가, 날이 새기를 기다려 감사도 만나지 않고 그 길로 평양을 떠나 한양으로 향했다.

| 평양 감사 조항의 장난

그런데 진짜 고생은 그때부터 시작되었다. 몸에 아무 탈이 없다 하더라도 그렇게 먼 길을 걸으면 노독이 심한 법인데, 더구나 두 다리 사이에 자물쇠를 채워놓았으니 그 피로함이 이루 말할 수 없는 지경이었다. 걸음을 걷는데 양다리가 땅겨 마음 놓고 발을 떼어놓을 수가 없었다. 민영은 울며 겨자 먹기 식으로 걸어서 간신히 한양에 당도했다. 민영이 막 문안으로 들어가려는데 어떤 허름한 청년 하나가 앞을 가로막으며 부고장을 쑥 내밀었다.

"서방님, 서방님께서 평양 가신 후에 마님이 돌아가셨습니다."

"응? 마누라가 죽어?"

민영은 가슴이 덜컥 내려앉았다. 자기를 기다리다 굶어 죽은 게 아닐까 생각하니 아찔했다. 민영은 급히 걸음을 옮겼다. 그런데 그놈의 자물쇠 때문에 빨리 걸을 수가 없었다. 정신없이 어기적거리며 허둥지둥 대문까지 왔다. 그런데 이게 웬일인가? 죽었다던 아내가 전례 없이 민영을 보자 좋아 날뛰면서 먼 길에 고생이 많았다며 마중을 나오는 게 아닌가! 민영은 도대체 이게 어찌 된 영문일까 하고 당황한 마음을 진정시키며 지친 몸을 간신히 이끌고 방으로 들어섰다.

민영이 "휴" 하고 한숨을 크게 쉬었다. 아내가 말했다.

"아니 여보, 어째 그처럼 수심을 띠시오?"

"응? 아냐, 아무것도."

"네? 참 이상하구려. 무슨 큰일이라도 저질렀수?"

"돈 얻으러 갔다가 걱정거리만 생겼어."

"아니, 왜 그런 말씀을 하시오? 일전에 하인 하나가 말에다가 비단과 돈을 잔뜩 실어다 놓고 갔는데요. 나는 당신이 평양에서 얻어 보낸 줄 알고 있었는데."

민영은 깜짝 놀라 눈을 번쩍 뜨고 정말이냐고 물었다. 아내는 보내온 짐을 낱낱이 풀어 보였다. 휘황찬란했다. 이불감, 저고릿감, 치맛감, 비단, 명주, 비녀, 가락지까지 일체가 들어 있었다. 그리고 돈 천 냥도 들어 있었다. 민영은 그저 꿈만 같았다.

"허허, 나는 그 친구가 이처럼 많이 보내온 줄은 꿈에도 요량하지 못했소. 그런데 나는 이상한 걱정거리를 하나 달고 왔는데, 이것 좀 보구려!"

민영은 허리띠를 끄르고 꽉 잠긴 채로 있는 문제의 자물쇠를 보였다. 아내는 한참 동안 박장대소를 하더니 "옳지, 이제야 알았소. 장롱 한 쌍이 왔는데 자물쇠 둘에 열쇠가 둘이면 될 터인데 열쇠가 하나 더 왔단 말이에요. 그래서 나는 이상하여 그 하나는 어쩐 것인가 했더니 이것을 열라는 말이구려" 하고 곧 열쇠를 가져왔다. 사타구니에 있는 자물쇠는 철컥하더니 열렸다.

아내는 그 꼴이 우습다고 킬킬대며 또 한바탕 웃었다.

민영도 친구의 장난인 줄 알고 따라 웃는 수밖에 없었다. 민영은 자물쇠에서 해방되자 부고장을 전해받은 일이 생각나서 어떤 놈이 거짓말을 했을까, 하고 부고장을 다시 들여다보았다. 다시 보니 거기에는 부고가 아니라 친구인 평양 감사 조항이 쓴 글이 들어 있었다. 그 내용은 이러했다.

"무사히 한양에 당도했는가. 평양에 와 있을 때에 자네의 한 가지 욕망을 달성시켜주지 못해 미안하이. 그런데 고래로 전하는 말이, 사람이 횡재를 하면 수액이 반드시 생기는 법이라 하였으므로 일부러 고생하라고 기생에게 그렇게 시켰던 것이니 조금도 노여워 말게."

모든 게 조작이었다. 그때부터 평양 일대에는 이런 노래가 불리기 시작했다.

    해는 지고 저문 날에
    웬 선비가 울며 가노
    아이들아 그 말 마라
    백 년 처를 찾아간다.

이렇게 친구의 도움을 받은 민영은 그 후 과거에 급제하여 벼슬을 하게 되었다. 그런데 몇 년 후에 평양을 가게 되었다. 민영은 평양을 향하면서 친구의 장난으로 사타구니에 자물쇠를 찼던 일이 생각났다. 그는 혼자 빙그레 웃으며 '그녀가 아직도 평양에 있을까? 내가 이번에 그녀를 만나서 꼭 복수를 해야겠다' 이렇게 마음을 먹고 길을 재촉하여 평양에 당도했다. 물론 그때는 조항이 평양에 없었다. 민영은 우선 객사客舍에서 자기 심부름꾼으로 배속되었던 사령을 찾았다. 감비청의 사령들을 두루 돌아본 민영은 그때 그 사령을 쉽사리 찾아냈다. 사령은 민영을 알아보았다.
"그동안 안녕하셨사온지요?"
"아, 너는 그때 나를 속인 그 녀석이로구나?"
"그저 감사님의 지시대로 하였을 따름입니다. 죄송스럽습니다."
사령은 죄라도 진 듯이 연방 굽신거렸다.
"네 이놈, 그때 너는 그 기생을 네 누이라고 나를 속였겠다!"
"그저 잘못되었습니다."
"하여간 내가 그때 당한 일을 생각하면 지금도 사타구니가 거북하다. 그러니 네가 내게 혼이 나지 않으려거든 그때 그년을 오늘 밤 당장에 대령하여라."
"알겠사옵니다. 틀림없이 오늘 밤에 대령을 시키겠사오니 제발 용서하여주시옵소서."
그날 밤 사령은 약속대로 그때 그 기생을 민영의 처소로 데려왔다.
"그래 사람을 고생을 시켜도 유만부동이지 어찌 그런 짓을 한담."
기생은 몇 년 만에 민영을 대하고 그때 일을 생각하니 웃음이 나와 입에서 손을 떼지 못했다.

"용서하시어요. 소첩의 죄가 아니오라 감사 대감께서······."

기생은 또 웃음을 터뜨렸다. 그러나 역시 인물은 미색이었다.

조선 시대 기생 제도

조선은 기생을 일종의 제도로 정착시켜 국가가 직접 기생들을 관리, 감독했다. 기생은 기본적으로 관기로서, 관가에 등록된 기생만이 기생 활동을 할 수 있었다. 기생이라 하면 보통은 황진이처럼 미녀를 연상하는데, 이는 중세에 대한 낭만적 상상력의 소산이며, 실제 기생은 본질적으로 평범한 여인들로 사대부들의 성적 욕망을 해소해주는 도구에 지나지 않는 경우가 많았다.

2장
시심의 사랑

거문고와 함께 묻힌 매창

조선 시대에 많은 여류 시인이 있었고 그들이 남긴 시문집 또한 여러 권이지만, 그들 가운데 규수 시인으로는 역시 허난설헌을 으뜸으로 꼽을 수 있고, 기녀妓女 시인으로는 황진이와 매창을 첫손에 꼽을 수 있다.

매창은 1573년 부안현의 아전이던 이탕종과 기생 사이에서 태어났다. 태어나던 해가 계유년이었기에 계생桂生이라고 불렸다. 기녀를 어머니로 둔 서녀였으니 계생 또한 기녀의 길을 걸을 수밖에 없었다. 기생이 된 뒤에 애칭으로 계랑桂娘이라고도 불렸고, 스스로 호를 매화나무 창가라는 뜻으로 매창梅窓이라고 지어 불렀다.

출신 성분 때문에 자연스럽게 기생이 되었으나 인품이 빼어났고 절개가 곧았다. 또한 시와 글을 잘 썼고 노래와 거문고에도 능했다. 신분이 기생이었던 만큼 매창에게는 집적거리는 손님이 많았다. 시로써 점잖게 다가오는 이도 있었고, 술에 취해서 강압적으로 덤벼드는 이

전북 부안의 매창공원에는 매창의 마음을 담은 붉은 배롱나무가 8월을 뜨겁게 달구고 있었다.

도 있었다. 그런 경우에도 매창은 재치로 위기를 넘겼는데, 현재 시화에 많이 전하는 다음의 시가 그런 예다.

> 취한 손님이 명주 저고리 옷자락을 잡으니
> 손길을 따라 명주 저고리 소리를 내며 찢어졌군요.
> 명주 저고리 하나쯤이야 아까울 게 없지만
> 임이 주신 은정까지도 찢어졌을까 그게 두려워요.

유희경을 그리워하며

매창이 마음을 주고 또 시를 준 남자로는 촌은村隱 유희경劉希慶을 들

수 있다. 그는 천민이었지만 시인으로 이름을 날린 사람이다. 그는 뒤에 임진왜란이 나자 의병을 모집한 공으로 천민 신분을 벗었다. 이들이 처음 만난 때는 임진왜란 직전이었다. 시인 유희경은 그토록 만나고자 하던 매창을 처음 본 날 너무 감격해 매창에게 시를 지어주었다.

남국의 계랑 이름 일찍이 알려져서
글재주 노래 솜씨 한양까지 울렸어라.
오늘에사 참모습을 대하고 보니
선녀가 떨쳐입고 내려온 듯하여라.

그들이 사랑에 겨워서 주고받은 시가 많이 전한다. 그러나 이러한 사랑도 오래가지 못하고 유희경은 한양으로 돌아갔다. 그들 사이에 사랑의 다짐이 깊었기에 매창은 그를 기다리며 수절했다. 유희경 문집을 보면 길을 가면서도 매창이 그리워 지은 시가 있고, 매창과 노닐던 곳에 다시 들러 옛일을 그리워하며 지은 시도 있다. 그러나 이러한 시들이 매창에게까지 보내지지는 않았는지, 매창은 한 자 소식도 받지 못한 채 독수공방을 계속했다.
매창의 그리움은 날로 더해갔다. 더군다나 임진왜란 동안 의병을 일으키느라 바빴던 유희경은 매창에게 편지 띄울 겨를도 없었다. 그의 마음이 변하지 않을 것이라는 확신이야 있었지만, 너무나도 그리웠기에 매창은 그를 생각하며 여러 편의 시를 지었다. 그 가운데서도 다음의 시조가 사람들의 입에 가장 많이 오르내린다.

매창의 애절한 이별이 시비로 서 있다.

이화우李花雨 흩날릴 제 울며 잡고 이별한 임
추풍낙엽에 저도 날 생각는가
천리에 외로운 꿈만 오락가락하노라.

유희경과 매창이 처음 만난 지 15년이 넘어 유희경이 전라도 여행길에 올랐을 때 그들은 다시 만날 수 있었다. 그때까지 그들은 서로를 잊지 못하고 있었다.

허균과의 만남

먼 뒷날의 일이다. 정인情人 없이 살아가던 기생 매창에게 다시 나타난 남자는 이웃 고을 김제 군수로 내려온 묵제默齊 이귀李貴였다. 이웃 고을의 군수인 데다 글재주까지 뛰어난 명문 집안의 사내 이귀에게 매창은 마음이 끌렸다. 그러나 그 이상의 구체적 기록은 없고, 이귀의 후배였던 허균許筠의 기행문에서 매창을 이귀의 정인이라고 표현한 것만이 남아 있다. 이귀가 김제 군수의 벼슬에서 파직되어 떠난 뒤에, 매창은 교산蛟山 허균을 만났다. 둘은 하루 종일 술을 나눠 마시며 시를 주고받고 얘기를 나누었다. 두 사람은 과연 어떤 사이였을까?

아직 이귀와 헤어진 지 서너 달밖에 안 되었기 때문에, 더구나 매창이 이귀의 애인이었다는 사실을 알고 있는 허균이었기에, 그토록 마음이 맞았건만 하루 내내 시와 술을 주고받았을 뿐이었다. 그토록 기생들과 노는 것을 즐겨 황해도 도사都事로 있을 때는 한양의 창기娼妓들을 데려갔다가 파직까지 당했던 허균이었다. 그뿐인가. 여행할 때마다 잠자리를 같이한 기생이 몇이며 그들의 이름까지 기행문에 다 떳떳하게 밝히는 그였다. 심지어는 의주義州에서 같이 잔 기생이 열두 명이나 된다고 자랑했던 그였건만 벗 이귀의 애인인 매창과는 잠자리를 하지 않았다.

기생의 나이가 서른이 넘어가면 이미 퇴물에 가깝다. 유희경, 이귀, 허균과 헤어진 뒤로 매창에겐 예전처럼 찾아오는 이도 드물었고, 그녀도 또한 세상일에 차츰 관심이 없어졌다.

1608년에 선조가 죽고 광해군이 임금 자리에 올랐다. 이해에 충청도 암행어사가 수령들의 비리 사실을 조사하고 나서 계啓를 올렸는데, 공주 목사 허균은 성품이 경박하고 품행이 무절제하다고 하여 8월에 파직되었다.

허균은 예전부터 은둔하려고 눈여겨보아 두었던 부안현 우반 골짜기로 들어가 쉬었다. 평소에도 부안을 여러 차례 지나다니며 여생을 보낼 곳이라고 생각해오던 터이기도 했거니와, 매창이 그곳에 있었기에 결심은 그만큼 쉬웠다. 허균은 이곳에서 『홍길동전』을 썼다고 전해진다. 그러나 매창과 허균 사이에 뜬소문이 돌아서 본의 아니게 허균은 염문에 휩싸여 세 차례나 사간원의 탄핵을 받았다. 그래서 매창에게 편지를 보내 그 허물을 넌지시 꾸짖기도 했다.

> 계랑(매창)이 달을 바라보면서 거문고를 뜯으며
> '산자고새'의 노래를 불렀다니,
> 어찌 그윽하고 한적한 곳에서 부르지 않고
> 부윤의 비석 앞에서 부르시어
> 남들의 놀림거리가 되었소.
> 석자 비석 옆에서 시를 더럽혔다니,
> 이는 낭의 잘못이오.
> 그 놀림이 곧 나에게 돌아왔으니 정말 억울하외다.
> 요즘도 참선을 하시는지.
> 그리움이 몹시 사무친다오.
> ─기유년(1609) 정월, 허균

이들의 사귐이 깊어가면서 매창도 허균의 영향을 받아 참선을 하기 시작했다. 그러나 다음 해에 허균은 중국 사신을 맞으러 다시 한양으로 불려 갔다. 그곳에서 매창을 그리워하며 보낸 편지에 의하면 허균

즐겨 뜯던 거문고와 함께 묻혔다는 **매창의 묘**.

은 끝내 손을 뻗지 않았던 매창과의 10년 전 첫 만남을 돌이켜보았다. 정욕을 넘어선 이들의 사귐은 사실상 대결이기도 했다. 그리고 이들은 자신에게도, 상대방에게도 싸워 이겼기에 10년 동안이나 벗으로 사귈 수 있었다. 그러나 이때의 만남과 편지가 마지막이었고, 그 다음 해에 허균은 매창이 죽었다는 소식을 들었다. 이 소식을 접한 허균은 눈물을 흘리며 매창을 기리는 두 편의 시를 썼다.

> 아름다운 글귀는 비단을 펴는 듯하고
> 맑은 노래는 구름도 멈추게 하네.
> 복숭아를 훔쳐서 인간세계로 내려오더니
> 불사약을 훔쳐서 인간 무리를 두고 떠났네.
> (후략)

매창은 부안읍에서 남쪽으로 5리 남짓 되는 봉덕리 공동묘지에 묻혔다. 그녀가 그토록 즐겨 뜯던 거문고도 함께 묻혔다. 그 뒤 이곳을 '매창이뜸'이라고 불렀다. 지금의 행정구역으로는 부안읍 봉덕리 교동 부락의 공동묘지다. 지금은 '매창공원'이 되었다.

매창이 죽은 뒤 45년(1655년) 만에 매창의 무덤 앞에 비석이 세워졌고, 그로부터 13년 만에 시집이 출판되었다. 매창이 수백 편의 시를 지었다지만 다 없어지고, 그때까지 부안 고을의 아전들이 전해 외던 58편을 모아서 목판에 새긴 것으로 부안 개암사에서 펴냈다.

부안 시인들의 모임인 부풍시사에서 매창의 무덤을 돌보기 이전에는 마을의 나무꾼들이 해마다 벌초를 해왔다. 매창의 거문고와 시를 사랑했기 때문이다.

남사당이나 가극단, 유랑극단이 들어올 때는 읍내에서 공연을 하기 전 매창의 무덤을 찾아와 한바탕 굿판을 벌이는 것으로부터 시작했다.

유희경

조선 중기의 시인으로 아버지는 종7품인 계공랑(啓功郎)이었다고 전할 뿐 자세한 가계를 알 수 없다. 서경덕(徐敬德)의 문인으로 도봉서원을 건립하고 사액을 받은 남언경(南彦經)으로부터 문공가례(文公家禮)를 배워 상례(喪禮)에 특히 밝아 국상이나 사대부가의 상을 집례하면서 이름이 났다.

허균은 그를 천인으로서 한시에 능통한 사람이라고 꼽았다. 그는 당시의 사대부들과 교류했는데 자기 집이 정업원(淨業院) 아래 시냇가에 있으면서 문 앞으로 흐르는 개울물이 맑고 시원하여 물가에 있는 바위로

대(臺)를 삼아 이를 침류대(枕流臺)라 하고, 이곳에서 이름 있는 문인들과 시로써 회답했다. 그는 침류대에서 즐길 수 있는 북악 단풍 등 20경(景)을 시로 지어 읊기도 했으며, 선조·광해군·인조 대의 수많은 문인과 교류한 시집 『침류대시첩』을 만들었다. 그는 당시 천인 신분으로 시에 능했던 백대붕(白大鵬)과 함께 풍월향도(風月香徒)라는 모임을 만들어 주도했다. 유희경의 시는 한가롭고 담담하여 당시(唐詩)에 가깝다는 평을 들었다.

이귀

이이(李珥)와 성혼(成渾)에게서 배워 선조 때 생원이 되었다. 이듬해 박근원(朴謹元), 송응개(宋應漑) 등 동인이 당쟁을 조장한다며 스승 이이와 성혼을 공격하자 상소를 올려 부당성을 지적했다. 그 뒤 강릉 참봉으로 있다가 임진왜란이 일어나

자 의병을 일으키고, 평양으로 피난한 선조를 찾아가 방어 대책을 올렸다.
이귀는 도체찰사(都體察使) 류성룡(柳成龍)을 도와 모집한 군졸과 양곡을 개성으로 운반하여 한성을 탈환하는 데 크게 기여했으며 장성 현감, 군기시 판관, 김제 군수 등을 거쳤다.
광해군의 정치에 불만을 품고 김유(金瑬), 최명길(崔鳴吉), 김자점(金自點) 등과 함께 광해군을 몰아내고 선조의 손자인 능양군(綾陽君, 인조)을 임금으로 추대했다.
1627년 정묘호란이 일어나자 왕을 강화도로 호종했으나, 최명길과 함께 강화(講和)를 주장하다가 다시 대간으로부터 탄핵을 받았다.

사연 많은 전설이 된 황진이

황진이黃眞伊는 송도의 명창이다. 그녀의 어머니 현금玄琴은 자색을 구비한 여성이었다. 나이 열여덟 살 때 개성 병부교 아래에서 빨래하고 있는데, 때마침 다리 위로 한 남자가 지나가다가 현금의 미색에 도취되어 정신없이 쳐다보며, 혹은 웃으며, 때로는 어딘가를 가리키고 있었다. 그 사람은 매우 단정하게 옷을 입었고 의관도 화려하여 양반집 자제 같았다. 현금도 주목하는 남자를 바라보며 역시 웃음으로써 대했다. 그러던 중 그 남자는 자취 없이 사라졌다.

저녁때가 되자 빨래하던 다른 부인네들은 각각 자기 집으로 돌아가고 현금이 홀로 남았다. 어느덧 그 남자가 다시 나타나 다리 난간에 의지하여 노래를 부르며 현금을 바라보았다. 노래 한 곡을 끝낸 후 개천까지 내려와 현금에게 말을 건넸다.

"여보시오, 낭자. 나에게 물 한 그릇만 주구려."

현금은 표주박에 물을 듬뿍 떠서 그 남자에게 주었다. 그 남자는 아무 말 없이 받아 마셨다. 반쯤 마시다가 그녀에게 표주박을 내주며 말했다.

"고맙소. 물이 참 좋군. 자, 이제 그대도 마셔보시오."

현금이 표주박을 받아 들고 냄새를 맡아보니 이게 웬일인가? 물이 아니라 술이었다. 현금은 깜짝 놀라며 "이것은 물이 아니고 술이옵니다" 하고 쳐다보았다. 훤칠하게 잘생긴 남자는 여전히 웃고 있었다.

"낭자가 준 것은 술이었소. 이제 도로 주는 뜻은 합환주合歡酒로 아시오."

기이한 인연으로 현금은 그 남자를 따라 어느 큰 집으로 들어갔다. 신선이 사는 듯한 집이었다. 그 후 현금은 그 사람과의 사이에서 딸을 낳았다. 그 아이가 바로 황진이다.

황진이는 사생아로 태어난 만큼 처음부터 기구한 운명을 지니게 되었다. 현금이라는 이름부터가 악기의 이름으로, 어미도 이미 유녀나 창녀인 것을 짐작게 한다. 이원梨園에서 자라난 황진이는 나이가 들수록 미모를 자랑하게 되었고, 또 가무도 묘하여 제일의 명기가 되었다. 그 아름다운 자태에 절묘한 노래까지 부르니 과연 선녀 같았다. 그래서 이때부터 선녀라는 이름이 붙었다.

송도의 명기 황진이

황진이의 나이 방년芳年이 되자 용모가 더욱 아름다웠다. 어느 날 한 총각이 황진이의 고운 자태에 도취되어 그만 상사병에 걸리고 말았다. 최후로 죽어갈 때 총각은 자기 어머니에게 마음을 고백하고 후일 자신의 시체나마 그 집 앞으로 지나가게 해달라고 유언을 남겼다.

총각이 죽은 후 상여가 황진이의 집 앞을 지날 때 상여를 멘 사람의 발이 떨어지지 않았다. 황진이는 집 앞에 난데없는 상여가 와서 떠나가지 않고 상여꾼들의 소리만 구슬프게 들리자 무슨 말인가 하여 나와보았다. 나중에야 총각이 자신에게 혹해 애처롭게 죽어가며 마지막 가는 길에 그녀의 집 문 앞으로 지나가게 해달라는 말을 했다는 것을 알았다. 황진이는 이 말을 듣고 자기 때문에 죽어간 총각이 안타깝게 느껴졌다. 그래서 "내 죽은 사람의 원이야 못 풀어주겠느냐!" 하며 속옷을 관 위에 덮어주었다. 그제야 상여꾼의 발이 떨어져 상여가 움직였다. 이러한 충격으로 황진이는 뭇 남자에게 사랑을 골고루 나누어 주기 위해 기생이 되었다고 한다.

당시의 기녀는 모두 관기였다. 인물과 가무가 뛰어난 자를 선발해 관기로 정했다. 황진이는 송도의 관기였다. 당시 송도의 유수 송공末公은 풍류를 아는 사람이었다. 유수로서 송도의 모든 권한을 한 손에 쥐고 있는 그는 어느 절일節日을 맞이해 관아에서 연회를 베풀었다. 여기에 황진이도 참석했다. 그녀의 태도는 여유작작하며 행동거지가 아름답고 품위가 있었다. 명기인 만큼 모두가 주목했다. 그중에서도 송 유수는 황진이의 거동을 보고 칭찬해 마지않았다.

"과연 송도는 5백 년의 왕도였던 만큼 명기도 나오는구나."

말과 동시에 황진이를 극진히 대접했다.

"너는 기녀라기보다 하늘에서 내려온 선녀이다. 옛날 서왕모西王母의 요지연瑤池宴(중국 곤륜산에 있는 신선이 사는 못)같이 차려라."

연회 도중 송 유수는 황진이를 옆에 놓고 은근한 이야기를 주고받았다. 황진이는 조금도 수줍어하지 않고 주인의 연회를 즐겁게 해주었다. 이것을 눈여겨본 사람은 바로 송 유수의 첩이었다. 그녀도 평양의 명기였는데 새로이 황진이가 나타났다 하여 문틈으로 엿보았다. 황진이는 보면 볼수록 아름다웠다. 그 언어와 동작에 여유가 있으며 노래와 춤, 거문고 등이 모두 뛰어났다. 그녀는 울화가 치밀 지경이었다. 주인의 연회인 만큼 참고 참았으나 시기하는 마음이 솟아나 억제할 수 없었다.

"과연 천하의 절색이구나. 나는 이제 끝났다."

송 유수의 첩은 소리를 지르며 연회 석상으로 뛰어들었다. 유수의 가속들이 첩을 막으며 안으로 끌고 들어갔다. 그러한 소란 속에서도 황진이는 태연하게 앉아 있었다. 그러나 송 유수는 흥이 깨졌으므로 연회는 곧 파연이 되고 말았다. 손님들도 모두 헤어졌다.

얼마 후 송 유수는 자기 어머니의 수연壽宴을 크게 열었다. 유수의 잔치인 만큼 한양의 일류 명기들까지도 개성으로 모여들었다. 그뿐 아니라 유수의 관할 안에 있는 관리는 물론, 그 근처의 유지와 선비들까지 모여들어 일대 성연이 되었다. 그런 중에도 기녀들은 서로 경쟁하듯 각기 좋은 옷에 짙은 화장까지 하고 나타나 그야말로 홍분紅粉이 자리에 가득했다. 그러나 황진이는 화장도 하지 않고 수수한 옷차림으로 참여했다. 청초한 황진이의 모습이 우뚝 솟아 군계일학群鷄一鶴같이 보였다. 이 때문에 눈길은 황진이에게로 더욱 모였다.

이윽고 술이 돌아가고 노래와 춤이 어울려갈 때, 황진이의 목소리나 가무가 시작되면 장내는 쥐 죽은 듯이 고요해져 그녀의 실력을 마

신윤복의 〈상춘야흥〉. 양반들은 연회가 있을 때엔 기생과 악공들을 불러 흥취를 돋우곤 했다.

음껏 발휘할 수 있었다. 모여든 사람은 누구나 칭찬해 마지않았다. 송 유수는 좌석에서 황진이에게 술을 권하며 한번 놀아보라고 했다.

"송도의 명기 황진이가 또 한 번 노래를 부르겠소."

이 말에 떠들썩하던 좌중은 다시 조용해졌다. 황진이의 노랫소리는 더욱 아름답고 청아하여 여운이 한없이 흘러갔다. 마치 하늘 위의 구름 속까지 들릴 듯 깊고 투명하며 영롱했다. 노래의 높고 낮은 음은 길고 때로는 짧게 사면으로 퍼져나갔다. 송 유수는 매우 만족하여 자기의 무릎을 치며 감탄의 말을 아끼지 않았다.

"좋다! 그 청아한 목소리는 하늘까지 닿겠구나."

"천재로소이다."

손님들도 제각기 칭찬했다. 그중에 악공 엄수嚴守가 "과연 선녀로구나. 내 나이 칠십에 처음 듣는 소리다. 이 목소리는 신선이 사는 고을의 소리다. 세상에 어찌 이런 목소리가 또 있겠는고?" 하며 입에 침이 마르도록 칭찬했다.

시 읊는 황진이

개성은 중요한 곳인 만큼 명나라에서 왕래하는 사신들은 이곳을 들른다. 그러면 유수는 성찬을 차려 대접해야 한다. 한번 명나라 사신이 온다 하면 개성 근처의 사람들이 모여든다. 황진이도 명나라 사신을 구경하기 위해 나가보았다. 빽빽한 사람들 사이로 명나라 사신은 말을 타고 들어왔다.

그날 송도 유수가 사신을 대접할 때, 사신이 이야기했다.

"오늘 내가 군중을 잠시 보았는데, 귀국에 천하의 절색이 있었소."

"그 여성이 누구인지 모르겠소만 송도에 선녀라 불리는 황진이가 있소이다."

"그럼 그 여성은 지금 무얼 하오?"

"전에는 관기였으나 지금은 기적에서 물러났소이다."

사신은 매우 마음이 동했으나 어찌하지 못했다.

황진이는 비록 여창女娼이지만 성품이 고결하여 얼굴 치장도 하지 않았다. 관에서 여는 주석에 참석할 때도 세수하고 머리나 빗을 따름이지 그 이상은 화장하지 않았다. 그녀의 천연미가 더 아름다웠다.

이러한 관계로 좋은 옷도 입지 않았고 질탕하게 놀지도 않았다. 시정市井의 건달패가 수천 금을 주어도 돌아보지도 않았다. 오직 글 잘하는 유사儒士들과 교류했으며 자신 역시 글을 잘했다. 그중에도 당시唐詩를 잘 보았다.

지금 황진이가 지었다는 한시 몇 수가 남아 있다.

누가 곤륜산의 옥을 캐내어
직녀의 빗을 만들었나.
견우님이 한 번 가신 후
슬퍼하며 허공에 버렸다오.

이 시는 낭군을 위해 좋은 물건을 만들었으나 그대 가시면 다시 쓸 곳이 없으니 공중에 버리겠다는 뜻으로, 자기의 신세를 비유하여 읊은 시다.

또 소세양蘇世讓과 송별을 슬퍼하는 시를 지었다.

달빛 아래 뜰에는 오동잎 지고
서리 속에 들국화 노랗게 피었네.
누각은 높아 하늘과 한 자쯤 떨어졌고
사람은 취하여 천 잔 술을 마시었네.
흐르는 물은 거문고 소리와 같이 차갑고
매화는 피리 소리에 섞여 향기롭다.
내일 아침 서로 이별한 후에는
애정은 푸른 물같이 끝이 없으리.

황진이는 송도의 명기인 만큼 고려 조정의 옛 자취를 보고 몇 번이고 회고했다. 만월대에 대해 읊은 시가 있다.

옛 절은 쓸쓸히 어구 옆에 있고

교목喬木에 석양이 비끼니 옛 근심 솟아나네.
연하는 남은 중에게 쓸쓸히 보이고
세월은 빛나 파탑 위에 비치었구나.
봉황새 어디 가고 참새만 날고
두견화 피었을 때 양 떼만 남았네.
저 송악이 한참 번화하던 날을 생각하니
지금이 봄이라도 가을같이 쓸쓸하구나.

또한 송도의 명물인 박연폭포에 대해 읊었다.

한 줄기 물이 하늘에서 구렁에 떨어질 때
용추의 백길의 물은 용솟음치네.
폭포수는 은하수가 쏟아지듯
그 폭포 옆에는 흰 무지개 섰구나.
물방울이 동부洞府에 떨어지면
구슬같이 방울방울 창공에 빛나네.
나그네여, 여산의 폭포만 말하지 말라
이 천마산 폭포야말로 해동에 제일일세.

정선의 〈박연폭포〉. 황진이, 서경덕과 함께 송도의 삼절로 일컬어지는 박연폭포는 또한 금강산의 구룡폭포, 설악산의 대승폭포와 함께 3대 명폭으로 꼽힌다.

벽계수와의 로맨스

황진이는 한번 화려하게 피었다가 지는 꽃처럼 그 생명이 짧았으므로 그녀에 대한 여러 가지 일화가 전래된다.

황진이와 관련된 이야기 중 가장 먼저 나오는 이야기는 단연 벽계수碧溪守와의 로맨스다. 벽계수 이혼원李渾源은 형 주계군朱溪君 이심원李深源과 함께 효령대군의 증손이다. 이들 형제는 연산군 갑자사화 때 모두 살해되었다. 따라서 황진이와 벽계수의 유락은 성종 시대나 연산군 초년이 된다. 원래 성종 대에는 왕손들이 풍류에 젖어 노류장화를 곧잘 꺾었다. 그러니 아무래도 성종 말년경인 듯하다. 벽계수는 호탕한 왕자로서 개성에 드나들었다.

　　청산리 벽계수야 수이 감을 자랑 마라
　　일도창해一到滄海하면 다시 오기 어려오니
　　명월이 만공산하니 쉬어간들 어떠리.

여기서 나오는 벽계수는 물을 노래한 것이지만, 그 속에는 벽계수 이혼원을 사모하는 깊은 연정이 배어 있다.

　　동짓달 기나긴 밤을 한 허리를 베어내어
　　춘풍 이불 아래 서리서리 넣었다가
　　정든 임 오신 날 밤이어든 굽이굽이 펴리라.

황진이가 누구를 사모하여 지은 시인지는 알 수 없으나, 기녀로서 애절하고 호색적인 면을 나타내고 있다.

> 산은 옛 산이로되 물은 옛 물이 아니로다
> 주야로 흐르거든 옛 물이 있을쏘냐
> 인걸도 물과 같아 가고 아니 오는도다.

기생으로서 세상이 허무한 것을 자탄하는 탄식조의 시조다. 이러한 노래는 연회 석상에서 즉흥적으로 읊은 것으로서, 남성에 대한 애모의 정을 이기지 못하고 지나간 자기의 신세를 한탄한 면이 여실히 보인다. 결국 특정한 인물에 대한 애정과 시기에 대한 발로라 하겠다.

▎황진이와 만석선사

황진이가 지족암知足庵에 가기 위해 소복을 입고 산을 오르니 그 고운 피부에 땀이 송골송골 맺혀 더욱 그 아름다움이 피어나는 듯해 보였다. 황진이는 한 손에 보따리를 들고 걸음을 사뿐사뿐 새기며 산길을 올랐다. 이윽고 저 멀리 지족암이 보이기 시작했다. 황진이는 걸음을 재촉해서 절로 다가갔다. 소나무 사이로 지족암이 나타났다. 마침내 그 맑고 청아한 풍경 소리에 섞여서 들려오는 염불과 함께 목탁 두드리는 소리가 나자 황진이는 배시시 웃음을 머금었다. 황진이는 자기의 묘계를 맛보라는 듯이 다시 한 번 미소를 머금고서 자신의 옷차림을 돌아보고 옷매무새를 고치면서 법당 가까이 다가갔다.

"나무아미타불 관세음보살. 스님, 그간 안녕하시었나이까?"

황진이가 합장을 하며 고개를 숙이자 지금껏 목탁을 두들기고 있던 만석선사萬釋禪師가 고개를 돌렸다.

"나무아미타불 관세음보살."

그는 다시 한 번 목탁을 두들겼다. 황진이의 아름다움에 눈이 부신 표정이었다.

"부인은 어디서 오시었소?"

"예, 지아비가 죽어서 명복이나 빌까 하여 불공을 드리러 왔사옵니다."

"그러십니까. 하지만 이 절에서는 오랫동안 머물 수가 없소이다."

예상대로 만석선사는 여인이 오래 머무는 것을 허락하지 않았다. 그러나 그는 중생을 제도한다는 중이 아닌가. 아무리 혼자서 참선을 하는 절이라고 하지만 죽은 지아비를 위해 명복을 빌겠다는데 마다할 순 없는 노릇이었다. 만석선사는 황진이의 간청에 못 이기는 체하고 유숙을 허락했다. 황진이는 매일 맑은 물로 쌀을 씻어서 부처님께 공양을 드리고 지아비의 명복을 빌었다. 그때마다 황진이는 손수 제문을 지어서 불상 앞에서 읽었다. 만석선사는 이팔청춘 청상과부의 모습이라 애처롭기도 했고 그 글의 뛰어남에 탄복하기도 했다.

하루, 이틀……. 처음엔 예사 아낙 대하듯이 무심히 지나쳤으나 그녀의 뛰어난 문장과 청량한 목소리에 만석선사의 마음은 차츰 끌렸다. 날이 갈수록 여인의 애처로운 모습은 점점 더 그의 가슴에 부각되어왔다. 만석선사는 차츰 불공드리는 일과 참선하는 일이 적어졌다.

공연히 여인의 주위를 돌며 여인의 동정에 관심을 가졌고 여인의 방도 기웃거렸다.

그러던 어느 날, 도학이 높고 고명한 만석선사도 드디어 황진이로 인해 파계를 하고 말았다. 아름다운 황진이 앞에서 30년간 면벽面壁하여 좌선했던 공부가 어이없이 무너진 것이다.

후에 자기가 범한 여인이 황진이라는 것을 알게 된 만석선사는 몹시 부끄러워했고 세인의 놀림감이 되고 말았다. 이후부터 "만석중 놀리듯 한다"라는 속담이 생겨났고 기생에게 놀아나는 '만석중놀이'가 행해졌다.

송도 삼절

황진이는 평생에 서경덕徐敬德을 사모하여 때때로 거문고와 술을 가지고 화담花潭으로 찾아갔다. 화담은 서경덕이 유락하던 곳이다. 흔히 서경덕을 화담 선생이라 하지만 그의 호는 복재復齋다.

화담은 송도 송악산 속에 있는 경승지다. 화담으로 찾아간 황진이는 서경덕에게 글을 배우기도 하고 같이 놀기도 했다.

"그동안 저는 지족선사知足禪師와 사귀어왔습니다."

황진이는 말을 꺼내며 근엄한 서경덕의 눈치를 보았다.

"불교 공부를 하였구나."

"아니올시다. 선사가 불교에 대한 도통이 깊다 하여 어느 정도 깊은가 그것을 시험한 것입니다."

정선의 〈금강전도〉. 허균이 지은 『식소록』에는 황진이가 산수의 경치를 구경하며 유람하기를 즐겨 했다고 기록되어 있는데, 실제로 황진이는 이생이라는 청년과 함께 단둘이서 몇 달간 금강산을 여행했다고 한다.

"그래, 시험한 결과 어떠하였느냐?"

"역시 30년간 면벽面壁하여 좌선하였다 하여도 모든 것이 허사 같았습니다."

"허사라니, 무엇이 허사란 말이냐?"

"예, 그대로 면벽한 것이지요. 소녀의 음심에 선사는 동요하여 침범하고 말았습니다."

"마음은 항상 유동하는 것이니라. 그러나 성현의 말씀을 지키면 유동을 막을 수도 있단다."

서경덕은 괴이한 행동은 안 하는 큰 학자였다. 문을 닫고 앉아 격물格物을 위주로 했다. 태허太虛나 이기理氣에 대한 탐구를 게을리하지 않는 학자였다. 황진이는 서경덕의 마음을 시험코자 여러 가지 요태妖態를 부리며 화담을 시험했지만 화담은 조금도 흐트러지지 않았다. 황진이는 성인은 아무리 가까이해도 음란한 생각을 갖지 않는다는 것을 알았다.

황진이가 서경덕에게 말했다.

"송도의 삼절三絶이라는 말을 들어보셨습니까?"

"무엇이 삼절이냐?"

"송도에 있는 박연폭포의 절경과 선생의 도덕, 그리고 저의 재모才貌올시다."

황진이는 자기까지 추어댔다.

황진이를 기억하는 사람들

『송도기이』에서 이덕형李德馨은 후일 황진이를 극구 찬양하여 천상의 선녀로 올려 앉혔다.

이덕형이 선조 갑진년(1604)에 어사로 송도에 갔을 때 일이다. 전쟁이 끝난 지 얼마 되지 않아 공공건물이 거의 소실되어, 있을 만한 곳이 없어 남문 안 서리書吏 진복陳福의 집에서 묵고 있었다. 진복의 아비 되는 사람도 전날의 아전으로, 황진이의 이야기를 했더니 그는 황진이와 근족近族이 된다 했다. 그의 나이는 그때 80여 세였으나, 심신이 건강하여 옛일을 잘 기억하고 있었다. 황진이의 이야기를 하면 그는 어제의 일같이 떠올렸다.

이덕형은 흥미에 끌려 여러 가지로 질문을 했다.

"황진이란 기녀는 무슨 이상스러운 술법이라도 가지고 있는 사람이 아니었소?"

"별로 이상스러운 술법을 가지고 있지는 않았소이다. 다만 그가 한 번 방에 들어오면 향기가 자욱해져 여러 날 가시지를 않았습니다."

여러 가지 의문과 후일담을 남긴 황진이를 애도한 사람 중에 임제林悌가 유명하다. 조선조 8대 문장가 중의 한 사람인 그는 황진이의 산소에서 다음과 같은 시를 지었다.

    청초 우거진 골에 자는다 누었는다
    홍안은 어디 두고 백골만 묻혔나니
    잔 잡아 권 할 이 없으니 그를 슬퍼하노라.

망석忘釋중놀이

음력 4월 8일에 행해졌던 무언 인형극으로 망석중놀이, 만석승무(曼碩僧舞), 만석(萬石)중놀이라고도 한다. 이 놀이는 황진이의 미색과 교태에 미혹되어 파계했다는 지족선사를 조롱하기 위해 공연됐다는 속전이 있으며, 일설에는 지족선사가 불공 비용을 만 석이나 받아먹고 그 탐심을 욕하기 위해 공연됐다고도 한다. 이를 통해 명칭의 유래와 아울러 불도(佛道)를 망쳤거나 잊은 승려를 우롱하여 이들에게 경각심을 불러일으키기 위해 시작되었다는 것을 알 수 있다.

주로 개성 지방을 중심으로 행해지는데, 개성 사람들에게는 초파일이 특별히 중요시되어 이날부터 겨울옷을 봄옷으로 갈아입고, 일손을 놓고 특별한 음식을 풍성히 장만해 즐겁게 지낸다.

서경덕

어머니가 공자(孔子)의 사당에 들어가는 꿈을 꾸고 잉태하여 그를 낳았다고 하며 나이 7~8세에 이르자 총명하고 영특하여 어른의 말을 공경히 받들었다.

14세에 『시경』을 배우다가 태음력의 수학적 계산인 일(日) · 월(月) 운행의 도수(度數)에 의문이 생기자 보름 동안 궁리하여 스스로 해득했다.

18세 때 『대학』의 치지재격물(致知在格物) 조를 읽다가 "학문을 하면서 먼저 격물을 하지 않으면 글을 읽어서 어디에 쓰리오!"라고 탄식하고, 천지 만물의 이름을 벽에다 써 붙여두고 날마다 궁구(窮究)하기를 힘썼다.

31세 때 조광조(趙光祖)에 의해 채택된 현량과(賢良科)에 응시하도록 수석으로 추천을 받았으나 사양하고 개성 화담(花潭)에 서재를 세우고 연구와 교육에 더욱 힘썼다. 1531년(중종 26) 어머니의 요청으로 생원시에 응시하여 장원으로 급제했으나 벼슬을 단념하고 더욱 성리학의 연구에 힘썼다.

삼괴당 신종호와
상림춘의 가야금

　　한양 기생 상림춘上林春은 성종 말기부터 궁중에 출입했으며, 연산군 때도 명기로서 어전에서 왕의 마음을 흡족시켰다. 상림춘은 호방한 일면이 있어, 당대의 문장가들과 곧잘 교류했다. 그 중에도 글 잘하던 삼괴당三魁堂 신종호申從濩와 친하게 지냈다.

어느 날 성종 중기에 신종호가 종루 뒷골목 길을 걷고 있는데 웬 집에서 한 여성이 뛰어나왔다.

"아유, 신 참판 영감님, 홀로 지나가십니까? 잠깐만 들르세요."

자세히 보니 전에 내연 때 한번 본 듯한 여인이었다.

"누구의 집인데 그러느냐?"

"천기 상림춘의 집이랍니다."

"옳아, 거문고를 잘 타는 상림춘이로구나."

활달한 신종호는 즉시 그 집으로 들어갔다. 10여 명의 기녀들이 상림춘에게 거문고를 배우고 있었다. 모두 일어나 신종호를 환영했다.

글 잘하는 신종호는 미녀를 보자 마음이 활달해졌다. 좌석을 벌이고 상림춘이 거문고를 뜯었다. 밤이 깊어가는 줄도 모르고 신종호는 즐겁게 놀았다. 그날 이후부터 신종호는 상림춘의 집에 자주 드나들었다. 밤이 되어 한양의 거리가 쥐 죽은 듯이 고요해지면 그녀의 거문고 소리는 더욱 가늘고 길게 울려 여운을 남겼다.

거문고 잘 타는 상림춘

어느 날인가는 상림춘이 떠나려는 신종호를 붙들었다.
"신 참판 나리, 쉬고 가십시오."
"아니다. 가야 한다."
"밤이 늦었는데 어찌 가시옵니까? 누추한 곳이나마 잠시 쉬어 가시옵소서."
신종호는 상림춘의 권유에 그럴까도 생각했지만 그래도 역시 가야겠다는 생각이 들었다.
"나라의 관원이 기녀의 집에서 잔다고 하면 세상이 손가락질하지."
"어머, 별말씀을 다 하시네. 일찍이 참판 영감의 조부 되시는 분도 기녀 지단심只丹心에게 혹하지 않으셨습니까? 유명한 조부님처럼 잘 노셔야 합니다."
"너도 우리 조부의 행전을 알고 있구나."
"모르는 사람이 어디 있겠습니까?"
신종호의 조부인 신숙주도 고부古阜 기생 지단심을 사랑했다. 일찍

〈기방의 풍경〉. 조선 전기에만 해도 양반은 기방 출입이 제한되었으며, 본인 스스로도 몸가짐을 조심하여 기방에 드나들지 않았다. 다만 무반가에서는 이런 면에서 좀 더 자유로웠다고 한다.

이 신숙주가 손위 처남 되는 윤자운尹子雲과 같이 술을 마실 때, 자기 처남이 너무 늙어가는 것을 보고 "청안靑眼의 옛 친구가 이제는 백발이 되었구려"라고 했다. 이에 윤자운이 "검은 머리의 어진 정승은 오직只 단심丹心뿐일세" 하며 받았으니, 이는 언뜻 신숙주를 일편단심의 정승으로 치켜세워 주는 듯하나 실상은 지단심只丹心에게 빠져 있는 신숙주의 정곡을 찌르는 재치 있는 대꾸였다.

이제 그의 손자 신종호가 또다시 명기 상림춘과 어울려 놀고 있는 것이다.

좋은 금침 속에 묻혀 있는 신종호는 옆에 있는 상림춘의 육체를 마음껏 감상했다. 명성이 높은 기생인 만큼 신체도 단련되어 있었다. 어디를 눌러보아도 곧 튀어나올 듯한 건강한 신체였다. 그뿐 아니라 능란한 솜씨는 신종호를 뇌쇄시켰다. 추야장 긴긴밤이 오히려 짧기만

했다.

이후부터 신종호는 상림춘을 애기로 맞이하여 집에 돌아갈 때면 한 번씩 들어가 상림춘과 사랑의 이야기로써 시간을 보냈다.

그는 애끓는 정을 한 수의 시로 읊었다.

> 제오第五 교두에 버드나무 빗겨 있는데
> 바람은 솔솔 불어 더욱 청화하구나.
> 비단 발簾 사이로 보이는 그녀의 고운 자태
> 글 잘하는 사람의 단골 말이 지나가네.

유명 인사들의 화찬

신종호는 그 후 연산군 3년에 나이 43세로 죽었다.

연산군 말년에는 상림춘이 이미 나이가 많아 가흥청假興淸이라는 이름으로 거문고를 가르치는 일만 했다. 세월이 흐를수록 애인 신종호에 대한 생각은 더욱 아련했다.

중종 말기, 상림춘의 나이는 칠십이 되어 그녀는 당대의 유명한 화가 이상좌李上佐에게 지난날에 신종호와 친하게 놀던 그림을 그려달라고 부탁했다. 이상좌는 즉시 그림을 그리고 위에 신종호가 지은 시를 써 주었다. 상림춘이 그림을 보니 40년 전에 놀던 화려한 날들이 눈에 선했다. 다시 전에 같이 놀던 문인 학자들에게 화찬畵讚을 써달라 했다. 먼저 호음湖陰 정사룡鄭士龍에게 부탁했다.

호음은 붓을 들어 먼저 서문을 썼다.

"금기琴妓 상림춘은 나이 72세이다. 아직도 그 기술이 그대로 남아 있어, 옛일에 대한 감상感傷에 때로 눈물을 흘린다. 그러므로 지금 그녀의 거문고는 원망하는 듯한 곡조가 많다. 나에게 시를 써달라 하므로 그의 간곡한 청을 불쌍히 여겨 일률一律을 쓰노라."

열세 살에 거문고를 배워
어느덧 그 재주 뛰어났구나.
귀인들과 항상 연석하여 놀고
또 궁중에 들어가 새로운 곡을 연주했네.
꾀꼬리 같은 그 소리 꽃 사이에서 우는 듯
시냇물 가늘게 흐르듯 울리노라.
그 재주 더욱 뛰어나
그 이름 오래도록 전하리.

다시 그 다음에는 모재慕齊 김안국金安國이 칠언절구로써 찬을 썼다.

거문고를 배우는 어린 기생들. 기생은 한 사람의 예인으로서 춤과 노래뿐만 아니라 악기에도 능통해야 했다. 대개 어린 시절부터 거문고, 가야금 등의 악기를 익혀 스스로의 가치를 높여갔다.

꽃 같은 얼굴 사라져도 재주는 남아

애조 띤 거문고에서 그윽한 소리 나네.

그 소리마다 늙어가는 것을 원망하듯

부생도 늙은 것을 어찌하리.

이와 같이 상림춘은 늙어가도 그녀의 거문고 소리는 전과 다름이 없었다.

이 화폭은 그 후 다시 정순붕鄭順朋, 홍언필洪彦弼, 성세창成世昌, 신광한申光漢 등이 계속하여 글을 보태 큰 화폭으로 되어갔다. 심수경沈守慶도 소년 시절에 상림춘을 보고 역시 화폭 밑에 한 수 써주었.

명기에 대한 유명 인사들의 찬사의 글이 담긴 이 한 폭의 그림은 임진왜란 이후 사라졌다.

신종호

조선 전기의 문신으로 할아버지는 영의정 신숙주(申叔舟)이고, 아버지는 주(澍)다. 어머니는 한명회(韓明澮)의 딸이다. 성종 때 약관으로 성균 진사시에 장원을 하고, 식년 문과에 다시 장원을 했다.
부응교로 있을 때 또다시 문과 중시에 장원하여 과거제도가 생긴 이후 세 번이나 장원을 한 것은 처음이라며 칭송이 자자했다.
『여지승람』을 정정하여 『동국여지승람』으로 다시 찬술하는 데 참여했고 『성종실록』 편찬에도 참여했다. 연산군 때 병환을 무릅쓰고 정조사(正朝使)가 되어 명나라에 갔다가 돌아오던 중에 개성에서 죽었다.

문장가 목계 강혼과  은대선

 은대선은 성주의 명기였다. 그녀의 이름은 글 잘하는 목계木溪 강혼姜渾과 친했기 때문에 더욱 세상에 알려지게 되었다.

강혼은 중종 초년에 고향 진주로 내려갔다가 한양으로 올라오게 되었다. 한양으로 오르는 길에 경남의 각 고을을 유유자적 돌아다니며 서서히 올라왔다. 성주 고을에 들러 성주 군수와 이야기하고 저녁이면 관기의 대접을 받았다.

이날 강혼은 성주의 명기 은대선을 처음 만나게 되었다. 은대선도 이미 강혼의 소식을 들은지라 그에 대해 극진히 대접하며 떨어지기를 싫어했다.

"대감, 이제 가시면 언제 다시 오시나요?"

"언제 올지 기약이 없구나."

"섭섭하신 말씀이옵니다. 고향 진주로 왕래하시지 않습니까?"

"고향에도 내려올 기약이 없다."

강혼은 크게 한숨까지 쉬었다. 당시 강혼은 글 잘하기로 유명했다. 영남학파의 한 사람으로 김종직의 문인이며, 문명文名은 김일손金馹孫 다음간다는 평을 들었고, 사실 향렴체香奩體의 문장은 당대 제일이었다. 그런 그도 연산군 대 무오년에 무오사화에 걸려들어 쫓겨났다. 이때 나이 35세였다. 좋은 나이에 이대로 사라져가기는 싫었다.

그의 부인 박씨는 탄식했다.

"여보, 당신의 글재주가 아깝구려."

"아깝지만 별수 없지 않소. 동료들이 모두 쫓겨나 죽고 귀양 가고 하는데, 나 홀로 무슨 수가 있겠소."

그러나 부인은 굴하지 않고 재기할 생각을 가졌다.

"어떻게 하든지 다시 일어나도록 합시다."

부인은 반드시 남편을 도와 글로써 다시 세상에 나오도록 할 생각이었다. 강혼은 우선 어명대로 귀양을 떠났다. 부인은 궁중으로 드나들며 남편을 위해 세력가의 줄을 찾아다니며 남편이 쉬이 귀양에서 풀려나도록 활동했다. 과연 부인의 운동으로 강혼은 다시 조정에 들어왔다.

그때부터는 당시의 왕이었던 연산군의 충신이 되었다. 그는 말이 아닌 글로써 왕의 눈에 들었다고 한다. 일례로 연산군이 사랑하던 애인이 죽자, 여기에 대한 추도문을 잘 써서 더욱 왕의 신임을 받았다.

그러나 이것이 후일 문제가 되었다.

"강혼은 연산군의 황음荒淫을 도와준 학자이다."

"강혼은 연산군을 위하여 궁궐의 좋은 이름을 지어주었다. 문장이 비록 잘되었다 하지만 그런 글은 좋은 것이 못 된다."

이 때문에 언론에서 지탄을 받게 되었다. 그래도 후에 중종을 내세웠다 하여 정국공신靖國功臣이 되었고 진천군晉川君의 봉군까지 받았다. 그러나 학자들 세계에서는 용납되지 않아 고민하기도 했다. 가장 큰 혜택을 준 연산군을 내쫓고, 새로이 중종을 세우는 데 또 공이 있다 하니 본인이 생각하기에도 상당히 모순적이었을 것이다.

이러한 관계로 중종 초년에 영남 지방으로 왕래했다. 은대선을 만나니 전날 연산군 때의 호화스러웠던 궁중 생활이 되살아나기도 했다.

이제 은대선과 이별해야 한다. 기약 없이 가는 길이 더욱 쓸쓸했다. 은대선은 강혼의 심정을 간파하고 따라나섰다.

"대감, 천첩도 대감을 배웅하리다."

"그만두어라."

그래도 따라나섰다. 두 사람은 말을 타고 한양 쪽으로 향했다. 성주를 지나 개녕현開寧縣으로 들어섰다. 먼저 도착한 곳이 부상역扶桑驛이었다. 아직도 개녕읍까지는 30리나 남아 있었다. 읍까지 가려면 밤이 될 것이다. 두 사람은 더 가지 못하고 부상 역관으로 들어갔다.

"은대선아, 이제는 여기서 작별해야겠구나."

부상 역관의 현판을 바라보며 강혼이 이야기했다.

"소녀도 성주까지 되돌아가기가 멀으오이다. 잠시 이곳에서 쉬어 가고자 합니다."

"일이 공교롭구나. 나는 벌써 짐을 개녕읍으로 보냈다. 그 속에 침구가 있는데, 여기서 어찌 쉬겠느냐?"

"이곳에서 대감과 밤새도록 이야기하며 지내는 것이 더욱 운치 있겠나이다."

"운치도 좋다마는 추워서 자겠느냐?"

"아무리 추워도 대감 품에 끼어 자면 따듯하오이다."

사실 부상역에는 침구도 준비되어 있지 않았다. 부상역은 대개 점심참을 하던 곳이다. 부상역은 난산亂山이 높고 얕은 곳에 있어 봄이 되면 눈 녹은 물이 그 앞으로 흘러서 경치는 그런대로 흥을 돋울 만했다. 강혼은 경치에 도취되어 구경만 했다. 저녁이 되어 겨우 밥은 얻어먹었으나 역사에서 침구도 없이 자야 했다. 역을 지키는 이속도 그가 누구인지 몰라 푸대접이었다.

이별의 시

날이 어두워지자 촛불을 켰다. 이별할 생각을 하니 쓸쓸함을 금할 수 없었다. 그래도 은대선은 운치를 아는 기생으로서 강혼을 위로했다.

"대감, 이불이 없으면 두 사람의 정이 더욱 가까워집니다요."

"어째 그러냐?"

"추우면 추울수록 꼭 껴안지 않습니까."

"은대선아, 너도 그러한 운치를 아느냐?"

"알고 있습니다. 소녀도 글을 배웠습니다. 그래도 면무식은 되어요."

밤이 깊어갈수록 춘한春寒이 몸을 엄습했다.

"아이, 춥습니다."

"어서 내 품 안으로 들어오려무나."

은대선은 속옷 바람으로 목계의 품속으로 기어들었다. 목계는 싫지 않았다. 부드러운 여성의 피부는 비단결 같았다.

"살이 맞닿으니 따듯하구나. 옛사람도 정은 불길 같다 하더니 정말 이구나."

"소녀의 몸도 타오르고 있습니다."

"그런 것을 정염情炎이라 한단다."

"대감은 궁중에서 아리따운 여인을 많이 보셨지요?"

"내가 보는 줄 아느냐, 임금이 독차지하고 있지."

"그래도 혹시 차례가 오지 않습니까?"

"왕의 욕심이 대단하여 아무나 건드리지 못한단다."

이야기하며 지내는 밤은 이불이 없어도 진진한 취미가 있었다. 동천에 뜬 달은 으스름달이 되었다. 봄바람이 불어오는 동시에 꽃향기도 그윽하다. 옆에 있는 은대선의 몸에서 나는 냄새 또한 은은했다.

아침이 되었다. 일찍 눈이 떠졌다. 이제 그만 일어나야 했다. 이때야 역리가 나와 인사했다.

"밤새 추우신데 고생 많으셨습니다. 약주라도 가져올까요?"

"술이 있으면 가져오너라."

역의 이속도 그제야 알았는지 술상을 가져왔다. 안주도 넉넉히 준비해 가지고 왔다. 추운데 어한禦寒하라는 술이다. 한 잔 마시니 농주도 쓸 만하다. 옆에서 은대선이 부어 올리는 술이라 더욱 맛이 있다.

"너도 한잔하여라. 아침 술은 종일 취한단다."

"소녀도 여취여광如醉如狂하고 싶습니다. 마시지요."

두 사람은 또다시 정담을 나눴다. 은대선은 가지고 온 피리까지 불며 흥을 돋웠다.

"과연 명기로구나. 시인의 비위를 맞추어주는 솜씨가 보통이 아니야."

강혼이 감탄하며 말했다.

"부끄럽소이다. 대감의 기분이 좋아지는 것을 보면 소녀는 만족하옵니다."

"그러면 이별의 시나 써주마."

"너무 황송하옵니다."

글재주 있는 강혼은 종이를 꺼내놓고 일필휘지一筆揮之했다.

> 부상역의 하룻밤 즐거움이여
> 나그네 이불도 없이 촛불만 남았구나.
> 무산 열두 봉 운우의 낙을 헤매면
> 봄밤에도 추운 줄 모르겠구나.

지나간 밤사이 두 사람의 애정의 장면을 그대로 풀어놓았다. 그래도 부족하여 이번에는 은대선의 모습을 그렸다.

> 고야 선녀 옥같이 흰 그대의 살결
> 새벽 창가 거울 앞에서 눈썹을 그리네.
> 아침 술에 반쯤 취한 불그레한 그대 얼굴에
> 동풍이 불어올 때 머리털 더욱 푸르다.

이번에는 은대선이 피리를 불며 같이 노는 장면을 묘사했다. 그럴수록 강혼은 대선에 대한 애정이 더욱 깊어가는 듯했다.

> 머리 빗고 높은 다락에 의지해
> 피리 부는 그녀의 손 더욱 부드럽구나.
> 만리타향 일륜의 달은
> 눈물 뿌리며 멀리 이주까지 가리.

이제는 이별의 정을 나타냈다. 이러한 멋진 시를 좋은 종이에 잘 써서 은대선에게 전해주었다.

"이것이 모두 나의 정을 표시한 글이다. 잘 간수했다가 내가 보고 싶으면 펴보아라."

"영감, 이제는 아주 이별이오니까?"

"아니다. 좀 더 같이 가자."

두 사람은 다시 함께 상주로 갔다. 이제는 은대선도 더 갈 생각을 하지 않고 헤어졌다. 여기서 조령만 넘어서면 충청도 땅이다. 강혼은 은대선과 이별하고 조령을 넘어섰다. 자꾸 뒤를 돌아다볼수록 은대선의 자취는 멀어졌다.

강혼이 써준 서폭

조령을 넘어서 어느 주막으로 들어갔다. 몇 사람인지 알 수 없으나 행인의 소리가 들렸다. 잠시 쉴 때 한 청년이 들어섰다. 서로 한자리에서 쉬며 이야기했다.

"어디서 오는 손인가?"

강혼이 물었다.

"예, 한양에 갔다가 돌아오는 길이옵니다."

"어디로 가는지?"

"고향이 성주올시다. 바로 성주로 갑니다."

성주 소리만 들어도 은대선의 생각이 간절했다.

"그럼 성주로 가거든 이 편지나 한 장 전해주게."

"예, 전해드리지요."

강혼은 그 자리에서 간단하게 편지를 썼다.

"나와 그대는 처음에 잘 몰랐으나 천 리 밖에서 신교神交를 접했으니 이것이 전생의 인연인가 하노라. 상주에서 이별한 이후 저녁에 그윽한 곳에 들르니 빈 여사旅舍가 적막하구나. 처마 끝에 떨어지는 빗소리, 영롱한 중에 등불을 돋우며 홀로 앉았으니 외로운 그림자만 쓸쓸하구나. 이내 심경 뉘가 알리. 아침에 영을 넘어서니 시냇물 소리 졸졸 흐르고, 산새 소리 여기에 화답하는데, 이제 더 생각할수록 슬플 뿐이다. 다시 낭자娘子의 옥적 소리 들을 수 있을는지 궁금할 따름이다."

은대선은 강혼과 이별한 후 지난 일이 꿈만 같아, 아름다운 추억 속에 빠져 있다가 뜻밖에 강혼의 서신을 대하니 전날 낭군을 다시 만난 듯 반갑기 그지없었다.

"여보, 여 서방呂書房, 목계 선생은 평안해 보이시던가요?"

"예, 아주 태평하시게 보입디다. 그래도 간혹 한숨을 쉬시는 것을 보니 고운 임을 이별하신 것 같습니다."

신윤복의 〈청금상련〉. 사대부가 기생들을 불러놓고 놀 때에는 노래와 악기로 풍류를 즐기고자 하는 경우가 많지만 기생을 일개 노리갯감으로 여겨 노골적으로 희롱하는 예도 적지 않았다.

"몸 성히 잘 가시니 고맙군요."

은대선은 장차 다시 만날 것을 기약하며 그동안 적어준 시와 서신을 모두 모아 병풍을 만들었다. 그리고 보고 싶을 때만 살며시 열어보며 옛 회포를 달랬다.

그 후 강혼은 한양에서 전과 같이 선비들과 재미있게 놀았다. 세상에서는 강혼을 후회도 하지 않는 사람이라고까지 말했다. 그는 호탕한 일면이 있어 지방의 감사로 있을 때 곧잘 놀았다. 어느 때 감사로서 동헌 상방上房에서 수청하는 기생을 데리고 하룻밤을 지냈다. 그런 때면 비장이나 이속들이 그의 숙소 근처에서 대령했다.

강혼이 관기와 잠을 자고 새벽에 변소에 가는데 비장이 쫓아 나왔다.

"영감이 지금 관기와 주무시고 나온 후에 어느 젊은 사람이 그 방에 들어가 기생을 간하고 있소. 그 간부를 잡아 오리까?"

흥분한 어조로 말하는 게 무슨 일이라도 낼 듯했다.

"아니다. 다시 아무 말 말아라. 사실은 지금 들어간 사람이 기생 서방이다. 그자의 물건을 내가 잠시 빌린 셈이다. 내가 간부가 된다."

강혼은 이렇게 말하고는 껄껄 웃었다.

관아의 관기야말로 각각 자기 남편이 있다. 이러한 것을 점잖은 양반네가 세력으로서 겁탈하는 것이었다. 강혼은 사실상 기녀를 많이 울린 사람이었다.

나이 들어 한양에서 좋지 않은 평을 받게 되자 강혼은 자기 고향으로 내려가게 되었는데, 이때도 역시 기첩을 데리고 갔다.

청주로 내려갈 때 아무래도 이번 길이 마지막 같았다. 길을 떠나니 전날 은대선의 생각이 났다. 청주 목사가 나와 그를 대접하며 며칠이고 묵어 가라 했다. 저녁이 되어 주연상이 벌어지고 청주의 선비들까지 모였다. 그중에 바른말 잘하는 선비 박충朴忠과 충청도 도사 박세희朴世熹도 끼었다. 술이 거나하게 되어갈 무렵 두 사람이 강혼 곁에 다가앉았다. 한번 따져보고자 하는 눈치였다.

"영공은 사람들 사이에서 용납되지 못하고 있소. 응당 벌을 받아야 하오."

눈치가 수상했다.

"나도 출세하기 위해 한 일이오. 어찌 잘못을 모르겠소."

"영공은 벌주를 받으셔야 하오. 이 큰 잔으로 벌주를 드시오."

강혼은 큰 잔의 술을 쭉 들이마셨다. 취기가 돌았다.

"영공이 지금 무사히 고향으로 돌아가는 것은 사론士論이 준엄하지 못한 까닭이오."

젊은이에게 톡톡히 망신을 당하니 술기운이 더욱 올랐다. 젊은 두 사람도 취했다. 강혼은 그곳에 더 있을 수 없어 밤중인데도 나설 채비를 했다. 이때도 기생첩을 대동했다. 두 청년이 따라나섰다.

"여보시오. 영공은 관기를 마음대로 한다는데, 그만 데리고 가시오."

두 청년이 억지로 데리고 온 관기를 빼앗자, 강혼은 아무 소리도 못하고 그대로 고향으로 내려갔다. 집에 도착해 생각하니 첩을 빼앗긴 것이 분했다. 이것이 원인이 되어 강혼은 그해 병으로 세상을 떠났다.

강혼의 죽음을 알게 된 은대선은 이제 그를 기다릴 수 없었다. 어느덧 그녀도 나이가 들어 홀로 쓸쓸한 생활을 하게 되었다. 때로 전날 강혼이 써준 서폭을 병풍으로 보며 그를 생각했다.

그 후 성주 고을로 가는 사람들은 강혼의 그림을 보고자 은대선을 찾았다. 그러면 은대선은 병풍을 내놓고 지난날을 이야기하며 회고의 눈물을 흘렸다. 이렇게 은대선은 예순이 넘어가도록 병풍을 벗하며 생활해나갔다.

강혼

조선 중기의 문신으로 성종 때 식년 문과에 병과로 급제했다. 연산군 때 무오사화가 일어나자, 김종직의 문인이라 하여 장류(杖流)되었다가 얼마 뒤 풀려났다. 그 뒤 연산군에게 문장과 시로써 아부하여 총애를 받고 도승지에 올랐다.
중종반정을 주동하던 박원종(朴元宗) 등이 죽이려 했으나, 영의정 유순(柳洵)의 주선으로 반정군에 나가 목숨을 빌고 반정에 가담하여, 그 공으로 진천부원군(晉川府院君)에 봉해졌다.
시문에 뛰어나 김일손(金馹孫)에 버금갈 정도로 당대에 이름을 떨쳤다. 그러나 명리를 지나치게 탐냈다. 특히 연산군 말년 애희(愛姬)의 죽음을 슬퍼한 왕을 대신해 궁인애사(宮人哀詞)와 제문을 지은 뒤 사림으로부터 질타를 받고, 반정 후에도 이윤(李胤)으로부터 폐조의 행신(倖臣)이라는 탄핵을 받았다.

박생과 메주 산호주

평안남도 증산읍에 박생이라는 선비가 있었다. 조상 대대로 이곳에 뿌리박고 내려오는 집안으로 농사를 지어왔으나 가풍이 글을 숭상하여 집에서 글 읽는 소리가 새어 나오지 않는 날이 드물었다. 읍 사람들은 박생의 집을 가리켜 글방이라 불렀다. 읍내에서 공부 잘한다는 소년들은 반드시 한 번은 이 집 문을 두드리는 데서 그런 별명이 생긴 것이다.

박생은 자질이 총명했다. 여섯 살 때 저녁을 먹고 이부자리 속에 들어가 엎드린 채 천자문을 순식간에 따로 베껴놓은 일이 있어 동네 어른들이 재미 삼아 시험해본즉 과연 서슴지 않고 줄줄 써 내려 어른들을 놀라게 한 일도 있었다.

할아버지는 "그놈 아까운걸" 하고 한숨을 짓곤 했다. 근처 집에서 온 읍내로, 이웃 마을에서까지 천재라는 칭찬을 듣고 집안에서도 귀하게 자라 박생의 나이 대장부 소리를 듣게 되었을 때 그는 비로소 할

아버지가 "그놈 아까운걸" 하던 말의 뜻을 알 수가 있었다.

당시는 농사나 지어 먹고 사는 사람은 천대를 받고 벼슬을 살아야 사람다운 사람이라 하여, 벼슬하는 것이 유일한 출셋길이던 때였다. 벼슬을 하려면 우선 과거를 보아야 하겠는데 몇 번 60리 길 한양을 가서 시험을 봐야 평안도 태생으로는 가망이 없는 것을 알게 된 것이다. 이 소년의 학업이 얼마만큼이나 닦아졌던 것인지는 자기만이 아는 일이나, 멀고 먼 길에 몇 번 낙방하고부터 박생의 생각은 달라졌다.

"내 글이 급제한 과생에게 지지 않을 터인데 번번히 낙방하는 것은 운수가 나빠서라기보다 차별을 주기 때문이다."

그러면 무엇을 할까?

처음에는 앞길이 막막했다. 농촌에서 밭이나 갈고 틈틈이 아이들이나 가르치면서 마을을 지키면 그만이겠으나 젊은 혈기라 좀 더 넓은 세상으로 나가고 싶었다.

읍내 사람들은 그가 낙방하고 돌아올 적마다 "과거야 운수 탓이지" 하며 위로해주었으나 그것이 자기를 비웃는 것만 같아 견딜 수가 없었다. 박생은 결국 다시는 벼슬을 꿈꾸지 않기로 결심하고 부모에게 팔도강산 구경이나 하겠다 하고는 집을 나와버렸다.

얼굴이 박색인 산호주

스무 살 되던 봄이었다. 우선 찾아간 곳이 평양 성내였다. 봄이라 하나 우수가 엊그제요, 경칩이 아직 열흘이나 뒤에 있으니 능라도의 수

양버들도 말뿐이요, 대동강 가에 아직도 얼음이 남아 있었다.

박생은 영명사永明寺를 찾아 방 한 칸을 빌려서 며칠 동안 묵어가기로 했다. 등 너머 기자묘箕子廟 숲이 깊어서 좋았고, 눈앞 청류벽이 빈 듯이 용강수에 비쳐 청아한 기분을 만들어주었기 때문이다. 이리하여 그는 벗 하나 없는 평양 성내 한끝에 와서 아침저녁으로 법당에서 흘러나오는 염불 소리에 몸을 적시기 시작했다.

이 무렵 평양에 산호주珊瑚珠라 하는 기생 하나가 살고 있었다. 대개 유명한 기생은 얼굴이 예쁘고 춤 잘 추고 소리 잘하는 것이 일반적이나 산호주는 얼굴이 박색이요, 소리 한 마디 춤 한 거리 출 줄을 모르는 기생이었다.

화류계에 발을 들여놓은 것이 신기하다고 만나는 손님마다 빈정대기 일쑤요, 산호주가 아니라 메주라고 놀려대는 이도 있었다. 그러나 사나이들은 좀 색다른 것을 좋아하는 탓인지 관가에서 연회가 있거나 내로라하는 풍류객들의 선유가 있을 때에는 성내 일류 명기라 불리는 기생의 자리 한끝에 반드시 산호주의 얼굴이 있었다.

그러나 손님 앞에 나왔다 해도 애교를 부리는 것도 아니고, 말도 묻는 말에나 겨우, 그것도 입속말로 대답하는 정도로 심심하기 짝이 없었다.

"꾸어 온 보릿자루 같으니."

좌석에서 이런 꾸지람을 듣기도 했으나 산호주는 들은 체 만 체 술만 부어주곤 했다. 혹시 취객들이 "대체 기생이란 뭘 하는 거냐?" 하고 따지면 "네, 손님네 풍류를 도와드리는 노리갯감이겠지요"라며 태연히 받아넘겼다.

"그렇게 잘 아는 네가 소리 한 마디 춤 한 거리 추지 아니하니 그래도 흥을 돋운다는 거냐?"

산호주는 으레 이런 추궁을 받고야 만다.

"네, 꽃을 보시지요. 아름다운 꽃송이도 좋지만 시들어진 떡잎이 한몫 끼어야 경개가 더하지 않습니까?"

마치 "나는 떡잎이오" 하는 태도였다. 그러니 자연 산호주는 어느 좌석이든 손님 측의 한 사람 곁으로 반드시 끼게 되고 세월이 흘러가는 것과 정비례로 이름이 높아갔다.

▎연광정 옆 길가에서 노래를 주고받아

박생이 하루는 연광정練光亭을 거닐다가 소복을 입은 채 연광정 한편 구석에 기대어 대동강 물을 내려다보는 기생 하나를 발견했다. 그녀는 물어볼 것도 없이 산호주였다.

여자라는 것은 공부에 방해가 되는 물건이니, 사람을 망치는 요물이니 하는 관념이 꽉 박힌 곰팡내 나는 시골 선비이다 보니 영명사 한 구석에서 바람을 쏘이러 나와서 얼른 눈에 뜨인 이가 여자인 데다가 인물 추한 기생인지라 아무 생각도 않고 무심코 한마디 툭 뱉은 말이 "에그, 참!"이었다. 그리고 박생은 뒤도 돌아보지 않고 혹 자기를 붙잡으러 쫓아오기라도 하는 듯이 걸음을 빨리하여 강 언덕 아랫길로 내려섰다. 몇 발자국 옮겼을 때였다.

"여보!"

뒤에서 여자의 음성이 들려왔다. 그러나 이런 곳에서 자기를 알아보고 부를 여인이 있을 리 만무한지라 박생은 뒤도 돌아보지 않고 길을 걸었다. 그랬더니 이번에는 누가 소매를 잡아 낚았다. 순간 흘깃 뒤를 돌아보니 아까 연광정에 기대어 있던 여자였다. 화가 났는지 두 눈에 독이 올라 노려보는 눈이 매섭고 입술이 파르르 떨리고 있었다.

"여보, 방금 뭐라고 했소?"

"내가 무슨 소리를 합데까?"

"내 얼굴이 고약하다고 침을 뱉었지요? 그래, 당신과 내가 무슨 상관이 있기에 흉이오? 남이야 곰보딱지건 쪼그랑 망태건 자기 갈 길이나 갈 것이지."

"?"

"보아하니 당신은 식자깨나 있는 분인 듯한데 부녀자를 상대로 희롱이야 하시겠소마는 조심하시오."

"……"

욕이라도 할 듯하더니 좀 부드러워지는 것도 같아서 박생은 이런 경우에 어찌해야 할 바를 몰랐다. 그래서 아무 말도 못하고 있다가,

    초한 적楚漢的 시절인가?

    풍진도 요란하다.

    홍문연鴻門宴 잔치런가?

    검춤은 무삼 일고.

하고 시 한 수를 읊었다. 그러고는 아무 대꾸 없이 걸음을 옮겼다.

그랬더니 기생도

　　패택沛澤에 잠긴 용이 구름을 헤치는 듯
　　초산楚山의 모진 범이 바람을 토하도다.
　　범증范增을 때린 옥두玉斗 백설白雪이 되었으니
　　항장項莊의 날랜 칼이 쓸 곳이 전혀 없다.

　하고 박생이 읊은 시의 뒤 구절을 따라 외우더니 발길을 돌렸다. 박생이 생각하니 광녀狂女 같기도 하여 어안이 벙벙한 채로 강변을 한 바퀴 돌고서 숙소로 돌아왔다.
　'아무리 천한 기생이기로서니 지나가는 남자를 부여잡고 주제넘게 설교를 퍼붓고 인사도 없이 가 버리다니……. 고얀 년, 욕이나 해야겠다.'
　그러나 자리에 누워서 천장을 바라보다가도 지난 일이 마음에 걸려 대체 그 기생의 이름이 무얼까 하고 호기심이 가기 시작했다. 그 이튿날 저녁때 박생은 연광정 앞으로 갔다. 그러나 박생이 찾는 여인의 모습은 보이지 않았고 백지에 노래가 적혀 있는 것이 박생의 발에 밟혔다.

　　장량張良의 퉁소 소리 월하에 슬피 부니
　　장중에 잠든 패왕 혼백이 비월하다.
　　음능도 좁은 길에 월색이 희미하고
　　오강수 넓은 물에 수운이 적막하다.

역발산 기개로도 강동을 못 갔거든
필부 형경이야 역수易水를 건널쏜가?
가련한 저 장사야 돌아갈 길 아득하다.
멀고 먼 창천 길에 조심하여 가 계셔라.

집어보니 이만저만한 노래가 아니었다. 어제저녁의 계집임에 틀림없었다. 용렬한 졸장부를 꾸짖는 듯하기도 하고 용기를 북돋는 듯하기도 하고 조롱하는 듯하기도 했다. 여자와의 팔씨름 같아서 한편으로는 싱겁기도 했으나 건방진 계집을 그냥 둘 수도 없고 또한 흥미도 있어 곧 절로 달음질쳐 갔다.

가다가 생각하니 선도를 잊었어라.
비명횡사 전혀 많고 장수할 이 전혀 없다.
팔십을 다 살아야, 죽기 싫다 하였거든
이십을 못 살아서 청춘에 죽는 인생.

박생은 이렇게 쭉쭉 갈겨써 가지고 연광정으로 와서 그 자리에 돌을 지질러 놓아두었다.

일이 이렇게 되고 보니 박생으로 말하자면 이름도 모르는 초개 같은 기생에게 이긴 것이라고는 할 수 없었다. 아무리 좋게 생각해보더라도 조롱당한 것으로밖엔 생각되지 않았다. 이 자리에서 다시 만난다면, 예법도 몰라보는 외람된 계집에게 매운맛을 보여주리라는 생각도 가져보았으나 자신은 없었다.

그 다음 날은 이런 글이 놓여 있었다.

명협蓂莢조차 쉬이 지고 태고천지 여기로다.
요순우탕堯舜禹湯 문무주공文武周公 성대영명聖代英名 다 지나고
선현지군 뛰쳐지니 다시 법 선종할 제
아우악도 먹은 마음 그들 아니 불쌍한가?
부는 바람 열풍이요, 오는 비는 음우로다.
일단식 일포음에 있었으나 없었으나
부귀 귀천 다 버리고 이 몸 늙어 어이하리.
늙었거든 병이 없고 병 없거든 늙지 마소.
병들어 한두 번에 유수세월 속절없다.
유정할손 화초들은 연년이 푸르렀다.

여기에 대한 박생의 회답은 이러했다.

명명한 저 일월은 날마다 돋건마는
유수같이 가는 광음 연광 재촉 빠르도다.
초야제민 군생들은 의논할 바 아니로다.
이 몸 소년 행락사가 어제인 듯 하다마는
동원도리 편시춘은 어이 그리 쉬이 가노.
소년에 좋던 풍채 오는 것이 백발이라.
희던 안색 검어지고 검던 머리 희어진다.

연광정 옆 길가에서 노래를 주고받기를 이레 동안 계속했다. 그동안 서로 대면한 적은 한 번도 없었다. 박생은 노래를 써다 놓고, 또 산호주가 써놓은 것을 주워 오는 것을 일과로 삼았다.

상사병에 걸린 산호주

그날도 일찍 저녁을 먹고 그곳엘 갔다. 새로운 노래가 기다리고 있으려니 기대했으나 글발은 눈에 띄지 않았다. 혹 신병이 생기지나 않았나, 너무 일찍 왔나, 무료하기 짝이 없어 뒷짐을 지고 오락가락하노라니 열대여섯 살가량 되어 보이는 계집애가 타박타박 올라오더니 박생을 보고 머뭇거리다가 "저, 이 편지 좀 봐주시어요" 하며 두 손으로 편지를 주었다. 펼쳐보지 않아도 낯익은 노래의 주인공인 것을 짐작할 수 있었다.

"마침내 소녀가 허리를 굽히나이다. 소녀가 응당 모시러 가야 할 것이오나, 외람되이 하녀를 시키옵는 것은 춘향전 고사를 본받는 것은 아니옵고 다만 소녀가 면대하기가 난처하와 이렇게 조처하오니 모든 것을 헤아리시사 누추한 집이오나 왕림하시면 삼가 사뢸 말씀이 있사옵니다."

간략한 글월이었다.

사나이 대장부가 기생방을 찾아서 으슥한 골목길을 다니는 것을 풍류라고 한다면 그럴 수도 있지만 주저하지 않을 수가 없었다. 그러는 한편 요즈음에 와서는 한 번 더 밉살스럽게 생긴 얼굴을 보았으면 하는 사모의 정이 두터워진 것을 어찌할 수 없는 박생이었다. 박생은 결심을 하고 하녀와 함께 성안으로 내려갔다. 하녀가 인도하는 골목길을 따라 막다른 골목 초가집 앞에 이르니 문고리를 부여잡고 기대어선 채 소복의 그 기생이 기다리고 있었다.

버선발로라도 뛰어나올 기색인 그 여자가 웬일인지 문끈을 잡은 채 그 자리에 주저앉았다.

하녀가 달려들었다.

"아가씨, 정신 차리셔요."

눈물이 글썽글썽 고이는 것이 심상치 않아 보였다. 박생이 여자를 부축해 안으로 들어가서 누인 다음 방 안을 둘러보니 한쪽에는 약탕관이 있고 병석인 듯 어수선한 분위기가 느껴졌다.

"일전부터 너무 죄를 지어 죄송합니다. 인사가 늦었습니다. 저는 산호주, 아버지가 지어주신 이름은 탄실이올시다."

산호주, 언제인가 절에서 남자를 싫어하는 명기라는 소문을 들은 일이 있는 박생이었다.

"나야말로 용서를 받아야겠소. 처음에는 정말 화냥으로 취급하고 좀 골려주려 했으니 말입니다. 산호주……. 예, 이름을 익히 들어 압니다."

산호주는 역시 병석에 있었다. 자기 말로는 감기라 하나 사실 상사병인 듯했다. 더구나 박생이 방 안에 들어서자 생기가 나기 시작하는 산호주였다. 그들은 오랜 벗처럼 가까워졌다.

벼루와 먹을 준비시켜 산호주는 노래를 부르고 박생은 글로써 받아썼다.

산야청청 초목들아

역조처에 화류들아 동원만발 도화시라.

명사십리 해당화야

구추단풍 찬서리에 황엽설 진다.

어마라, 잔잔춘일 더운 날에 금수경개 절승하다.

춘풍세우 피는 꽃이 마음 설어 색을 띠어

왕래 중에 꽃다운 빛 사람 보고 반기는 듯

봉첩쌍쌍 노닐면서 유지분분 찾아온다.

가지마다 웃는 꽃봉 구경하는 눈에 들어

건곤이 불로 월장재에 연연세월 돌아온다.

새해 오면 봄이 되어 화초세월 연연일세.

이화도화 향화방초 희희낙락 피어온다.

구십춘광 호시절에 다투어서 만발하니

삼촌흥을 못 이기어 봄바람에 후리면서

아름답고 고운 거동 반만 웃고 말하고저……

박생은 여기까지 받아쓰고 말했다.

"자, 우리 더 쓰면 재미없으니 이만하고 끝을 막읍시다."

"끝을 막아요? 호호, 제가 허리를 굽히고 도련님이 찾아오셨으니 그만 끝을 막을까요?"

산호주는 만족한 빛이었으나 표정의 일그러짐을 감출 수는 없었다. 누가 보든지 산호주의 병세가 위독한 것만은 능히 알 수가 있었다.

"병세가 매우 중한 듯한데……."

"아니에요. 이렇게 기운이 좋은걸요."

"아니오, 여러 날 안정하셔야겠소."

"영명사에 기거하신다는 말씀을 들었사온데 제 집이 누추하기는 하오나 내일부터라도 옮기시지요."

박생은 지금까지 맛보지 못한 세상이 눈앞에 벌어지는 것을 느꼈다. 여자라고 하는 것은 어머니나 누이동생까지도 사람 축에 들지 않는 것으로 여겨온 박생은 이제 산호주를 옆에 놓고서야 여자란 고귀한 존재라고 생각을 달리했다.

기생이라고 하면 더구나 천하기 짝이 없는 물건으로 알았는데 이 시각부터는 기생도 사람이요, 가긍한 인생이라고 동정이 갔다.

이렇게 해서 둘은 사랑으로 굳건히 맺어졌다. 그러나 얼마 후 산호주는 병으로 끝내 일어나지 못하고 불귀의 객이 되고 말았다.

산호주의 고향에는 그녀가 노후를 위해 사둔 전답이 많아 그곳에 산호주를 안장했다. 한식이나 추석이 되면 이름 없는 기생 산소에 일호주와 일병금쭉을 들고 오는 박생. 백발이 휘날릴 때까지 거르지 않고 해마다 두 번씩은 묘를 찾아와서 산호주를 추모하는 것이었다.

신라의 원화

신라의 원화제도는 화랑제도 이전에 있었던 제도로, 두 명의 여성을 대표로 뽑아 화랑도와 같은 인재를 양성하는 것을 목적으로 했다. 하지만 첫 번째 대표였던 남모와 준정이 서로 시기하여 준정이 남모를 죽이는 사건이 일어나자 원화는 남성인 풍월주를 대표로 하는 화랑도로 대체되었다. 원화제도와 기생의 연관성이 명확히 나와 있는 역사 자료는 없으나, 일부 학자들은 원화제도가 기생의 본류라고 주장하고 있다. 고구려와 백제의 고분벽화 등에도 기생과 비슷한 여성의 모습은 발견되고 있으나 기록으로 남은 것은 없다.

고려여악

고려 초에 팔관회와 연등회 등의 행사에 필요한 여성을 공급하기 위해 고려여악이 제정되었다. 가와무라 미나토 등의 기생 연구가들은 이 고려여악이 기생의 원조라고 주장하고 있다.

고려시대 초기 삼국 통일 과정에서 발생한 포로를 관리하기 위해 고려 정권은 남자 포로를 '노(奴)', 여자 포로를 '비(婢)'로 관리했다. 이 '비' 중에서 가무와 예악에 뛰어난 여성들은 따로 골라내어 국가가 직접 관리했다. 후백제의 후예로 고려에 반항적이었던 양수척 중에서도 예악이 뛰어난 여성들을 뽑아 '기(妓)'로 삼았다. 왕실 주요 행사인 팔관회와 연등회에는 항상 여악이 뒤따랐는데, 위의 여성들이 동원되었다.

치마 속 조선사 143

암행어사 노수신과 기생 귀신 노화

 조선 시대 전라도 장흥 땅에 '기생 귀신'이라는 별명을 지닌 노화라는 기생이 있었다. 이 노화의 부모는 걱정이 태산 같아서 식음을 전폐하고 머리만 싸매고 있었다. 한양에서 호남 지방을 향해 떠났다는 한 어사가 무슨 수가 있더라도 노화를 꼭 잡아 죽이겠다고 벼른다는 소문을 들었기 때문이다.

"애야, 너는 듣지 못했냐? 이번에 오는 어사는 너를 꼭 잡아 없애겠다고 벼른다는데 이 일을 어찌한단 말이냐?"

그러나 장본인인 노화는 태연자약했다.

"괜찮아요."

"괜찮다니? 장차 어떻게 할 참이냐?"

근심에 싸인 부모가 이런 질문을 되풀이하면 노화는 언제나 방긋 웃으면서 "제게 꾀가 있으니 아무 걱정 마셔요"라고 할 뿐이었다.

노화는 용모와 자태가 예쁘고 가무에 능할 뿐 아니라 수완이 또한 비길 데 없어 어느 누구고 한번 걸려들기만 하면 좀처럼 빠져나가질 못했다. 그러니 그 고을의 수령이나 방백, 혹은 왕명을 띠고 내려온 사객使客들은 노화 옆에 붙어 앉아서 떠나지를 못하고 공사를 전폐하다시피 하는 일이 자자했으니 그 피해가 여간 크지 않았다. 이 소문이 한양에까지 전해져 때마침 어명으로 호남 지방의 민정을 살피러 내려가려던 암행어사 노수신이 소문을 듣고 괘씸하게 생각하여 도임도 하기 전부터 그 요사한 기생을 반드시 잡아 죽이겠다고 별렀던 것이다.

이윽고 어사가 이웃 고을에 가까이 왔다는 풍문이 떠돌았다. 그때까지 평소와 다름없이 태연하던 노화는 그제야 과부의 복색을 차려 입고 주막집 하인의 행색을 갖춘 생질 하나와 함께 온다 간다 소리 없이 집을 나갔다. 그 다음 날부터 노화는 이웃 고을에서 어사가 들를 만한 주막집 하나를 세 얻어 술청을 깨끗이 치우고 어사가 지나가기를 기다렸다. 암행어사란 본시 복장을 일부러 초라하게 차리고 남의 눈에 띄지 않는 으슥한 주막 같은 데서 묵는다는 것을 노화는 잘 알고 있었다.

며칠이 안 가서 과연 허름한 옷차림에 찌그러진 갓을 받쳐 쓴 나그네 하나가 주막에 들어섰다. 많은 사람을 봐온 노화의 날카로운 눈초리는 당장에 그가 어사라는 것을 알아차렸다.

노화는 하얀 소복으로 맵시 있게 갈아입고 칠흑 같은 검은 머리를 풀어 헤친 채 머리를 감다가 물을 길러 가는 양 일부러 노수신 어사가 든 방 앞으로 왔다 갔다 했다. 여장을 풀고 피곤한 다리를 뻗으며 무심코 바깥을 내다보고 있던 노 어사는 처음엔 별로 관심 없이 여자를 바라보았다. 그러나 한 번 보고 두 번 보는 동안에 소복에 감싸인 그 날씬한 몸맵시가 눈에 들어오기 시작하고, 이어 걷어붙인 팔의 토실토실한 살결과 하얀 목덜미가 예사로 보아 넘길 수 없게끔 눈에 새겨지고 말았다.

두 번 지나가고, 세 번 지나가고, 이제는 은근히 다시 나타나기를 기다리고 있는 노 어사의 마음을 알아차렸는지 너댓 번째 그 앞으로 지나가던 여자가 흐트러진 머리카락 아래로 힐끔 노 어사를 한번 쳐다보더니 눈이 마주치자 얼른 외면하고는 총총걸음으로 들어가 버렸다. 그 얼굴과 눈매를 본 순간 노 어사는 가슴이 떨리기 시작했다.

그도 그럴 것이 원래가 천하절색인 데다가 일부러 남의 눈을 끌도록 소복단장을 하고 있는 노화였으니 여러 날 객지를 헤매면서 여색에 굶주린 노 어사의 눈에 단아하고 아름다운 모습은 눈에 부실 수밖에 없었다.

노 어사는 여자의 자태를 황홀하게 머릿속에 그리면서 조마조마한 마음으로 여자가 나오기를 기다렸다. 그러나 여자는 그 후 모습을 보여주지 않았다. 혼을 빼앗겨서 이제 미칠 지경이 되고 만 노 어사는 마음을 억제하려고 무던히 애를 쓰다가 급기야 이기지 못하고 마침 눈에 띄는 하인을 불러서 물었다.

"애, 아까 머리 감던 여자 있었지? 그 여자가 대체 누구냐?"

노화와 미리 짜서 가짜 하인 행세를 하고 있는 노화의 생질은 시치미를 딱 떼고 대답했다.

"이 집 주인어른 따님인뎁쇼. 몇 달 전에 과부가 되어 지금 친정에 와 있는 중이옵니다."

"그래, 그 여자 내게 좀 불러올 수 없느냐?"

하인은 짐짓 놀란 듯이 손을 내저으며 말했다.

"원, 별말씀을! 그 각시가 천한 집 딸이지만 지조가 보통 굳은 게 아니어서 저는 불러올 수가 없습니다. 말을 잘못 전했다가는 저만 도리어 야단을 맞게요."

노 어사는 하인의 소매를 끌면서 귀에다 입을 대고 가만히 말했다.

"네가 만약에 불러다만 준다면 내 이따 후히 상금을 주마."

"어려운 일인뎁쇼."

하인은 난색을 보이며 머리를 긁적거리더니, "아무튼 한번 말씀이나 전해봅죠" 하면서 자리를 떠났다. 바깥에는 차츰 어둠이 덮이기 시작하고 있었다. 저녁을 먹고 난 후 자리에 누운 노 어사는 이제나저제나 그 하인이 여자를 데려오기를 기다렸다.

노수신도 넘어간 노화의 꾀

밤이 깊어갔다. 그러나 하인도 여자도 좀처럼 나타나지 않았다. 한밤중이 되어서야 문밖에서 발자국 소리가 나더니 하인이 나직이 일렀다.

"그 각시 말이 데려다 평생 같이 산다면 오늘 밤에 와서 뵙겠답니다요."

여간 반가운 말이 아니었다. 노 어사는 앞뒤를 생각할 겨를도 없이 재촉했다.

"데려다 살다 뿐이냐, 그러마고 하더라고 내 말을 전하고 얼른 데려오너라."

잠시 후 다른 옷으로 갈아입은 노화가 들어오더니 공손히 절을 한 다음 다소곳이 앉아 똑바로 노 어사를 쳐다보며 말했다.

"저 같은 것을 이렇게 불러주시어 감사하옵니다. 그러나 제가 아무리 시골의 천한 계집이라 할지라도 서방님 같은 양반과 한번 인연을 맺은 뒤로는 절대로 다른 사람과 같이 살 생각이 없사옵니다. 오직 서방님을 한평생 모시고 싶으오니 그 허락부터 하셔야 저도 서방님의 말씀을 좇겠소이다."

"아, 여부가 있겠소."

"서방님은 오늘 처음 뵙는 분, 한때 말씀만으로는 도저히 믿을 수가 없사옵니다. 만일 서방님의 말씀이 진정이시라면 그 표적으로 제 팔뚝에다 서방님의 함자를 똑똑히 새기어 다른 날 증거가 되게 해주십시오. 그런 연후면 말씀을 좇으려니와 그리해주지 않으시면 죽어도……."

여자는 여물게 제 뜻을 얘기했다. 지금의 노 어사로는 그게 무슨 해괴한 소리냐고 따질 겨를이 없었다. 등불 아래 마주 앉혀놓고 보는 그 맑은 눈매, 우뚝 솟은 콧대, 꽃잎 같은 입술, 그 사이로 진주알처럼 반짝이는 치아, 그리고 그 몸맵시와 낭랑한 목소리에 그는 그만 욕심이 활활 타올라서 뒷일은 생각지 않고 "거 옳은 말이오" 하면서 노화의 팔에다 선뜻 자기 이름 석 자를 새기고 말았다. 노화의 능란한 솜씨에 짧은 밤을 한탄하면서 아침을 맞이한 노 어사는 되돌아 올라갈 때 노화를 데리고 갈 것을 굳게 약속하고 주막을 떠났다. 부랴부랴 주막을 거둬 치운 노화와 생질은 몰래 그 뒤를 따랐다. 장흥에 당도하여 어사

출또를 놓은 다음 노 어사는 동헌에 높이 앉아 소리쳤다.

"노화라는 기생을 잡아들여라!"

잠시 후 노화가 사령들에게 끌려 어사 앞에 나타났다. 노 어사는 고개를 돌려 외면하면서 말했다.

"그 요사한 년은 한번 보기만 하면 모두 환장들을 한다고 하니 내 눈에 띄게 할 것 없이 당장에 물고를 내어라!"

"쇤네 말씀이나 한번 들어주십시오!"

노화는 필사적으로 애원했다.

"에이, 들을 것 없다. 당장에 끌고 나가지 못할까!"

노 어사의 호령은 여전히 추상같았다. 그러자 노화는 끌려 나가지 않으려고 발버둥을 치면서 발악을 하듯 버럭 소리를 질렀다.

"아무리 죽을죄를 지었더라도 말씀 한마디나 아뢰고 죽겠소!"

그 말에 노 어사는 여전히 외면을 한 채 붓과 종이를 주어 하고 싶은 말을 써 올리라고 했다. 노화는 붓에다 먹을 담뿍 찍어 단숨에 몇 줄을 써서 어사에게 올렸다. 잔뜩 이마를 찌푸리고 종이를 들여다보던 노 어사의 얼굴에 핏기가 가셨다. 그 종이에는 시 한 수가 적혀 있었던 것이다.

> 노화의 팔 위에 뉘 이름 새겼는고
> 흰 살에 먹이 배어 글자마다 분명하니
> 천원강 푸른 물이 마를 날 있다 해도
> 처음 맺은 굳은 맹세 변함없이 지키리라.

다 읽고 난 노 어사는 창백해진 얼굴을 노화에게로 돌렸다. 그러고는 잠시 멍하니 노화를 내려다보았다. 그녀는 분명히 어젯밤 주막에서 같이 단꿈을 꾼 그 과부임에 틀림없었다. 노화의 눈은 장난꾸러기처럼 웃고 있었다. 흩어진 옷매무새와 헝클어진 머리도 타고난 아름다움을 감추지는 못했다.

노 어사는 '아차, 속았구나' 하는 뉘우침과 함께 다른 궁리를 찾았다. 그리하여 곧 침착하고 태연하게 소리쳤다.

"그 여자는 달리 처치할 테니 오늘은 그냥 놓아주어라."

그날로 장흥을 떠나 나머지 고을을 돌면서 임무를 마치고 한양으로 돌아간 노 어사는 왕에게 복명하는 자리에서 이 사실을 모조리 아뢰었다. 그의 말을 들은 왕은 "그거 재미있는 일이군, 핫하하" 하고 통쾌하게 웃었다. 그러고는 "그러나 그것을 장흥에 그냥 두었다가는 다른 사람들이 또 공사를 전폐할 우려가 있지 않겠는가. 근엄한 그대조차 맥을 추지 못했으니" 하고 노 어사를 한바탕 놀려댔다. 그러다가 얼굴을 붉히는 노 어사를 바라보며 말을 이었다.

"그것을 잡아 올리도록 하오. 잡아 올리되 당장에 조처하는 것이 아니라 그대가 맡아 평생을 벌주도록 하오. 그대의 실수 또한 적지 아니하니 그런 벌을 받을 만도 하지 않은가, 핫하하."

임금의 특명으로 노화를 하사받은 노 어사는 기뻐서 어찌할 줄을 몰랐다. 마침내 노화는 고향인 장흥을 떠나 송도로 올라가게 되었다. 그때 노화는 고향을 떠나는 섭섭함을 못 이겨 '여기정女妓亭'이라는 정자를 세우고 그 앞에 느티나무 한 그루를 심었다.

기생의 신분

기생은 노비와 마찬가지로 한번 기적(妓籍)에 오르면 천민이라는 신분적 굴레에서 벗어날 수 없었다. 기생과 양반 사이에서 태어난 경우라도 천자수모법(賤者隨母法)에 따라 아들은 노비, 딸은 기생이 될 수밖에 없었다. 그러나 속신(贖身)이라 하여, 기생이 양민으로 되는 경우도 있었다. 양민 부자나 양반이 소실로 삼는 경우 재물로 그 대가를 치러줌으로써 천민의 신분으로부터 벗어나는 것이었다.

한편, 기생이 병들어 제구실을 못 하거나 늙어 퇴직할 때 그 딸이나 조카딸을 대신 들여놓고 나오는데, 이를 두고 대비정속(代婢定屬)이라 했다.

기생은 조선 사회에서 양민도 못 되는 팔천(八賤)의 하나였다. 다만 그들에게 위안이 있다면 첫째, 양반의 부녀자들과 같이 비단옷에 노리개를 찰 수 있었던 점이고 둘째, 직업적 특성에 따라 사대부들과의 자유연애가 가능했던 점이며 셋째, 고관대작의 첩으로 들어가면 친정을 살릴 수 있었던 점이었다.

3장
일편단심의 사랑

청주의 홍림과 김해월

　1728년(영조 4년) 3월 15일 영남에서 모반한 이인좌 등 일당이 계교를 써서 청주성을 공략하여 성안에 불을 지르고 무고한 백성을 해치는 등 기습을 가했다. 이때 청주 병영에 몸담고 있던 군관軍官 홍림洪霖은 남문 밖 그의 애첩 김해월金海月의 집에서 자고 있었다.

　홍림은 여든의 노모를 모시면서도 조금도 불편함이 없도록 제반사를 돌보는 데 효심을 다했다. 공무에 임해서는 오로지 나라와 임금님을 위하고 백성을 하늘같이 알고 대하므로 그 충효忠孝가 한결같다는 소문이 자자했다. 그런 홍림에게도 커다란 고민이 있었다. 그것은 나이가 마흔이 넘도록 아직 슬하에 혈육이 없어 한탄하는 일이었다. 마침내 그의 부인은 남의 가문에 들어와 손을 이어주지 못함을 한스럽게 여겨 명산대천을 찾아다니며 기도를 한다고 집을 나가 2년이 넘도록 소식이 두절되어 그 생사조차 알 길이 없었다.

이인좌의 난

한편 항상 몸을 단정히 하고 예의를 알아 사람들로부터 칭찬받는 청주 명기로 해월이 있었다. 우연히 홍림을 시중들게 된 것이 계기가 되어 해월과 홍림은 서로를 아끼며 사랑하게 되었다. 홍림과 해월이 서로 사랑의 뜻을 지니고 있다는 소문을 듣게 된 충청 절도사 이봉상李鳳祥은 홍림을 불러 넌지시 권했다.

"해월이 성품도 착하니 첩으로 맞아들여 손을 보는 것이 좋지 않겠는가?"

이렇게 함께 살기를 권하며 이봉상은 해월의 기적妓籍을 뽑아 없애 평민의 신분으로 되돌려주었다. 이봉상은 해월에게 당부의 말을 잊지 않았다.

"홍 군관과 더불어 행복하게 살고 하루바삐 홍씨 문중에 자손을 얻도록 해주거라."

살림을 시작한 지 반년 만에 드디어 해월에게 태기가 있었다. 이들은 서로를 더욱 아끼며 하루하루를 보내면서 무사히 분만하기만을 기다렸다. 그러던 차에 이인좌의 난이 일어났다. 홍림은 성안에서 창칼 부딪치는 소리를 듣고 황급히 장검을 차고 성안으로 달려갔다. 그가 도착했을 때는 이미 이인좌가 절도사 이봉상의 침소를 기습하여 이봉상을 포박한 뒤였다. 이인좌는 이봉상에게 항복하기를 설득하다가 마침내 뜻을 이루지 못하자 휘하 병사들을 시켜서 이봉상을 참해하려 했다. 이를 본 홍림이 달려들어 적병을 참살한 뒤, "이놈들아, 내가 이봉상이다"라며 이봉상을 비호했으나 금방 탄로가 나버렸다. 이리하여 이봉상과 홍림은 한꺼번에 장렬한 죽임을 당하고 말았다.

 적병들의 잔인하고 무자비한 분탕질이 끝나자 이인좌는 관아 곳간을 열어 세금으로 받아 쌓아놓은 양곡을 꺼내 적병들을 배불리 먹였다. 그런 다음 성안의 혼란을 정리하고 질서를 잡느라 그 밤의 소란은 계속됐다. 그런데 새벽 무렵 찬바람 속에 이인좌가 점거하고 있는 관아 동헌으로 한 여인이 찾아왔다. 이인좌는 수상히 여겨 안으로 들어오도록 했는데, 여인은 소복을 입었고 배가 불러 있었다. 이인좌가 여인에게 물었다.

 "뉘시기에 대원수 이인좌를 찾소이까?"

 그러자 소복 여인은 조용히 고개를 숙여 예를 표한 후에 침착한 말투로 입을 열었다.

 "첩은 지난밤 난중에 뛰어 들어와 교전을 하다가 죽임을 당한 군관 홍림 나리의 소실이옵니다. 찾아온 것은 홍 군관이 이곳에 들어오기 전에 집에서 유언을 하신 바 있는데, 그 유언을 시행코저 찾아왔습니다. 부디 주장 두 분(이봉상, 남연년)의 유해와 함께 거두어 장례를 지낼 수 있도록 해주시기 바랍니다."

 이인좌는 해월의 침착하고 의연한 태도에 깊은 감명을 받았다.

 "그렇지 않아도 세 사람의 지극한 충성과 용맹을 크게 본받아야 할 것이기에 우리가 가매장을 하려던 중이었소. 이제 소사小史가 나타났으니 내 조상의 예로써 시신을 인도하겠소. 후히 장례를 지내도록 하시오."

 이인좌는 부하 병사들을 시켜 죽은 사람의 시체를 한 곳에 모아놓고, 정중하게 염殮을 마친 후 우암산 기슭에 가매장을 하도록 도와줬

청주 표충사. 이인좌가 난을 일으켰을 때 이에 대항하다가 순절한 이봉상, 남연년, 홍림의 충절을 기리기 위해 조정에서는 사당을 세워 제향을 지냈다.(사진 제공 : 청주시청 문화관광과)

다. 해월은 만 7일 동안을 여자의 몸으로 여막을 짓고 삼충절위三忠節位 곁에서 시묘를 했다. 그리고 홍림이 세상을 떠난 뒤 꼭 27일 만에 출산을 했는데 아들이었다. 해월이 아들을 낳자 홍씨 가문에서는 불행한 중에 모처럼 희색이 돌았고 경사라며 축하를 해주었다. 문중에서는 홍림의 유복자의 이름을 준準이라 지었다.

회정 스님과의 약속

세월이 흘러 홍준이 일곱 살 되던 해 봄이었다. 스님 한 분이 홍 도령 집 대문 앞에서 오랫동안 머뭇거리다가 마침내 주인을 찾아 대문을 열고 들어섰다. 때마침 마당에서 서책書冊을 꾸미고 있던 홍준을 본 스님은 그에게 합장을 하고 오랫동안 입속으로 불경을 외었다. 이때 안방 문틈으로 이와 같은 스님의 동정을 눈여겨보고 있던 해월이 스님이 아들에게 축수를 기원해주는 것으로 알고 크게 기뻐하며 공양미를 들고 시주하러 나왔다. 그러자 스님은 조용히 드리고 싶은 말이 있다고 했다. 스님을 행랑방으로 모시자 스님은 무겁게 입을 열었다.

"소승은 상당성上黨城 안에 있는 보국사輔國寺 주지승 회정回程이라 하옵니다. 지난 밤 우연히 꿈속에서 성문 밖 홍씨 가문에 숙화宿禍가 있으니 그것을 막을 궁리를 해보라는 석가세존의 현몽을 받고 부랴부랴 달려온 처지입니다. 한데 이곳에 당도해보니 아닌 게 아니라 집 전체가 요기妖氣로 가득 차 있고, 홍 도령의 얼굴을 보니 죽음의 그림자가 깃든 지 이미 오랩니다. 장차 이 일을 어찌하면 좋겠습니까?"

회정 스님의 얘기를 듣자 해월은 순간 천지가 무너지는 듯 눈앞이 캄캄해졌다. 귀는 막혀 아무것도 들리지 않았고 눈에는 안개가 서린 듯 아무것도 보이지 않을 뿐 아니라 멀어져 가는 의식을 가까스로 되돌려 정신을 차리려고 안간힘을 써야 했다. 겨우 정신이 들자 해월은 조용히 스님에게 물었다.

"스님, 대단히 고맙습니다. 말씀 중에 숙화가 있다고 하셨는데 그것이 무엇이옵니까?"

"숙화라 함은 이미 정해져 있는 화근을 말하는 것입니다. 말하자면 태어날 때부터 이미 앙화殃禍가 깃들어 있다는 뜻입니다. 따라서 숙화를 지닌 사람은 천명을 다할 수가 없는 것입니다."

그러니까 홍 도령은 태어날 적부터 이미 천명을 다할 수 없는 숙명을 지니고 났다는 것이고, 그 원인은 알 수 없는 하늘의 섭리라는 것이었다.

"하오면 우리 준은 그 명命을 어느 정도까지 지탱할 수가 있겠사옵니까, 스님."

회정 스님은 잠시 눈을 감고 명상에 잠겨 있다가 조용히 눈을 떴다.

"말씀드리기 대단히 죄송하오나 도령의 수명은 7년이 한이옵니다."

7년이라면 바로 그해였다. 해월은 회정 스님을 붙잡고 애원했다.

"스님, 부처님께서 그와 같은 현몽을 하셨다면 스님께 우리 준을 살릴 수 있는 방법이 있어 현몽하신 것 아니겠습니까? 제발 어린것을 불쌍히 여기시고 홍씨 가문의 대代를 잇도록 우리 준을 살려주십시오. 예로부터 죽는 것을 아는 사람은 살릴 수도 있다고 했습니다. 부처님의 소맷자락을 붙잡고 애원을 하는 한이 있어도 꼭 한 목숨 살려주십시오, 스님……."

해월은 눈물을 쏟으며 회정 스님에게 매달렸다. 잠시 눈을 감고 생각에 잠겼던 스님이 입을 열었다.

"내일 새벽에 보국사 대웅전大雄殿으로 나와 부처님 앞에서 방법을 생각해보기로 하시지요."

회정 스님은 그 말을 남기고 돌아갔다. 다음 날 새벽 보국사를 찾아간 해월은 회정 스님의 안내를 받아 대웅전에서 부처님을 배례拜禮하고 스님으로부터 홍준을 살릴 방도를 들었다.

"어제 소사召史께 말씀드린 바와 같이 도령은 숙화를 지고 있기 때문에 천명을 다하지 못함을 면할 수는 없습니다. 하지만 단 한 가지 소사께서 모진 마음을 가지시고 소승이 시키는 대로 하신다면 혹 살릴 수 있을는지 모르겠습니다."

해월은 아들을 숙화라는 무서운 운명에서 살릴 수만 있다면 무슨 일이든지 서슴지 않겠다고 대답했다.

"소사께서 그러한 각오가 계시다면 말씀을 드리겠습니다. 도령을 내년 봄까지 이곳 보국사에 있도록 소승에게 맡기십시오. 몸에 화를 지니고 있는 사람은 하루 세 번씩 부처님께서 그 요기妖氣를 뽑아내도록 속세와의 인연을 끊어야 합니다. 그 대신 한 달에 한 번씩 보름날에 고개턱으로 소승이 도령을 업고 나갈 것이옵니다. 거기서 만나보도록 하십시오."

결국 한 달에 한 번씩 보국사로 들어가는 것대산 고개턱에서 아들을 만나보기로 약정하고 해월은 스님에게 아들을 맡겼다. 홍준을 절로 데려가며 회정 스님은 한 가지 꼭 지켜야 할 일을 당부했다.

"매월 보름날 것대산 고개 중턱에서 도령을 만나보시게 될 때 절대로 고개턱을 넘지 말아야 합니다. 고개턱은 속세와 연화계蓮華界의 경계점입니다. 요기를 쫓아내는 도령의 세계에 들어와서는 안 된다는 얘깁니다. 명심하도록 하십시오."

홍림의 유복자 준準의 운명

그로부터 해월은 보름날이 오기를 일각이 여삼추로 기다리게 되었고, 보름날 오시午時에 것대산 고개턱에서 아들을 만나는 일만이 삶의 전부가 되었다. 홍준이 보국사로 들어간 지도 어언 두 계절이 지나 늦은 가을로 접어들었다. 이제 앞으로 겨울만 넘기면 숙화에서 풀린 아들을 데려올 수 있는 것이다. 초겨울의 스산한 바람이 옷깃을 움츠리게 하는 동짓달 열나흗날 밤, 해월은 내일 만날 아들을 생각하느라 잠을 이루지 못했다. 엎치락뒤치락 잠을 설치다가 새벽녘에야 겨우 잠이 들었는데, 몹시 괴이한 악몽에 시달리다가 소스라치게 놀라 잠에서 깼다. 해월은 아들 신상에 무슨 변고라도 있는 것이 아닌가 걱정이 돼서 견딜 수가 없었다. 오시도 되기 전에 일찌감치 것대산 고개턱으로 달려간 해월은 스님이 홍준을 업고 오는 모습을 눈이 빠지게 기다렸다. 시간은 어찌 이다지도 더디 가는가, 아들에게 무슨 변고가 생겨 못 오는가, 온갖 추측의 진흙탕 속에서 자꾸만 마음이 보채였다. 순간 해월은 보국사로 향하는 길을 가로막은 것대산 기슭의 구부러진 길을 돌아보고 싶은 마음을 참을 수 없게 되었다. 마침내 해월은 아들이 보고 싶다는 단 한 가지 생각에만 빠져 뒤돌아볼 겨를도 없이 걸어나갔다. 회정 스님과의 약속을 어긴 것이다.

그 무렵 보국사에서는 회정 스님이 홍준을 데리고 나갈 채비를 차리고 있었다. 그런데 갑자기 괴이한 예감이 느껴져 스님은 허탈한 눈빛으로 남쪽에 솟은 것대산을 바라보았다. 그 얼굴에는 한없이 슬픈 빛이 서려 있었다. 그때 수행승 하나가 황급히 스님 쪽으로 달려왔다.

"스님, 홍 도령이 못가에서 놀다가 발을 헛디뎌 물에 빠졌는데 그만 숨을 거두고 말았습니다. 이 일을 어쩌면 좋습니까?"

그러나 회정 스님은 이미 모든 것을 알고 있는 얼굴이었다. 회정 스님에게서 사랑하는 아들의 시체를 넘겨받은 해월에게는 아무것도 보이지 않았다. 하늘이 무너진 것이다. 해월은 스님과의 약속을 어기고 금한 일을 범한 스스로의 경망함과 약한 의지를 탓하고 후회했으나 돌이킬 수 없는 일이었다.

"하늘이 정한 일을 사람의 힘으로 막는다든가 고쳐보겠다는 것은 정말 어려운 일입니다. 이제 모든 것이 하늘의 뜻이요, 부처님의 섭리로 아시고 마음을 편히 갖도록 하십시오. 홍 도령은 부처님의 대자대비하신 그늘에서 극락을 누리게 될 것입니다. 나무 관세음보살……."

해월은 눈물을 거두었다. 그리고 다시는 울지 않았다. 회정 스님의 도움을 받아 명산에 들어가 아들을 화장하고 그 뼛가루를 백강에 날렸다. 그 후 해월은 일절 바깥출입을 하지 않고 있다가 홍림의 제삿날에 향불을 피워 들고 남편의 무덤을 찾아갔다. 소복 차림의 해월은 노을이 붉게 타는 저녁에 무덤 앞에 이르러 세 번 절하고 나서 조용히 묘 앞에 앉아 나직이 고했다.

"나리, 이제 모든 것이 정리가 되었나 보옵니다. 무신년 3월 보름날 나리가 세상을 하직하신 지 꼭 일곱 해가 되었습니다. 소첩은 그날 밤 나리께서 일러주신 유언에 따라 준(準)을 키워 홍씨 가문의 핏줄을 이으려고 성심껏 집안일을 돌보았습니다. 그러나 본시가 우둔한 탓으로 스스로의 마음을 누르지 못하여 귀중한 어린 목숨을 잃게 하였으니 무슨 낯으로 나리 가문에 눌러앉아 있을 수가 있겠습니까? 이제 모든 죄과를 씻고 나리 곁으로 돌아가 전생의 잘못을 뉘우칠까 합니다."

조용히 말을 마친 해월은 미리 준비해 온 은장도를 뽑았다. 이때 해월의 나이 서른셋이었다.

그 뒤 영조 14년에 목천(木川) 유생 민이혁 등이 조정에 이와 같은 사실을 알려 정각을 세우게 되었고, 그 열녀각이 표충사 안에 세워져 오늘에 이르고 있다.

이인좌의 난

영조 4년 정권에서 배제된 소론과 남인의 과격파가 연합해 무력으로 정권 탈취를 기도한 사건이다. 이인좌가 중심이 되었기 때문에 이인좌의 난이라고 하며, 무신년에 일어났기 때문에 무신란이라고도 한다. 경종이 세자 때부터 질환이 심했으므로, 숙종은 세자의 왕위 계승을 우려해 이이명(李頤命)에게 연잉군(延礽君, 뒤의 영조)을 은밀히 부탁했다. 경종이 재위 4년 만에 죽고 세제(世弟)인 영조가 왕위를 계승하자, 자신들의 정치적 지위를 위협받게 된 과격 소론 측은 남인들을 포섭해 영조와 노론의 제거를 계획했다.

청주인 이인좌를 대원수로 한 반군의 반란은 청주성을 함락함으로써 시작되었다. 반군은 병영을 급습해 충청 병사 이봉상 등을 살해하고 청주를 장악한 뒤 권서봉을 목사로, 신천영을 병사로 삼고 여러 읍에 격문을 보내 병마를 모집하고 관곡을 풀어 나누어주었다. 그들은 경종을 위한 복수의 기(旗)를 세우고 경종의 위패를 설치해 조석으로 곡배했다.

이인좌가 창의사 박민웅(朴敏雄)에게 체포되자 반군 세력이 소멸되었다. 영조는 폐쇄적인 인사 정책 때문인 것을 알고 탕평책을 실시했다.

홍림

조선 후기의 의사(義士)로 영조 3년 충청도 병마절도사 이봉상에 의해 청백함이 인정되어 막료가 되었다. 이인좌의 난으로 청주성이 함락되고 이봉상이 잡힌 다음 죽임을 당하자 그는 자신이 절도사라 하며 반란군을 꾸짖었다. 반란군이 그를 충신이라 칭찬하고 후일 자손들을 녹용(錄用)하겠다고 하자, "나는 아들도 없거니와 있다 해도 너희 같은 역적 놈의 부하로 쓰이게 할 수는 없다"라고 말하고 죽었다. 조현명(趙顯命)의 주청으로 청주기(淸州妓) 해월이 낳은 그의 아들 홍준이 면천(免賤)되었다.

목숨으로 말하는 전계심

  조선 정조 때 춘천에 전계심全桂心이라는 아리따운 처녀가 살고 있었다. 용모가 아름다울 뿐 아니라 마음씨 또한 생김새와 같이 온아하고 청정하여 향리 사람들의 사랑과 칭송을 독차지했다. 그러나 집안이 미천한 까닭에 전계심은 남들처럼 고이 자랄 수 없었고 어린 몸으로 기적妓籍에까지 몸을 던져야 하는 가련한 신세로 전락하고 말았다.

비록 기생이 되긴 했으나 천성이 청결하고 온화한 계심은 몸과 마음을 단정하게 가져 누구나 칭찬을 아끼지 않았다. 이러하다 보니 다행히도 계심은 열일곱 살에 기적에서 이름을 지우고 부사 김처인金處仁의 집으로 들어가 단란한 살림살이를 하게 되었다. 지긋지긋하기 짝이 없는 기생 생활에서 벗어나 자유의 몸이 되고, 더구나 이상에 맞는 남편과 새살림을 차리게 된 계심은 행복에 겨워 온갖 정성과 헌신으로 남편을 섬기고 살림을 꾸려가기에 여념이 없었다. 그러나 호사다마라고, 이들 부부의 단꿈도 얼마 못 가 허물어지고 말았다. 계심의 부모가 남의 꼬임에 빠져 딸을 한양의 기방妓房에 입적시킨 것이다.

사랑하는 지아비 김 부사와 생이별을 해야 하는 계심의 안타깝고 쓰라린 마음은 이루 형언할 수가 없었다. 몸과 마음을 다시 더럽히고 추호도 마음에 없는 화류계의 나락으로 떨어져 들어가니 당장에 자결이라도 하고 싶은 심정이었다. 하지만 부모님이 저지른 일이라 거역할 수도 없었다.

계심의 굳은 절개

김 부사와 억지 생이별을 하고 한양 기방에 나가 또다시 기생이 된 계심은 처음에는 불운한 제 신세를 한탄하고 죽음으로써 이 괴로운 세상을 청산하려 했다. 그러나 다시 뉘우쳐 생각할 수밖에 없었다. 태중에는 이미 사랑하는 지아비 김 부사와의 사이에서 새 생명이 꿈틀대고 있었고, 또 제 목숨을 끊어 모든 일이 순조롭게 해결되면 모르겠거니와 오히려 또 다른 거센 풍파를 부모님께 몰아다 주어 누를 끼치게 될 것을 생각하니 이럴 수도 저럴 수도 없었다.

'장차 이 일을 어찌한단 말인가.'

신통한 대답을 해줄 사람은 자기 자신밖에 없음을 깨달은 계심은 비장한 각오를 했다.

'어떻게든 굳세게 살아가자. 그러면 반드시 행복을 되찾을 날이 올 것이다.'

그 뒤로 계심은 장도와 약을 몸 깊숙이 지니고 다니며 항상 신변을 경계했다. 그러나 계심은 화류계에 매인 몸이니 수많은 남자 손님의 희롱과 유혹을 받을 수밖에 없었다. 더군다나 자색이 남다르고 마음씨 곱고 절개 굳은 계심을 한번 대해본 남자들은 너도나도 앞을 다투어 금전으로 꾀어도 보고 세력으로 위협도 하곤 했다. 계심을 찾는 손님들은 언제나 들끓었다.

계심의 소문은 퍼지고 퍼져서 어느덧 그녀는 장안의 인기를 독차지하기에 이르렀다. 그럴수록 인물 잘나고 풍채 좋은 호걸 남아와 부모 유산으로 손톱 하나 까딱하지 않고 주사청루만을 찾아드는 탕아들, 백수건달과 무뢰배도 긴 줄을 이었다. 그중에서도 가장 증오스러운 것은 계심의 정조를 강제로 한번 꺾어보려고 모여드는 악질적인 무뢰배였다. 이들이 거의 하루도 빠짐없이 찾아와 생트집을 잡는 등쌀에 계심은 정말이지 미칠 노릇이었다.

하루는 모처럼 조용한 틈을 타 계심이 혼자 있는 것을 알고 한 무뢰배가 찾아와 살을 나눌 것을 강요했다. 어림도 없는 소리였다.

"아무리 주사청루에 있는 몸이기로서니 어찌 그런 모욕적인 말씀을 함부로 하십니까? 저는 비록 운명이 기구하여 이런 신세가 되었지만 삼강오륜을 알고 또 어엿한 지아비가 있는 몸입니다. 그런 말씀 두 번 마시고 고이 돌아가십시오."

점잖으면서도 논리 정연한 계심의 말을 들은 무뢰배는 도저히 뜻을 이룰 수 없음을 간파하자 갑자기 맹수처럼 달려들어 완력과 폭력으로 기어이 뜻을 이루고야 말았다. 미친 자의 폭력에 한 떨기 꽃은 무참히 떨어졌다. 기절했던 계심은 겨우 제정신이 들었을 때 갈기갈기 찢어진 치마폭에 산산이 흐트러진 머리, 뜯긴 저고리 고름 사이로 드러난 제 가슴을 보고는 또 한 번 까무러칠 뻔했다. 계심은 한없이 울었다. 울고 또 울었다. 울수록 통분은 극도에 달해갔다. 강탈의 굴욕과 수치를 당하고 배 속의 아이까지 잘못되었던 것이다.

"이렇게 죄를 짓고 사느니 차라리 죽는 것이 설분 설욕하고 속죄하는 길이다."

비장한 결심을 한 계심은 남편인 김 부사에게 애절한 사연을 담은 유서를 써놓고, 무뢰배에게 잡혔던 머리채와 양 젖가슴을 지니고 다니던 장도로 잘라버리고는 음독 자결했다.

한편 김 부사는 계심과 생이별을 당한 후 항상 그녀에 대한 그리움에 사로잡혀 매일 잠을 이루지 못했다. 그러던 어느 날 밤 꿈에 계심이 유혈이 낭자한 모습으로 나타나 눈물을 흘리면서 애원했다.

"여보, 나는 이렇게 되었습니다. 부디 당신이 계신 고향으로 절 데려가 주세요."

꿈에서 깨어난 김 부사는 너무도 해괴한 일이라고 생각하여 날이 새기만을 기다렸다. 김 부사는 동이 트자 한양으로 곧장 달려갔다. 계심의 집에 당도해보니 아니나 다를까 계심은 꿈에서 본 대로 처참하게 죽어 있었다. 아찔할 뿐이었다. 사건의 전말을 다 알고 난 김 부사는 오열하면서 이 사실을 관가에 고했다. 김 부사는 계심의 시체를 수습해 그녀의 고향인 춘천으로 운구하여 소양강이 내려다보이는 봉의산록에다 예를 다해 장사 지냈다.

후일 이 소식을 들은 춘천 순찰사 이 아무개는 계심의 절개를 가상히 여겨 그녀의 집에 정문을 세워주었다. 또 군수는 그녀의 무덤 앞에다 '절기계심순절지분節妓桂心殉節之墳'이란 여덟 글자를 새긴 비석을 세워 후세에 귀감이 되게 했다. 비명은 박중범이 짓고 글씨는 유상윤이 썼다. 정조 21년 병진 5월이었다. 이 비석은 현재 소양강 변 봉의산 기슭에 옮겨져 있다.

  제1회 춘천 개나리 문화제 때 계심의 정절을 기리기 위해 춘천 시내 접객업소 여인들이 등불을 들고 시가행진을 했다.

책방 황규하와 만향의 절개

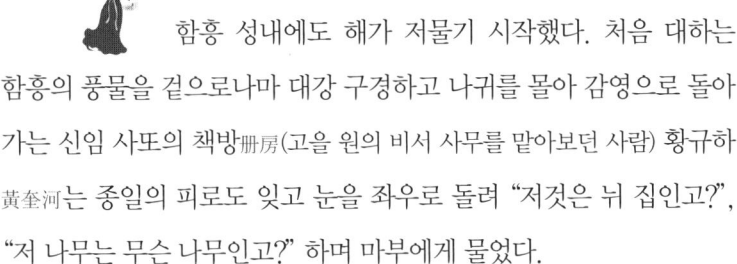 함흥 성내에도 해가 저물기 시작했다. 처음 대하는 함흥의 풍물을 겉으로나마 대강 구경하고 나귀를 몰아 감영으로 돌아가는 신임 사또의 책방册房(고을 원의 비서 사무를 맡아보던 사람) 황규하黃奎河는 종일의 피로도 잊고 눈을 좌우로 돌려 "저것은 뉘 집인고?", "저 나무는 무슨 나무인고?" 하며 마부에게 물었다.

"네, 그것은 이 성내 제일가는 부자 아무개의 집이올시다."

마부는 일일이 묻는 대로 대답을 하며 어슬렁어슬렁 나귀를 몰았다. 연못 모퉁이를 막 돌아서자 젊은 여자 하나가 부지런히 이쪽을 향해 오는 것이 황규하의 눈에 띄었다. 차림으로 보아 여염집 여자 같지는 않았으나 어디인지 탈속한 태도가 있어서 시골에도 저런 여자가 있을까 하는 의심이 났다. 점점 가까이 올수록 그 선연한 자태가 짐짓 남자의 마음을 끌게 하는지라 황규하는 눈을 돌리지 않고 바라보고 있다가 "저게 기생일까?" 하고 마부에게 물었다.

"기생이올시다. 기생 중에서도 유명한 기생이올시다."

"유명한 기생? 누구인고?"

마부가 누구라고 대답을 하려고 할 때 벌써 그 여자와 나귀 사이는 가까워졌다. 여자는 황규하를 한번 쳐다보고서 나귀 앞에 와서 공손히 인사를 했다.

"이름이 무엇인고?"

"만향晩香이올시다."

그러고 보니 기생을 점고할 때 얼굴을 본 것도 같았다.

"만향이! 이름이 좋구나. 더욱이 지금은 저녁때요, 내가 구경을 하고 돌아가는 길에 너를 만났으니 우연치가 않구나. 허허!"

술도 좀 취했고 기분도 호탕해진 판이라 황규하는 이렇게 말하고 껄껄껄 웃었다.

만향은 얼굴을 숙이고 길옆에 말없이 서 있었다.

"우연치 않은 인연인 듯하니 나중에 내가 너를 부르련다. 책방 수청을 들어봄이 어떻겠느냐?"

이 말에 만향은 얼굴에 붉은빛을 띠며 다시 한 번 황규하의 얼굴을 쳐다보았다.

"영令대로 하오리다."

가늘고 명랑하게 흘러나오는 목소리는 옥이 굴러가는 듯이 고왔다.

"그러면 다음에 만나자. 늦었으니 그만 돌아가라."

황규하는 이렇게 말하며 만향을 돌려보내고 다시 나귀를 몰았다. 만향은 인사를 하고 한참 동안 서서 책방의 뒷모양을 바라보다가 집으로 돌아갔다.

"그 애가 유명한 기생이라고 했것다."

"함흥에서는 유명한 기생이올시다. 얼굴이 예쁘고 글 잘하옵고 노래 잘하옵고 춤 잘 추옵고……."

"허, 그놈 왜 그리 잘하는 게 많느냐!"

"그뿐인가요. 또 유명한 게 많지요."

"무언고?"

"놀이에 부르면 안 오기로 유명하옵고 찾아가면 안 보기로 유명하옵고 칭병하기로 유명하옵고 예를 보내면 안 받기로 유명하오이다."

"그건 모두 좋지 않은 유명이로구나."

"성내 난봉꾼들이 다 만향이와 한번 놀기를 원해도 이리 핑계 저리 핑계 하고 도무지 만나지 않습니다. 그래서 도도한 년이니, 양반 기생이니 하고 욕들을 합니다."

"기생이 그러면 욕먹기 쉽지."

황규하는 이렇게 말하면서도 속으로는 더욱 마음에 들었다.

황규하와 만향의 사랑

황규하는 날이 어둑어둑해진 뒤에야 감영으로 돌아왔다. 침방에 들어와서도 어쩐지 만향의 모습이 눈에 선했다.

"드물게 보는 인물인걸."

그의 입에서는 이런 말이 흘러나왔다. 황규하는 감사를 쫓아 여러 고을로 돌아다니며 기생도 많이 구경했지만 오늘 본 만향만 한 인물은 흔치 않았다. 그도 수신하는 군자이므로 여자를 그리 가까이하지는 않았으나, 어쩐지 만향은 한 번 보고서도 마음에 잊히지가 않았다. 책방 황규하가 만향을 못 잊어 하고 있는 것과 마찬가지로 만향도 길에서 황규하를 보고 집으로 돌아가서 여러 가지로 머리가 산란했다.

만향은 시율에 능하고 가무에 장하며 뛰어난 재주와 드문 얼굴을 가졌으므로 성내의 방탕한 인물들은 혹은 돈으로 혹은 글로 혹은 정성으로 그녀의 마음을 사려고 했으나 어느 하나 만향의 눈에 드는 것이 없어서 모두 퇴짜를 맞았다.

"너 그러다가 봉변당하면 어떻게 하니?"

그녀의 어머니는 만향이 걱정되었다. 그러나 만향은 "어머니, 기생도 여자가 아니에요? 누구든 한 사람을 섬겨야지 어떻게 뭇놈을 다 친할 수 있우" 하고 웃으며 말했다.

만향은 자기 몸을 바칠 만한 사나이를 관속 가운데서, 혹은 시정 탕아들 중에서 여러모로 물색해보았으나 이때까지 한 사람도 맘에 드는 사람이 없었다. 그러다가 이번 신관 도임 후 기생 점고妓生點考 때 그녀는 책방 황규하의 늠름한 풍채를 눈여겨보았다. 사내답고도 어딘지 덕이 있어 보이는 그 얼굴. 점고가 끝나 집으로 돌아온 뒤에도 그를 그려보았다. 그랬는데 이날 우연히 외출했다가 집으로 돌아오는 길에 황규하를 만나고, 또 희롱하는 말인지 진정인지는 모르나 수청을 들리겠다는 말까지 듣고 돌아오니 만향의 가슴은 공연히 울렁거리고 기쁘기도 하고 이상스러웠다.

만향은 머리 쪽을 네다섯 번이나 고쳐 찌고 옷을 몇 번씩 갈아입으며 맵시를 이리 보고 저리 보고 했다. 이를 본 어머니가 이상히 여겨 물었다.

"무슨 일이 있느냐?"

"수청을 들러 가요."

"우리 집이 처음 당하는 일이로구나. 이번에는 왜 거절 안 했누? 책방 나리가 이쁘던 모양이지?"

만향은 얼굴을 붉혔다. 만향은 단장을 하고 그중 맘에 드는 옷을 내 입고 감영 안으로 들어갔다. 만향은 위엄 있게 앉은 황규하 앞에 나가서 나직이 절하고 조용히 앉았다.

"글을 배웠는가?"

한참 만에 황규하는 비로소 입을 열었다.

"조금 배웠습니다."

"가무도 능하다는 말을 들었다만."

"흉내를 좀 낼 줄 알 뿐입니다."

"전에 수청을 든 일이 있는가?"

"없습니다."

"음."

황규하는 고개를 끄덕이더니 말했다.

"듣자 하니 네 지조가 높다던데."

"황송합니다. 천기에게 무슨 지조가 있겠습니까마는 옛 성현의 말씀에 열녀는 두 남편을 섬기지 않는다 하옵고, 저희 같은 무리에게 열녀란 말은 당치 않사오나 소기小妓도 성현의 말씀을 받들고저 생각하고 있습니다."

황규하는 속으로 은근히 경탄해 마지않았다.

"나의 수청을 일언에 선뜻 승낙함은 거절할 수 없는 사정 때문이 아닌가? 너의 뜻을 내가 억지로 굽히는 것도 일이 아니니 마음에 없으면 지금이라도 돌아가는 것이 좋겠다."

만향은 그 말에 얼굴을 약간 붉히고 아무 말도 않고 있다가 입을 반쯤 열고 말했다.

"만승천자萬乘天子의 자리에서 세상을 호령하는 권세를 갖고도 한 사람의 마음을 빼앗지 못한다 하거늘 소기가 나리께 몸을 바칠 마음이 없었다 하오면 어찌 권세가 두려워서 명을 받들기로 하겠사오리까. 아직 저의 마음을 모르시는 것 같습니다."

만향의 태도가 애련하고 어여뻐서 황규하는 극도로 감동하여 사랑하는 마음이 샘솟았다. 이런 일이 있은 후로 만향은 늘 책방의 수청을 들었다. 하루, 이틀, 한 달, 두 달, 세월이 갈수록 두 사람의 정은 깊어 갔으며 그 후로 만향은 놀음에 부름을 받아도 전혀 나가지 않고 여염집 부인과 같이 몸가짐을 삼갔다. 그러자 그녀에게 마음을 두고 있던 사람들도 모두 단념을 하고 그녀를 대하기를 남의 집 부인 대하듯 했다. 이럭저럭 세월이 흘러 1년이 지나가고 또 한 해가 지나갔다.

이해 가을에 나라에서는 함흥 감사에게 경기 감사로 전임하라는 칙지를 내렸다.

황규하는 아무것도 모르고 수청 들러 들어와서 희희낙락하며 이야기하는 만향에게 이 소식을 전했다. 만향은 눈앞이 캄캄해지고 정신이 아득해져 고개를 푹 수그리며 말이 없었다.

"너무 그리 실심하지 말라. 나중에 너를 한양으로 데려갈 터이다."

"말씀은 그리하오시나 한번 가시면 다시 이 몸을 생각이나 하시겠습니까?"

"무슨 말을 그렇게 하느냐? 내 집이 작은들 너 하나를 용납 못 하며 내졸한 사나이지만 너 하나를 더 못 거느리겠느냐? 한양 가서 형편 되는대로 너를 데려갈 터이니 기다리고 있거라."

황규하도 마음이 좋지 않아 만향의 머리를 쓰다듬으며 위로했다.

"지금까지 천한 이 몸을 그처럼 사랑해주신 것도 과하온데 이 위에 무엇을 더 바라겠습니까? 나리께서도 그만하시면 저의 마음을 아시 겠지만 맹세코 나리께 바친 이 몸을 다시 다른 사람에게 허락하지 않 을 것입니다. 나리께서 소첩을 한양으로 부르신다 하지만 그 일이 쉽 겠습니까? 한번 가시오면 다시 뵈옵기는 어려울 것이오니 어쩌면 이 것이 영원한 이별이 되는지도 모르겠나이다. 나리께서 떠나가신 후에 나리를 대하는 듯 두고 보겠사오니 나리의 머리카락 몇 개만 뽑아주 시옵소서."

이렇게 말하며 만향은 옷고름으로 흘러내리는 눈물을 닦았다.

황규하는 머리카락 열 개를 뽑아서 만향에게 주었다.

"옛다, 네가 그리 말하니 나 보는 듯 두고 보아라. 그러나 너무 마음 을 상치 말라."

만향은 머리카락을 손수건에 고이 싸서 간수하며 말했다.

"나리, 이 몸은 이제 생과부로 늙어 죽는 몸이오니 댁에 가시어 영 화 보시고 재미 보실 때마다 이 몸을 잊지나 말아주십시오. 어떠한 일 이 일어나더라도 이 몸은 나리를 위해 수절하겠습니다."

신관 감사의 수청

황규하는 만향과 이별하고 한양으로 떠났다.

신관이 부임하고 모든 절차를 시행하는 데 따라 기생 점고도 행하게 되었다. 이별에 상한 가슴을 안고 만향은 다른 영기營妓들과 함께 점고에 참예했다. 흐트러진 머리를 그대로 쓰다듬고 단장도 아무렇게나 하고 수수한 옷으로 현신하는 만향의 모양은 도리어 신관 사또의 주목을 끌게 했다. 얼굴에 수색을 띠고 힘없이 나오는 그 태도는 애련하고도 한층 더 어여쁘기 짝이 없었다.

〈신관도임연회도〉. 고을에 사또가 새로이 부임하면 그 지역 기생들의 수효를 조사하는 기생 점고가 행해졌다. 이때 신관의 눈에 드는 기생은 수청을 들 것을 요구받기도 했다.

만향이 기안에 참명한 뒤로 이번 감사가 세 번째였는데 그동안 수청이라고는 황규하가 처음이었다. 그런데 신관 감사가 만향에게 수청을 들라 하니 천지가 아득했다. 그녀의 뜻은 이미 정해졌고 황규하 외에 자기의 몸을 허락할 사람은 이 세상에는 없는 것이다. 감사의 수청을 들 수는 없었다.

만향은 머리를 싸매고 드러누워서 이리저리 생각해보았으나 모면할 도리가 없었다. 관기는 감영에 매인 몸이라 감사의 말을 안 들으면 죽음의 길밖에 없는 것이다.

만향은 우선 급한 대로 병을 핑계로 머리도 안 빗고 감영에 들어가서 감사에게 지금 병이 있어서 조리를 해야겠으니 열흘만 여유를 달라고 간청했다. 처음 보고 두 번째 대하는 만향의 자태는 볼수록 감사의 마음을 끌었다.

감사는 "그러면 한 열흘 조리하고 오너라" 하고 허락을 하고 동시에 옷을 해 입으라고 돈 열 냥을 주었다. 만향은 그것을 받지 않으려고 사양했으나 감사는 꾸짖으며 억지로 쥐여주었다.

열흘 기한이 지나도 좋은 방도를 생각하지 못한 만향의 모습은 몹시 초췌하여 중병을 앓고 난 사람 같았다. 감영에 안 들어 갈 수도 없는 일이므로 만향은 옷을 갈아입고 머리를 아무렇게나 빗고 감영으로 들어가 감사를 만났다.

"대단하였던 모양이로구나, 얼굴이 이 모양이 되었으니. 이제는 괜찮으냐?"

만향이 들어온 것을 보고 감사는 기뻐하며 이렇게 물었다.

"좀 나았습니다만 그래도 열이 있고 몸이 아직 쾌차하지 않았습니다."

만향이 이렇게 말한 것은 또 며칠 기한을 두기 위해서였다. 그러나 그녀가 말을 계속하려고 할 때 감사는 "병이 아직 쾌차하지도 않았는데 날짜를 어기지 않으려고 이렇게 들어오다니, 네 정성이 참 기특하구나" 하더니 통인을 불러서 술상을 차려 오라고 명했다. 술상이 나오자 한 잔 두 잔 술에 취해 감사는 체면도 없이 만향의 손을 만지고 얼굴을 쓰다듬으며 희롱을 했다.

"날이 늦었사오니 오늘은 그만 돌아가게 하여주십시오. 다음날 다시 들어와 모시겠습니다."

"뭐라고? 그러면 오늘은 뭣 하러 들어왔단 말이냐?"

"오늘까지 날짜를 주셨사옵기에 들어왔사오나 아직 몸이 완쾌치 못하와……."

"듣기 싫다! 너는 나를 농락하는 것이냐!"

"죄송합니다. 그런 것이 아니오라 실상은 몸이……."

"그래도!"

감사는 소리를 버럭 질렀다. 만향은 그만 말문이 콱 막히고 말았다.

"죽을병이 아닌데 수청쯤 못 들을 것이 무엇이냐! 중병이 아닌데도 열흘이나 조리하게 허락한 것은 너를 특히 생각해줌이거늘 작은 계집이 방자하구나. 그 죄를 어찌할 테냐?"

만향은 아무 말도 못 하고 눈물만 뚝뚝 떨어뜨렸다. 감사도 한참 동안 말이 없다가 언성을 낮추어서 부드럽게 달랬다.

"네가 내 뜻을 받아서 안 될 일이 무엇 있느냐? 공연히 쓸데없이 고집 말고 예서 쉬고 나가라."

만향은 뜻을 받을 듯이 더 말하지 않고 앉아 있었다.

"이렇게 어여쁜 사람이 왜 그리 고집이 세어."

감사는 만향의 뺨을 쓰다듬으며 웃었다.

"너 전에 수청 든 일이 있느냐?"

감사가 갑자기 물었다.

"네, 있습니다. 전번에 책방 나리의 수청을 들었습니다."

"호남자이더냐?"

"네, 마음이 어지셨습니다. 소기는 그분을 위하여 수절하기로 하였습니다."

"수절? 수절이라니, 기생 수절이란 전고에 들어보지 못하던 일이로구나."

"그러하오나 기생이라고 어디 다 그러하옵니까?"

"아서라 아서, 허리 부러지겠다."

감사는 크게 웃었다. 만향은 말해야 쓸데없는 일이라 더 말하지 않았다. 밤이 어지간히 깊어지자 만향은 금침을 펴놓고 "그만 취침하시지요" 하며 자기도 저고리를 벗고 치마끈을 끌렀다.

"그래, 그만 자볼까?"

"잠깐 소피 하고 들어오겠습니다."

감사는 곧 들어오려니 하고 기다리고 있는데 들어올 때가 지나도 만향은 소식이 없었다.

"애가 왜 이리 뒤가 더딘가."

감사는 기다리다 못해서 문을 열고 밖을 살펴보다가 "어딜 갔어?" 하고 다시 들어와 누웠다. 그러나 암만 기다려도 만향은 들어오지 않았다.

"그 참 이상한 일이다."

감사는 점점 이상한 생각이 들어 소리를 질러서 통인을 불렀다.

"뒷간에 가서 만향이 있나 보고 오너라."

통인은 나갔다가 한참 만에 돌아오더니 뒷간에는 아무도 없다고 말했다. 감사는 통인에게 다른 곳을 찾아보라고 내보냈으나 역시 만향을 찾지 못하고 되돌아왔다.

"이년이 그냥 집으로 도망을 갔구나?"

감사는 화를 내며 사령들을 불러서 만향의 집에 가서 그녀를 잡아오라고 호령했다. 그리고 한편으로 감영 안을 샅샅이 뒤져보라고 명했다. 얼마 만에 돌아온 그들은 모두 찾아보았으나 어디에도 그녀가 없다고 보고했다. 만향의 집에 갔던 사령들도 그대로 돌아와서 말하기를, 집에서는 만향이 감영에 들어간 후 돌아오지 않았다고 대답하더라는 것이었다.

"또 다른 곳에 갈 만한 데가 없겠느냐?"

감사는 화가 머리끝까지 치밀어서 소리를 지르며 호령했다. 사령들은 어찌할 줄을 몰라서 공연히 들락날락하며 이곳저곳에 가보곤 했으나 만향의 그림자조차 찾을 길이 없었다.

"그년이 기어코 나를 속였구나. 능지처참을 할 년 같으니. 그년 참 큰일 저지를 년이로구나. 내일 그년을 잡아다 주리를 틀리라."

감사는 펄펄 뛰며 만향이 곁에 있으면 금방 태질이라도 칠 듯이 야단을 부렸다. 그러나 만향은 밤새도록 돌아오지 않았고 감사는 분해서 씩씩거리다가 그대로 잠이 들고 말았다.

우물에 빠진 만향

이튿날 아침에 하인 하나가 선화당 앞에 있는 우물로 물을 길러 나갔다. 그가 두레박을 우물 속으로 내려뜨리고 물을 푸려고 하는데 어쩐 일인지 두레박에 물이 담기지 않았다. 이상히 여겨 우물 속을 들여다보니, 물은 없고 여자 하나가 우물 밑에 웅크리고 앉아 있었다. 그는 깜짝 놀라서 소리를 지르고 나자빠졌다. 어제저녁에도 확실히 우물에는 물이 하나 가득했는데 물은 없고 사람이 들어앉았으니 이런 괴이한 일이 어디에 있겠는가. 그는 우물을 들여다보고 "게 누구요?" 하고 소리를 질렀다. 그 말에 우물 안에 앉은 여자가 얼굴을 들어서 위를 바라보았다. 그녀는 틀림없는 만향이었다.

"아, 만향이로구려. 이게 웬일이오?"

하인은 한층 놀라며 급히 안으로 들어가서 여러 사람을 불러 나왔다. 어제저녁에 그렇게 찾았던 만향이 우물에 빠졌다는 말을 듣고 여러 사람이 우물가로 왔다. 그리하여 밧줄에 바구니를 매어 우물 속으로 넣어서 만향을 끌어냈다. 그런데 이상한 일은 물기조차 없던 우물이 만향이 나오자 다시 전과 같이 물이 솟아 나와 우물에 가득 차는 것이었다.

"이게 웬일이냐?"

"참 이상한 일도 많다."

여러 사람은 모두 우물을 들여다보고 매우 신기하게 여겼다. 그들은 이 일을 곧 감사에게 고하는 한편 만향을 방으로 데려다 누이고 구호를 했다. 감사는 만향이 우물에 빠졌다는 말에 놀랐고, 물이 많던 우물이 만향이 빠지자 말라버렸다가 다시 그녀를 꺼낸 뒤에 전과 같이 되었다는 말에 다시 한 번 놀랐다. 하인들의 말에 의심을 품고 그가 스스로 우물에 가서 들여다보니 과연 물이 그득히 고여 있어서 빠지면 목숨을 건지기가 어려울 듯싶었다.

"그래, 그년이 살았더냐?"

이렇게 말하며 감사는 말없이 우물을 들여다보다가 다시 방으로 들어갔다.

"천하의 독한 계집이다."

그의 입에서는 이런 감탄의 말이 흘러나왔다.

어젯밤의 분노도 가시고 목숨을 내던져서까지 절개를 지키려 한 만향의 완고한 마음에 머리가 저절로 숙여졌다. 이는 사대부 집 여자로서도 어려운 일이었다.

감사는 기생이라 업신여기고 "기생이 수절이라니?" 하며 웃던 지난밤 일을 생각하고 스스로 부끄러워졌다. 그리고 우물물이 마른 일을 생각하니 이는 하늘이 만향의 절개를 지키고 그의 목숨을 구해준 것인 듯해 두려운 마음이 들었다.

다음 날 감사는 만향을 불러서 그녀의 절개를 지키려는 결심을 칭찬하고 다시 수청은 안 들릴 테이니 마음 놓고 몸조리하라며 돈 백 냥을 주어서 집으로 보냈다. 만향이 집으로 돌아온 뒤에야 그녀의 어머니는 비로소 딸이 정절을 지키려고 선화당 앞 우물에 빠진 일을 알고 딸을 붙들고 통곡했다. 이 소식을 들은 지인들은 모두 찾아와서 그녀를 위문하며 그녀의 굳은 절개를 칭찬했다.

이 뒤로 감사는 다시 만향을 찾지 않았으며 마음을 고쳐서 다른 기생도 수청을 들리지 않았다. 만향은 집에 들어앉아 효성을 다해 어머니를 섬기며 황규하와 이별할 때 청해 얻은 그의 머리카락을 하루 한 번씩 꺼내 보고 그를 그리워했다.

한편 황규하는 인편이 있을 때마다 보내는 만향의 문안 편지에 회답을 적어 보낼 뿐 그녀를 언제 데려가겠다는 약속 같은 것은 하지 않았다. 만향도 한양으로 가게 될 것은 바라지도 않고 다만 소식을 듣는 것으로만 위안을 삼았다.

만향의 절효

20년의 세월이 흐르는 동안 하루도 빼놓지 않고 만향은 날마다 황규하의 머리카락을 꺼내서 보고는 도로 넣고 도로 넣고 했다. 그런데 어느 날 아침에 그것을 펴보니 이상하게도 그 전날까지도 까맣던 머리카락이 하얗게 희어져 있었다. 만향이 뜻하지 않은 변화에 깜짝 놀라 어머니에게 말했다.
"어머니, 머리가 세어졌어요."
"머리가 세어졌어?"
"참 별일도 다 있어."
"그게 웬일이냐?"
만향의 머리에는 어떤 불길한 예감이 감돌았다.
"나리 신상에 무슨 언짢은 일이 있나?"
만향의 걱정은 태산 같았다.
"한양으로 사람을 보내볼까?"
이튿날 그녀는 편지를 적어서 사람을 한양으로 보냈다. 그리고 속히 그가 돌아오기를 기다렸다. 그런데 한양으로 보낸 사람이 돌아오기도 전에 만향에게 황규하가 죽었다는 부고가 왔다. 천만뜻밖의 부고를 받은 만향은 그대로 털썩 주저앉아 엎드려서 통곡을 했다. 생전에 한 번 더 보지도 못하고 이별한 생각을 하니 가슴이 미어지는 것

같았다.

 이튿날 만향은 어머니와 작별하고 한양으로 떠났다. 도착하니 장사는 이미 치른 후였다. 만향은 집으로 돌아가지 않고 황규하의 묘지로 갔다. 만향은 분묘 옆에 막을 짓고 거기서 3년을 지낼 결심을 했다. 보는 사람은 그녀의 뜻을 장하게 여겼으나 정말로 3년을 다 지낼 줄은 생각지 못했다. 그러나 만향은 처음 뜻을 굽히지 않고 눈이 오나 비가 오나 바람이 부나 꼬박 3년을 거처했다. 사람마다 모두 그녀를 절부라고 부르고 경탄했다.

 3년을 마치는 날 만향의 슬픔은 더 새로웠다. 이제는 누굴 바라고 살아야 하나 하는 생각이 복받쳐서 황규하의 뒤를 쫓으려고 했으나 집에 홀로 계신 늙으신 어머니를 생각하지 않을 수 없었다. 만향은 눈물로 분묘에 하직을 고하고 함흥으로 다시 돌아왔다.

 "어머니, 이 불효녀를 용서하십시오. 그동안 얼마나 쓸쓸하셨습니까."

 "너야말로 그동안 얼마나 고생하였느냐? 그러나 사대부 집 여자로도 못 하는 일을 네가 하고 왔으니 나의 마음이 기쁘구나. 나는 너를 남에게 자랑하고 싶다."

 만향은 어머니의 얼마 안 남은 여생을 조금이라도 편하게 보내시게 하리라 생각하고 그 뒤로는 정성을 다해 어머니를 받들었다. 그러나 1년쯤 지난 뒤에 어머니마저 병들어 작고했다. 그녀는 어머니를 장사 지내고 1년 동안 상식上食, 삭망朔望을 잘 지내다가 소기小朞가 임박해서는 더욱 비통해 마지않고 일절 곡기를 끊었다. 물 한 모금 입에 대지 않고 날마다 호곡만 하다가 소기 날 그대로 목숨이 끊어져서 세상을 떠나고 말았다. 나라에서는 그녀의 절효節孝를 아름답게 여겨 그녀의 집에 절효의 정문旌門을 세워서 표창했다.

만향의 집은 함흥 황금정黃金町에 있었는데 그 뒤 동리에 불이 나서 여러 집이 일시에 모두 불에 타버리고 말았다. 만향의 정문도 그때 타버렸으나, 후에 만세교萬歲橋 밑에서 정문의 현판만이 발견되어 만향의 종질, 가섬佳蟾이라는 여자가 황규하의 방손傍孫 되는 황인열黃仁悅의 힘을 얻어 만향의 집터에 정문을 세우니, 보는 사람마다 만향의 절효를 추모했다.

조선 시대 기생 교육

기생의 교육은 일정 나이가 지나거나 출산 등의 이유로 은퇴한 퇴기들이 주로 맡았다. 기생은 선배인 퇴기로부터 기본적인 춤과 노래, 시조 등을 배웠으며, 높은 관리를 대하는 예절도 배웠다. 또한 명확한 기록은 남아 있지 않으나 몇몇 춘화에는 나이 든 기생이 어린 기생들에게 성교육을 시키는 장면이 묘사되어 있다.
기생은 대개 소녀 시절부터 교육을 받으며, 15세가 되면 성년식을 치르고 본격적인 기생의 업무에 종사하게 된다. 20세가 넘어 활동하는 기생도 있었다고 하나, 20대 중반만 돼도 이미 '노기'로 취급받았다.

첫정의 낭군 따라 죽은 연심

 세종 임금 재위 시절의 일이다. 황해도 봉산 고을 다랑골이란 동리에 장인득이라는 선비가 살고 있었다. 장인득은 나이 스물을 넘은 지 벌써 다섯 해가 지났건만 집안이 가난하여 장가는커녕 정혼조차 못 한 처지였다. 밭뙈기 하나 없이 초가삼간에서 늙은 홀어머니를 모시고 사는 단 두 식구이나 집은 찢어지게 가난했다. 그래도 뼈대 있는 가문의 후손인지라 상사람처럼 굴 수도 없으므로 인득은 눈만 뜨면 해진 책을 펼치고 앉아서 낭랑한 목소리로 글을 읽는 것이 일과였다. 아들의 입신출세를 고대하는 노모의 성화가 불같았으므로 인득은 싫어도 책만 붙들고 있어야 했다.

"얘, 인득아, 너의 증조부는 우찬성을 지내셨고 할아버지는 승지를 제수받으셨다. 네 아버지 대에 이르러 가문이 몰락하여 이 꼴이 됐지만 그래도 그렇지 않으니라. 선비는 책을 읽어야 되고 우리 가문의 흥망이 너에게 달렸으니 부디 명심하여 장원급제를 하여야 된다."

"어머님, 어머님의 뜻을 어찌 소자가 모르겠습니까? 하오나 이놈은 편히 앉아 글을 읽고 연로하신 어머님은 남의 집으로 삯일을 다니시니……."

"아니다. 이 어미의 소원은 네가 상감께서 친히 내려주시는 어사화를 사모에 꽂는 것이야. 알겠느냐?"

"예, 그러하오나……."

"이놈! 그래도 이 늙은 어머니의 말을 못 알아듣는단 말이냐? 이 금수만도 못한 놈!"

노모의 고생이 너무 딱해서 인득이 이렇게 말할 때마다 노모는 고함을 치며 꾸짖는 것이었다. 마치 믿었던 사람에게 배신을 당한 듯 원망과 노여움이 가득 찬 눈길을 보내며 아들의 종아리까지 찰싹! 찰싹! 때리기도 했다.

"이놈아! 또 그런 소리를 할 테냐?"

"어머님, 불효자식을 용서해주시옵소서. 다시는 그런 말씀을 드리지 않겠습니다."

서른이 가까운 아들의 종아리를 때리는 노모와, 맞는 아들은 한동안 실갱이를 벌이다가는 서로 부여안고 통곡을 하는 일이 가끔 벌어졌다. 그런 일이 있고 얼마가 지난 어느 날 아침이었다. 막 상을 물린 인득이 정좌를 하고 성현들의 글을 읽으려는데 헐어빠진 사립문을 두드리는 소리가 요란히 들려왔다.

"여보시오! 아무도 안 계시오?"

"뉘시오?"

듣다 못한 인득의 노모가 황급히 나가보니 고을의 사령들이 한 떼로 몰려와 있었다.

"아니, 나리들께서 이곳에 어쩐 일이옵니까?"

노모는 사령들을 보자 가슴이 철렁했다. '누굴 잡으러 온 것이 아닐까?' 하는 의아심이 치솟았기 때문이다.

"할멈, 혹시 이 동네에 사는 장인득이란 사람의 집을 아시오?"

무리 중의 우두머리로 보이는 사령 하나가 투박한 목소리로 물었다.

"아, 아니, 인득이는 왜?"

"사또께서 부르시오."

"사또께서 나를 부른다고요?"

그때 웬일인가 하고 엿듣고 있던 인득이 자기도 모르게 튀어나왔다.

"아, 당신이 장인득이란 사람이오? 잘됐소. 어서 갑시다."

"아니, 무슨 일로?"

"그건 우리도 모르오. 시간이 없으니 빨리 갑시다."

사령들이 하도 급하게 재촉하는 바람에 장인득은 끌려가다시피 관가로 향했다.

"사또, 장인득을 대령시켰나이다."

그곳은 봉산 고을 관가였다. 널찍한 동헌에 버티고 앉은 사또 김영호에게 낭청이 고하는 소리였다.

"오냐, 알았다. 이리 데려오너라."

"여봐라, 장 선비를 데려오라는 분부시다."

"예이~"

이래서 영문도 모르고 엉겁결에 끌려온 장인득은 사또 앞에 대령했다.

"머리를 들고 이쪽을 보라."

꿇어앉은 장인득의 머리 위에 굵고 잔잔한 사또의 말이 떨어졌다.

"아니? 자네는 영호가 아닌가?"

고개를 들고 사또를 바라본 장인득은 깜짝 놀라 소리쳤다.

"그렇다네. 바로 자네와 동문수학한 영호지."

동헌 마루에서 천천히 내려온 사또는 엎드려 있는 장인득을 일으켜 세웠다.

"영호, 자네가 이 고을의 사또라니……."

"믿어지지 않는다는 말인가? 자세한 이야기는 내실로 들어가 하기로 하세. 여봐라! 주안상을 차려라."

장인득과 연심은 정을 나누고

사또는 장인득의 손을 잡고 동헌 가까운 방으로 인도했다. 그러나 장인득은 이것이 꿈인 것 같은 착각이 들었다. 억센 사령들에게 이끌려서 관가까지 올 때는 이제는 죽었구나 하는 생각을 했다. 젊은 놈은 편히 방 안에 틀어박혀 책 나부랭이나 읽고 노모는 삯일을 하도록 했으니 벌을 받게 된 거라고 지레짐작한 것이다. 그런데 죽마고우였던 김영호가 이곳의 사또라니 영문을 알 수가 없었다.

"어찌 된 일인가? 난 아직까지 귀신에게 홀린 것 같네."

"허어, 자네가 이곳 봉산 땅에 산다는 소리를 들었네만 과거 준비를 하느라 찾아보지 못했네. 다행이 과거에 급제하여 상감께 제수받은 곳이 바로 봉산 군수가 아니겠나? 그래서 오늘 자네를 청한 것일세."

"원 사람도. 그랬었나? 난 괜히 사또가 부른다기에 가슴이 철렁했네. 정말 반가우이."

"그런데 자네 행색이 누추하군. 장가는 들었나?"

사또는 장인득의 아래위를 훑어보며 농담조로 물었다.

"아니라네……."

"내 짐작이 틀림없군, 틀림없어."

이때 방문이 열리고 상다리가 휘도록 가득 음식을 차린 주안상이 들어왔다. 그 뒤로 치맛자락이 스치는 간지러운 소리와 함께 날아갈 듯이 큰절을 하는 여인이 있었다.

"허허. 매홍아, 어서 오너라."

김 사또는 매홍이라는 여인의 흰 손을 이끌어 한 옆에 앉히고서 호탕한 웃음을 웃었다.

"으하하. 자아, 매홍아, 한잔 따르려무나. 옳지, 그리고 연심이도 손님께 권하거라."

"예, 분부대로 하겠사옵니다."

연심은 가느다란 목소리로 나직이 답하고는 섬섬옥수를 들어 술을 따랐다. 그 순간 인득은 정신이 혼미해지는 황홀감을 느꼈다. 강렬한 체취였다. 그것은 숫총각인 인득은 한 번도 느껴보지 못한 향취였다.

"자, 인득이, 한잔 쭈욱 들이켜게나. 허허허."

김 사또의 말이 끝나기도 전에 이미 인득은 술잔을 비웠다.

그 후 장인득은 자기가 술을 마시는지 아니면 술이 자신을 마시는지 분간하지도 못하고 대취했다. 단지 옆에 앉은 연심에게서 풍겨오는 황홀한 지분 냄새밖에는 아무것도 느끼지 못했다.

"응?"

막 잠이 깬 장인득은 뭔가 달라진 아침 분위기에 방 안을 휘 둘러보았다. 이곳은 자기 집이 아님이 틀림없었다. 초라하고 냄새나는 곳이 아니라 넓고 화려한 방이었다.

"이상하다. 이게 웬일일까? 영문을 알 수 없구나."

궁금해하던 인득은 마침 방문을 사르르 열고 들어오는 여인을 보고 깜짝 놀랐다.

"아니? 그대는……."

"이제 기침하셨습니까?"

고운 목소리로 문안을 하는 여인은 다름 아닌 연심이었다.

"어찌 된 일이오? 영문을 알 수가 없소."

"호호, 사또의 분부이옵니다."

"뭐라고? 그럼 사또의 분부로 그대가?"

"예."

장인득은 놀랐다. 그럼 자기와 함께 잠자리에 든 여인이 바로 천상의 선녀와 같은 연심이라는 말인가.

대답을 하고 고개를 숙이는 연심의 볼은 발갛게 물들었다. 그녀의 말에 의하면 만취한 인득을 보살피라는 사또의 지엄한 분부가 있어서 자기 집으로 모셨다는 것이다.

"허, 그 친구 짓궂기는……. 자아, 연심아, 이리 오너라."

사또의 호의에 고마움을 표하면서 인득은 연심의 버들가지 같은 허리를 힘 있게 끌어안았다.

"얘, 연심아, 이리 가까이 오렴."

"아이, 서방님, 누가 엿들어요."

"엿듣긴 누가 엿듣는단 말이냐. 어서 이리 오렴."

연심의 방 안에서는 다정하게 소곤거리는 남녀의 목소리가 흘러나왔다.

"자꾸 이러시면⋯⋯ 하오나 과거 준비는 어찌하시려고?"

장인득과 연심은 정이 들어 한시라도 떨어질 수 없는 사이가 되었다. 그래서 그들은 한 달에 한 번씩 날을 정해 정을 나누고 나머지 날은 장인득의 과거 준비로 보내기로 했다. 또한 연심은 갖고 있는 패물들을 처분해서 장인득의 살림살이를 도왔다. 정말 지극한 정성을 다해 보살펴 주었기에 인득은 편히 글공부에 전념할 수가 있었다.

사랑하는 임을 쫓아

며칠 후 인득은 봉산을 떠나 한양 땅에 도착했다. 마침 나라에 경사가 있어서 과거가 시행되어 한양은 시골 선비들로 가득했다.

과거 시험장에 들어간 장인득은 과거 제목을 받자 두 눈을 지그시 감았다.

'아, 연심이! 연심이 덕분에 오늘 내가 과거를 볼 수 있는 것이다. 그러니 더더욱 급제해야 된다.'

입술을 꼭 다문 장인득은 잠시 생각하다가 붓을 움직이기 시작했다.

그리고 과거 급제자 명단을 적은 방이 붙은 날 장인득은 감격에 눈시울을 적셨다. 드디어 급제한 것이다. 이제 몰락한 가문이란 소리를 듣지 않을 것이고 더욱이 연로한 노모를 고생시키지 않아도 될 것이었다. 임금이 친히 내리는 어사화를 꽂은 장인득은 은빛 말을 타고 봉산으로 금의환향을 했다. 김 사또가 친히 영접을 나온 가운데 노모를 뵈온 장인득은 곧 연심을 찾았다.

"서방님."

연심은 말끝을 맺지 못하고 그 고운 얼굴 가득히 흰 이슬을 뿌렸다.

"연심이, 이 모두가 그대 덕이오. 우리 오늘부터 헤어지지 맙시다."

벼슬길에 오른 장인득은 기적妓籍에서 연심을 빼주고 임지로 부임하여 지방관으로서의 생활을 시작했다. 그러나 기생 출신인 연심을 정실로 맞아들일 수는 없는 법이라, 장인득은 양반 가문의 규수를 맞아 혼례식을 맺었다. 그래도 연심을 소홀히 하지 않았다. 첩실로 맞아들여 따로 살림을 차려주고 지극히 사랑했다.

지방관으로서도 탁월한 역량을 발휘한 그는 승진에 승진을 거듭하여 예조 참의의 자리에 오르게 되었다. 그러나 장인득의 출세를 시기한 동료가 임금에게 거짓 밀고를 해 그는 영문도 모른 채 의금부에 갇히는 신세가 되고 말았다. 죄명은 엉뚱하게도 대역죄였다.

평생을 착하게 살아온 장인득의 성품으로서는 그런 짓은 꿈에도 생각 못 할 엄청난 것이었지만 간신들이 흉계를 써서 가두는 데야 어쩔 수가 없었다.

"정말 억울하옵니다. 바다와 같은 상감의 은덕을 입어 오늘에 이르렀는데 어찌 대역을 생각이나 하겠습니까?"

장인득은 머리를 땅에 부딪치며 억울함을 호소했지만 이미 형을 집행하라는 왕명이 떨어졌다. 한 마리의 소가 이끄는 함거에 실려 형장을 향해 가는 행렬 뒤에 흰 소복을 입고 정신없이 울며 따르는 한 여인이 있었다.

"서방님, 정말 가시나이까? 흐흑."

쉴 새 없이 볼 위로 흘러내리는 눈물을 닦을 생각도 않는 연심의 얼굴은 몇 날 밤을 새웠는지 수척하고 파리했다. 사형수의 행렬이 형장에 도착하자 곧 집행이 시작되었다.

"쿵, 쿵, 쿵……."

북이 울리자 시퍼렇게 날이 선 칼을 휘두르는 망나니의 고함 소리가 들리며 모든 것이 끝이 났다.

"으악!"

순간 처절한 비명이 들리고 하얀 그림자가 형장 안으로 뛰어들었다. 너무나 순간적이고 갑작스러운 일이라 형리들이 만류할 틈이 없었다.

"서방님!"

여인의 목멘 울음소리가 넓은 하늘에 높다랗게 솟아올랐다. 그것은 애절한 울부짖음이었다.

"아니, 저건 웬 여인이냐? 당장 끌어내거라!"

놀란 형리의 고함 소리가 들려왔을 때였다.

"용서하세요. 소첩도 서방님의 뒤를!"

가느다란 신음 소리는 끝을 맺지도 못하고 여인의 몸은 인득의 시신 위에 쓰러졌다.

"저런! 자결을 했구나! 죽었어."

사람들이 그녀 가까이 다가가 보니 연심은 이미 숨이 끊어져 있었다.

첫정을 준 사나이의 뒤를 죽음으로 따라간 여인의 정절. 지아비가 왜 사형을 당해야 했는지 그런 것은 몰라도 좋았다. 다만 사랑했기에 임을 쫓아 저승으로 영원히 떠나간 것이다.

거지와 어사를 분별하는
일곱 살 가련과 이광덕

 관양冠陽 이광덕李匡德은 문과에 급제해 벼슬이 참판參判에 이르고 대제학大提學을 지냈다.

이광덕이 함경도에 어사로 나갔을 때의 일이다. 어사의 신분을 숨기고 갖은 고생을 겪으면서 각 고을 수령의 잘잘못과 각 지방 풍속의 순함과 그렇지 못함, 그리고 백성들의 생활 형편 등을 두루 탐지하고, 마침내 해 질 녘에 하인과 함께 함흥 땅에 이르러 어사의 신분을 드러내려고 하는 터에 성내의 주민들이 분주히 오가며 부르짖었다.

"수의사또繡衣使道가 장차 당도하게 되었다."

이광덕은 의아하게 생각했다. 열읍洌邑을 두루 다녔으되 아는 자가 없었는데, 지금 이처럼 소문이 파다하니 필시 종자從者가 입단속을 철저히 하지 못한 일이 있었을 것이다. 이에 성 밖으로 도로 나와 종자에게 따져 물었으나 그 단서를 발견하지 못했다. 수일이 지난 뒤에 다시 성내에 들어가서 비로소 출또하여 공무를 판결하고 난 뒤 군의 아전에게 물었다.

"너희는 내가 온 것을 어떻게 알았느냐?"

아전이 말했다.

"온 성안에 소문이 자자하여 말의 출처를 모르겠습니다."

이광덕이 그 말의 출처를 밝히도록 명하자 아전이 자세히 탐문하고 다녔다. 그리고 곧 일곱 살 먹은 어린 기생 가련可憐의 입에서 맨 먼저 나온 이야기라는 사실이 드러났다. 아전이 들어가 이를 보고하니 이광덕은 가련을 불러 앞에 가까이 오게 하고 물었다.

"포대에 싸인 어린아이가 어떻게 내가 오는 것을 알았느냐?"

가련이 말했다.

"소녀의 집이 거리 머리에 있습니다. 전일 창문을 열고 엿보니 거지 두 사람이 길가에 나란히 앉았는데, 한 사람은 옷과 신이 해어지기는 하였으나 두 손이 매우 희고 고왔습니다. 그래서 스스로 생각하기를, '얼고 굶주린 사람이 어떻게 이처럼 살결이 윤택하고 희단 말인가' 하고 의아하게 여기던 터에, 그 사람이 옷을 벗어 이를 잡다가 곧 도로 입으려 할 때 옆에 있던 한 사람이 옷을 추슬러 입히고 예를 지킴이 매우 공손하여 신분의 존비尊卑가 있는 것 같았습니다. 그 때문에 수의사또임을 알고 집안사람에게 이를 알렸는데, 잠시 사이에 이런 사실이 전해져서 온 성안이 어지러워졌습니다."

이광덕이 그의 영특함을 매우 기이하게 여겨 사랑을 지극히 하고 돌아올 적에 시 한 수를 지어주었다. 가련도 이광덕의 문장에 감복하여 그 시를 몸에 간직하고 자기 일신을 의탁하려는 뜻을 두었다. 시집 갈 나이가 되자 한결같이 절개를 지키며 맹세코 다른 사람에게 몸을 허락하지 않았으나 이광덕은 이미 가련을 잊어버렸다.

출사표 외는 소리가 학의 울음과도 같아

그 뒤에 이광덕이 어떤 사건으로 벌을 받아 관북 지방에 유배流配되어 함흥咸興에 우거寓居했는데, 가련이 와서 뵙고 아침저녁으로 공손히 모시기를 게을리 하지 않았고, 이광덕도 그 성의에 깊이 감동했다. 그러나 자신이 유배 생활을 하고 있는 처지에 여색을 가까이할 수 없다고 판단했으므로 가련과 같이 생활한 지 4~5년이 되어도 어지러운 지경에 이른 적이 없었다. 기생도 그의 인격에 마음으로 감복해 이광덕이 다른 사람에게 시집가도록 권유했지만 한사코 듣지 않았다. 가련은 또한 제갈공명諸葛孔明의 출사표出師表를 즐겨 외어서 달이 밝은 밤이면 이광덕을 위해 낭송했고 한번 외면 맑은 소리가 마치 학의 울음과도 같았다. 이광덕은 그 출사표 외는 소리를 듣고 눈물을 흘리며 이어서 절구시絶句詩 한 수를 읊었다.

> 함경도의 여자 협객 흰머리 가득한데
> 나를 위해 전후 출사표 낭랑하게 외누나
> 낭송 소리 삼고초려 그 대목에 이르면
> 축출된 신 맑은 눈물 마냥 줄줄 흐르네

하루는 이광덕이 석방되어 돌아올 적에 비로소 정을 통하게 되었다. 그러나 이광덕은 그녀에게 타일렀다.

"내가 갈 길은 정해진 날짜가 있으니 비록 너와 같이 가고 싶으나 죄를 사면받아 돌아가는 사람이 뒤 수레에 기생을 싣고 가는 것은 하지 못할 바이다. 집에 돌아간 뒤에 반드시 불러들일 것이니, 한스럽게 여기지 말고 조금 기다려라."

가련은 기쁨이 눈썹에 나타났다. 그러나 이광덕은 돌아간 지 몇 달이 못 되어 병으로 세상을 떠났다. 가련은 부음訃音을 듣고 통곡한 뒤 자결하여 죽으니, 집안사람들이 길옆에 장사 지냈다. 뒤에 영성군靈城君 박문수가 함경도 관찰사로 나가 그녀의 무덤 있는 길을 지나다가 그 얘기를 듣고는 비석을 세우고 다음과 같이 썼다.

함관여협가련지비咸關女俠可憐之碑.

이광덕

조선 후기의 문신으로 경종 2년 정시 문과에 을과로 급제, 영조 3년(1727) 기근이 심한 호남에 별견어사(別遣御史)로 파견되었고, 이듬해 감진어사(監賑御史)로 파견되었다. 그해 3월 이인좌의 난이 일어나고 전라도 태인에서 이인좌 일당이 반란을 일으키자, 파직된 정사효(鄭思孝)를 대신해 전라 감사로 부임, 반란군을 토벌했다. 감사로 부임한 뒤 이듬해 호남 어사로 있으면서 역모를 미리 알았을 텐데도 이를 묵인했다는 혐의로 무고당했으나 무사했다. 같은 해 전주 건지산 밑의 전답을 내수사에서 옹주 방전(翁主房田)으로 삼으려는 것을 거부하고 상소를 올렸는데, 불경스러운 말들이 있다 하여 추고를 받음과 함께 영조의 미움을 사기도 했다. 1733년 강화 유수로 임명되었음에도 응하지 않아 갑산 부사로 좌천되었다가 대신들의 주청으로 형조 참의에 제수되었다. 1741년에는 이른바 위시사건(僞詩事件)이 일어났을 때 아우인 이광의(李匡誼)를 변론하다가 정주에 유배되고 다시 해남으로 이배되었다. 이듬해에 풀려나 한성부 우윤·좌윤 등에 임명되었으나 사양했다.

두 사람을 위해 수절한 무운

평안도 강계江界 땅에 무운巫雲이라는 명기名妓가 있었다. 얼굴이 천하절색이요, 춤 잘 추고 노래 잘하고 기생의 재주로 못하는 것이 없었다. 조선 중엽, 한창 중흥기에 접어든 시국이라 천하가 태평성세를 노래할 때였다.

이때 한양에서 내려온 성 진사가 천하 명산을 두루 구경하다가 이곳 강계 땅에 다다랐다.

성 진사는 청렴결백하고 주색에는 담을 쌓은 덕망 높은 선비로 알려져 있어 그가 머무는 곳에는 그를 찾아 몰려드는 친구들이 헤아릴 수 없을 지경이었다. 그는 평상시에도 여자 얘기만 들으면 고개를 설레설레 흔드는 사람이었다. 그런데 그의 친구인 강계 부사는 성 진사가 객지에서 고적할 것을 염려하고 기생 수청을 들이도록 분부했다. 명기 무운巫雲이 부사에게 불려 왔다. 강계 부사는 은근히 무운에게 부탁했다.

"동주 선생은 당대의 문장 호걸이요, 성품이 활달해서 여자나 재물에는 전혀 관심이 없는 분인데 이번에 네가 그 양반을 모시되, 만약 그 양반과 하룻밤만이라도 관계를 맺게 되면 상을 내릴 것이니 네 수단껏 해보아라."

강계 부사의 은밀한 부탁에 무운은 다소곳이 절을 하고 물러났다.

강계 유람 속에 두텁게 쌓인 정

다음 날부터 기녀 무운은 강계 부사의 분부대로 성 진사를 모시고 이곳저곳으로 강계의 수려하고 빼어난 산수를 구경하러 다녔다. 그 후로 무운은 성 진사와 한이불 속에서 잠을 자고 낮이면 한밥상에서 밥을 먹으면서 그림자같이 따라다녔다.

"어허, 귀찮구나. 오늘만은 부사에게 가서 수청이라도 들고 오려무나."

성 진사는 짜증을 부리기도 했으나 무운은 막무가내로 떨어지지 않았다. 성 진사는 무운과 밤마다 한이불 속에서 살을 맞대고 잠을 잤지만, 절대로 무운의 몸에 손을 대는 법이 없었다. 무운은 몸이 달아서 성 진사가 깊은 잠에 빠지면 슬그머니 자기의 팔다리를 성 진사의 허리에 올려놓아 보기도 했다. 그러나 목석같은 성 진사는 동하는 기색이 전혀 없었다. 그렇게 몇 개월이 지나자 무운이 극성스럽다고 미워하기까지 하던 성 진사도 차츰 정이 쏠리는 모양이었다. 성 진사는 강계의 경치 좋은 곳에 가면 무운을 불러 "술을 따라 부어라. 어허, 과연 내 강산이로고. 산수가 수려하니 대장부 큰 뜻인들 어이 펴지 못할쏘냐? 오늘도 한잔, 내일도 한잔, 고기보다 맛 좋은 산채 나물이로구나" 하며 파안대소하는 것이었다.

어떤 때는 종이를 꺼내 붓을 들고 강계의 경치를 그리고 그 위에 시를 써서 읊조리며 빼어난 금수강산을 노래했다. 그리고 시를 담은 산수 화폭을 무운에게 주며 일렀다.

"네 훗날에 이것이 쓸모 있을지도 모르니 잘 간수해두도록 해라."

바람이 맑고 달이 밝은 밤이면 으레 무운에게 노래를 부르라 하고 자신도 가무운곡歌舞韻曲을 즐겼다. 이제는 성 진사나 무운이나 정이 들 대로 들어서 매우 두터워졌다.

어느덧 꿈같은 시간이 여섯 달이나 흘러갔다. 그러나 여전히 성 진사는 한이불 속에서도 무운을 건드리는 일이 절대로 없었다. 이러한 지 한 달여 만에 성 진사는 무운에게 말하기를 "수일 후면 내가 동주로 떠나야 하겠구나" 하며 섭섭한 마음을 감추지 못했다. 그러면서 그는 계속 말했다.

"우리가 수삭이 지나는 동안에 한금침 속에서 함께 자고 먹고 하였으니 누가 너와 나 사이에 관계가 없었다는 것을 인정하겠느냐?"

"하오나 소녀는 그런 것쯤은 아무래도 상관없습니다."

기녀 무운은 울면서 말했다.

"그러나 세상 사람들은 나와 관계가 있다 하여 너와 자연 멀어질 것이니 그렇다면 네 생활이 점차 궁색해질 것이 아니겠느냐? 그러니 그때는 내가 너에게 산수를 구경 다닐 적에 준 그림첩을 모아두면 근근이 생활을 할 수 있을 게다."

성 진사의 자상한 이야기에 무운은 그제야 강계 부사의 분부를 받잡고 여태까지 성 진사의 뒤를 따랐던 것이라고 솔직히 고백했다. 비로소 그 내막을 알았으나 성 진사는 별로 화를 내지 않았다. 오히려 무운을 더욱 사랑하고 아끼는 표정이었다. 그전보다 더 친근하게 되어 며칠 사이에 매우 정이 두터워졌다. 그러나 마침내 성 진사가 동주로 발길을 돌리고 무운에게 이별을 고해야 할 시기가 왔다.

"안녕히 가십시오."

무운은 눈물을 뿌리며 집으로 돌아와서 그를 위해 수절할 것을 다짐했다.

"내 비록 육체로 그의 모든 것을 독점하지는 못했으나 그분의 고귀한 정신적 사랑을 받았으니 이 얼마나 보람된 일이리오. 이런 내가 다시 다른 사람을 대한다는 것은 나의 마음을 스스로 속이는 것이로다."

그 후 무운은 성 진사의 그림을 모아 화첩畵帖을 만들었다. 그것을 선비들에게 보이면 누구나 절찬을 하고 화첩을 구경한 값을 후하게 주었다. 그리고 성 진사가 상경한 후로 성 진사를 위해 일생을 수절하기로 결심한 무운은 몸에다 군데군데 쑥으로 뜸질을 하여 일부러 상처를 만들었다. 그래서 어느 누가 부르든 악병惡病이 있다고 핑계를 대고 남자를 일절 접하지 않았다. 그런데 얼마 후, 강계 부사가 영전되어 한양으로 올라가고 그 후임으로 새로이 이 부사가 부임했다. 이 부사는 강계에 부임하자 강계의 관기들을 모조리 불러들였다. 수백 명 기녀들의 선을 보는 중에 군계일학으로 뛰어난 무운을 발견하고 이 부사의 입이 딱 벌어졌다.

"네 이름이 무엇인고?"

무운은 이마를 조아리며 청아한 목소리로 대답했다.

"무운이로소이다."

"오호, 가히 경국지색이로고. 네 오늘부터 관가에 들어 나의 수청을 들도록 하라."

이 부사는 무운의 아름다운 얼굴을 보고 반해 그녀에게 당장 수청을 들라고 했다. 그러나 무운은 치맛자락을 걷어 올리고 군데군데 푸릇푸릇한 상처를 내보이며 말했다.

"황송하오나 제 몸엔 이렇게 악병이 생기어서 분부대로 거행할 수가 없나이다."

무운은 고운 이마를 찌푸리며 부사에게 사정을 했다. 부사는 그래도 그녀의 얼굴이 너무 아까웠으므로 명했다.

"그렇다면 내 주변에서 심부름이나 하도록 해라."

그녀의 다리에 군데군데 퍼런 멍이 든 것을 본 부사는 매우 실망했으나 그녀의 나무랄 데 없이 아름다운 얼굴을 가까이라도 두고 보고 싶은 것이었다.

이 부사를 위한 수절

그날 이후로 무운은 관가에 머무르면서 이 부사의 옆을 잠시도 떠나지 않았다. 이러한 지 네다섯 달이 지난 후 어느 날 밤이었다. 별청別廳에 머물러 있던 무운이 갑자기 이 부사의 내실로 찾아왔다. 밤이 이슥하도록 깊었는지라 이 부사는 의아한 생각으로 무운을 맞아들였다.

"네 어인 일로 왔느냐?"

한동안 잠자코 있던 무운이 비로소 입을 열었다.

"오늘 밤에는 사또를 가까이 모시고 싶어서 체면 불구하고 왔나이다."

"아니, 네 몸에는 악병이 있어서 남자와 접하지 않는다고 하지 않았느냐? 갑자기 괴이한 일이로구나?"

"사실은 그것이 아니옵니다. 예전에 부사의 명을 받잡고 분부를 거행하던 중 저도 모르는 사이에 성 진사님께 깊은 정이 들었사옵니다. 그분이 떠나신 후 그분을 위해 수절을 하고자 일부러 뜸질을 해서 상처를 내고 외간 남자의 강요를 물리쳐 왔습니다. 하오나 이제 오랫동안 사또를 모셔보니 참으로 대장부이시라 소녀가 어찌 사모하는 심정이 없겠사옵니까?"

"네 마음이 정 그렇다면 동침을 해도 무방하리라."

이 부사는 그날 밤 무운과 한금침 속에 들었다. 그러나 절대로 그녀의 몸을 건드리지는 않았다. 그런 일이 있은 지 얼마 후, 이 부사는 한양으로 올라가게 되었다. 그러자 무운은 이 부사를 따라가기를 원했다. 그러나 이 부사는 자기의 심정을 밝혔다.

"나에게 처첩이 있으니 너를 데리고 가기가 심히 난처하구나."

"그러하오시면 소녀는 이후로 사또를 위해 수절하기를 맹세하겠나이다."

무운의 말에 이 부사는 껄껄 웃으며 말했다.

"네가 수절한다는 것은 예전 성 진사를 위해서 하던 수절이 아니냐?"

그러자 무운은 발끈 성을 내며 품속에서 비수를 꺼내 손가락 하나를 잘라버렸다. 새빨간 피가 솟구치며 온 방 안에 튀었다.

이 부사는 대경실색하여 무운의 심정을 헤아리고 그녀를 위로했다.

"상심하지 마라. 내 기어이 너를 버리지는 않으리니……."

며칠 후 이 부사는 한양으로 올라가는 날 무운을 데려가려고 교자를 대령시켰다. 그러나 무운은 머리를 설레설레 흔들며 응낙하지 않았다.

"소녀가 만약 한양으로 사또를 모시고 간다 하오면 홀로 사느니만 못하오리다. 차라리 지금 이별을 하는 것이 나을 것이옵니다."

그녀는 이 부사와 작별을 하고 그 길로 자기의 고향으로 내려가 버렸다. 그로부터 10여 년 후, 이 부사는 날개 돋친 듯이 출세를 해 병조판서가 되었다. 소식을 듣고 무운이 이 판서를 찾아왔다. 이 판서는 오랜만에 만난 회포를 풀기 위해 한자리에 동침하기를 원했다. 그런데 무운은 이상하게도 한사코 거절하는 것이었다. 막무가내로 듣지 않는 무운에게 이 판서는 까닭을 물었다.

"어인 연유인가?"

"예, 다름이 아니옵고 바로 사또를 위해서 수절을 하는 중이라 절대로 허락할 수 없사옵니다."

"허허, 그건 또 무슨 괴이한 말인고? 나를 위하여 수절하기로 결정한 사람이 어찌 나를 거절하느냐?"

"이 사또께옵서 강계를 떠나신 후부터 남자와는 살을 섞지 않기로 마음속에 맹세하였나이다. 그러하와 오늘도 사또의 청을 들어드릴 수 없는 것입니다."

그런 다음부터 무운과 이 판서는 같은 방에서 동거했으나 서로 담담하게 지낼 뿐이었다. 1년이 지나자 무운은 다시 고향으로 돌아갔다. 그 후 이 판서가 상처喪妻를 하자 무운이 찾아와서 조상을 하고, 얼마 동안 한양에 머물다가 또다시 돌아갔다. 그리고 수년 동안 소식이 없다가 이 판서가 죽자 어떻게 알았는지 무운이 올라와서 역시 치상治喪을 마친 후에 고향으로 돌아가 호를 운대사雲大師라 하고 여생을 독신으로 살아갔다.

동주 성제원과
춘절의 정신적 교우

　　청주 목사 이충담李忠聸이 춘절을 불러 마침 그 당시 청주에 내려와 묵고 있던 동주東州 성제원成悌元에 대해 귀띔해주었다.

"그분은 성삼문 선생의 후손이시며, 서봉西峰 유우 선생의 수제자이기도 하시다. 그분은 심리학뿐만 아니라 지리학, 의학, 복술 등을 연구하여 그 분야에 정통한 지식을 갖고 계신다. 한때 나라에서 그분에게 보은 군수의 자리를 주었으나, 그분은 직책을 맡은 지 얼마 안 되어 자리를 내놓고는 그 후로 지금까지 주유천하하고 계신다. 이 시대 문장가요, 학자를 소개해줄까 하는데 그대의 생각은 어떠한고?"

이렇듯 친절한 목사의 청을 그녀는 차마 뿌리치지 못하고 다소곳이 받들었다. 그날 저녁에 성제원과 춘절의 첫 대면이 이루어졌다. 비록 나이 차이는 많이 났지만, 이윽고 두 사람은 서로의 내면을 털어놓고 가까운 사이가 되었다.

"그러나저러나 나를 따르자면 고생이 심할 텐데 걱정이로다!"

"소첩을 버리시지만 않는다면 세상 끝까지라도 따라가서 기꺼이 모시겠습니다."

"난 가진 게 전혀 없는 사람이라네. 그래서 고생이 여간 심하지 않을 텐데 그래도 괜찮겠는가?"

"그 대신 선비님을 모시는 영광을 누리게 되잖습니까? 그것만으로 저는 만족합니다."

수십 년 수절을 지탱해준 그림

그 후 성제원은 며칠 동안 춘절의 집에서 머물다가 춘절과 함께 팔도 유람의 길을 떠나게 되었다. 그들이 떠나는 날 청주 목사는 춘절을 은밀히 불러 그녀에게 옷과 여비를 챙겨주는 것을 잊지 않았으며, 이후 두 사람의 낭만적인 주유천하가 시작되었다. 그들은 바람 따라 물 흐르듯이 떠돌아다니면서 다소 고생스럽고 힘들었지만 마치 사이 좋은 한 쌍의 원앙새처럼 즐거운 시간을 보냈다. 그렇지만 두 사람은 육체적 관계 없이 오직 정신적 교우만을 나누며 순결하게 지냈다.

그러는 중에 성제원은 틈나는 대로 시까지 곁들인 그림을 한 폭 한 폭 그려나갔는데, 그들이 다시 청주로 돌아왔을 때는 그림이 수십 폭에 이르렀다. 성제원은 그 그림 수십 폭을 그동안 자기와 끝까지 동행해준 춘절에게 선뜻 주고 자신은 홀몸으로 한양으로 상경했다. 그러나 불행히도 그는 상경한 지 얼마 되지 않아 54세의 나이로 불귀의 객이 되고 말았다.

그의 죽음에 대한 소식을 전해 들은 춘절은 여러 달을 시름에 잠겨 슬피 울며 지냈으며, 그 후로도 그녀는 50여 년 동안이나 줄곧 성제원만을 그리며 처녀의 몸 그대로 수절하며 지냈다. 그녀가 칠순이 되는 어느 날, 성제원의 손자가 감찰監察이라는 벼슬을 달고 청주에 들렀다가, 우연히 춘절에 대한 소식을 전해 듣게 되었다. 감찰은 수소문하여 춘절을 찾았고 어렵사리 대면하는 자리에서 정중히 안부를 물었다.

"진즉 찾아뵈었어야 했는데 이렇게 늦어 면목 없습니다. 50여 년을 수절하고 계신다는 말씀을 들었습니다."

그러자 춘절은 감찰의 얼굴을 찬찬히 뜯어보며 감회 어린 목소리로 말했다.

"그분을 뵙는 듯하여 그저 기쁠 따름입니다."

"할아버지께서 저승에서 이 소식을 들으신다면 매우 기뻐하실 것입니다."

"그분이 저에게 주신 그림을 아직도 제가 간직하고 있사온데, 그것을 감찰님께 전해드려야 할 때가 온 것 같군요. 저는 후사도 없고 하니 그 그림을 저 대신 맡아주십시오."

춘절은 수십 년 동안 유일한 위안으로 삼아오던 소중한 성제원의 그림을 성 감찰에게 모두 주었다. 그로부터 몇 달 후, 그녀는 성제원을 변함없이 사모해온 가슴 위에 두 손을 가지런히 모으고서 조용히 숨을 거두었다.

성제원

조선 명종 때의 학자로 성리학을 깊이 연구하여 정통하게 되었으며 지리학, 의학, 복술 등을 배웠다. 벼슬을 싫어해 만년에 이르러서야 유일로써 보은 군수를 지냈으며, 산수에 노니는 등 하는 일이 없는 듯해도 직무에는 충실했고 그 혜택이 백성에까지 미쳤다. 정년이 되어 공주의 옛집으로 돌아와 다시는 벼슬에 뜻을 두지 않았다.

망나니 심희수를 군수로 만든 일타홍

  일송一松 심희수沈喜壽는 선조 3년(1570)에 진사가 되고 2년 뒤 별시 문과에 병과로 급제하여 정승의 자리까지 올랐던 사람이다. 이러한 심희수의 출세가 있기까지는 한 여인의 절대적인 도움이 있었다고 전한다. 이야기에 의하면 일타홍이라는 기생의 도움이 없었다면 심희수는 과거는 물론 벼슬은 꿈도 못 꾸었을 것이라는 것이다.

심희수는 어릴 때 아버지를 여의고 글공부는 아예 생각조차 하지 않고 빈둥거리며 지내고 있었다. 남자다운 얼굴에 호탕한 성격을 가졌으나 가난하고 무식한 데다 잔칫집만 골라서 얻어먹고 다니는 일을 가장 큰 즐거움으로 삼고 살았으므로 동네 사람들은 심희수를 건달이나 비렁뱅이로 취급했다.

그날도 심희수는 권세 있는 집 잔치에 가서 온갖 눈총과 미움을 받으면서도 눌러앉아 얻어먹으면서 옆자리의 기생을 흘깃흘깃 훔쳐보고 있었다. 그때 심희수의 눈에 예쁜 기생의 얼굴이 들어왔으니, 그

풍산김씨전서화첩에 실린 〈해영연로도〉. 마을의 큰 잔치는 곱게 단장한 기생들의 가무를 감상할 수 있는 기회가 되기도 했다.

기생의 이름은 일타홍이었다. 심희수는 창피한 줄도 모르고 그 곁에 가서 앉았다. 그런데 이게 무슨 복인가. 그를 쳐다보는 기생 또한 싫지 않은 눈치였다. 얼마 후에 두 사람은 서로 눈을 맞추었고 일타홍은 변소에 가면서 심희수를 밖으로 불러내 꾀꼬리 같은 목소리로 그의 귀에다 속삭였다.

"먼저 댁에 가 계시면 제가 곧 따르겠습니다."

두근거리는 가슴을 겨우 진정한 심희수는 그 길로 자기 집 방에 가서 일각이 여삼추로 기다렸는데, 해가 채 지기도 전에 신발 소리를 내면서 일타홍이 들어왔다. 심희수는 기쁨을 참을 수 없었다. 일타홍은 차분한 어조로 그의 어머님부터 뵈어야 한다고 말하고 곧장 안방 문 앞으로 달려가 문안 인사를 드린 뒤에 오늘 만난 사연을 숨김없이 실토하고 자기의 결심을 또박또박 분명하게 밝혔다.

"도련님의 남자답고 호협한 기상은 장래에 큰 인물이 될 기상이지

치마 속 조선사 213

만 만약 지금 그 준비를 하지 않는다면 훌륭한 기상이 무슨 소용이 있겠습니까? 만약 마님께서 허락해주신다면 저는 오늘부터 화류계에서 발을 씻고 도련님의 뒷바라지를 위해 저의 일생을 바치겠습니다."

일타홍의 결의는 간절하고 다부졌다. 그녀의 열변은 계속되었다.

"마님! 저의 요청은 저의 애욕을 채우기 위함이 결코 아닙니다. 만의 하나라도 그런 목적이라면 어디에 사람이 없어 이렇게 가난한 과수댁의 자제를 유혹하겠습니까?"

일타홍은 다소곳이 심희수 어머니의 대답만을 기다렸다. 이윽고 그 어머니가 차분하게 가라앉은 목소리로 일타홍에게 말했다.

"우리 희수가 일찍이 아버지를 여의고 제멋대로 자라다 보니 공부에는 관심이 없고 그저 놀기만을 좋아해 허송세월하고 있단다. 저것을 그냥 두면 안 되겠다고 밤낮 걱정은 하지만 그것은 마음뿐이지, 무슨 다른 도리가 있겠느냐? 더구나 몸이 늙고 보니 귀찮은 생각만 들고 아무런 대책 없이 그저 그날그날 지나는데, 그래도 저놈이 복은 있나 보구나, 이런 예쁜 귀인이 제발로 우리 집에 찾아온 것을 보면."

잠깐 한숨을 돌리고 난 심희수의 어머니가 말을 이었다.

"너의 뜻은 가상하고 고맙다마는 이렇게 가난한 집구석에 와서 과연 네가 살아내느냐 하는 것이 문제다. 더구나 잘 먹고 잘 입으며 놀기만 하던 네가 어떻게 고생을 견뎌낸단 말이냐?"

그러나 그의 어머니의 표정에는 제발 좀 그렇게 해달라는 간절한 소망이 역력했다. 일타홍은 몇 번씩이나 다짐했다. 결코 살다가 포기하고 가는 그런 일은 없을 거라고. 그날로 일타홍은 심희수의 새색시가 되어 그 집 식구가 되었다.

심희수는 노수신盧守愼의 문하가 되어 글공부를 시작했고 색시는 누구보다 무서운 학부형 노릇을 했다. 어쩌다가 조금만 게으름을 피워도 무서운 감독자는 용납하지 않았다. 심희수는 참으로 부지런히 공부했다. 과거에 빨리 급제해야 예쁜 색시가 도망가지 않고 함께 살 수 있다는 생각이 늘 그를 채찍질했다.

사랑하는 사람의 입신출세

몇 년의 세월이 흘렀다. 심희수의 공부도 크게 성취하여 22세에 진사시에 합격하고 3년 뒤인 25세에 문과에 급제하여 심씨 댁에 크나큰 경사가 났다. 온 동네가 시끄러웠다. 새색시의 정성이 이제 그 열매를 맺은 것이다. 그 영광이 색시의 덕으로 왔다는 것은 동네 사람이 다 아는 사실이었다. 온 집안이 아직 축제 분위기에 들떠 있는 어느 날 색시는 시어머니에게 조용히 말씀드렸다.

"어머님! 제가 어머님께 부탁드릴 것이 하나 있습니다. 이제 서방님께 마땅한 배필을 얻어주실 때가 되었습니다. 진작 드리고 싶은 말씀이었는데 오늘에야 드리는 까닭은 혹시 공부에 지장이 있을까 하는 우려 때문이었습니다. 이것은 저의 소원이니 꼭 들어주셔야 합니다."

심희수의 어머니는 몇 차례나 펄쩍 뛰며 말했다.

"야야, 그게 무슨 말이냐? 그 애가 이렇게 출세한 것이 다 누구의 덕인데!"

그러나 마음 한구석에는 며느리의 은혜는 은혜고 이제 버젓한 양반

집 규수를 새 며느리로 맞고 싶은 생각이 없지 않았으므로 그 일은 곧 이루어져서 양반집 규수가 새 며느리로 들어왔다. 일타홍은 갓 들어온 새색시를 정실부인으로 깍듯이 예우했으며 모든 일을 원만히 처리했으므로 말다툼 한 번 나는 때가 없었다.

세월은 또 몇 년이 흘렀다. 심희수의 벼슬은 승급되어 이조 낭관이 되었고 노모는 고인이 되었다. 일타홍에게는 해야 할 일이 남아 있었다. 친정에 가고 싶었다. 부모의 얼굴이 못 견디게 그리웠다.

"나리, 소첩에게 간절한 소원이 있는데 풀어주실라요?"

자신의 출세가 다 누구의 덕인지를 잊을 리 없는 심희수로서는 그녀의 소원을 시원하게 풀어주고 싶었다. 조금만 기다리라고 부탁하고 심희수는 즉시 임금에게 아뢰어 금산錦山 고을 발령을 청원하여 윤허를 얻어냈다. 금산 군수로 부임하자 3일 동안 잔치를 벌여 일타홍의 일가친척들을 대접했다. 금산 일대에는 "누구누구는 딸을 잘 두어서 저런 영화를 누린다"라는 소문이 자자했다. 일타홍은 친정 부모에게 간절하고도 냉엄하게 당부했다. 관청은 여염집과 다르니 아무리 딸이

심희수의 묘 곁에 일타홍 금산 이씨의 묘지석과 단이 세워져 있다.

보고 싶더라도 함부로 드나들어서는 안 된다는 것이었다. 친정 부모는 좀 서운하기는 했지만 딸의 부탁을 들어주려고 방문을 삼갔다.

그리고 사랑하는 사람의 입신출세라는 목적을 이룬 일타홍은 모든 것을 뒤로한 채 스스로 저승길을 택했다. 자기가 죽거든 남편의 조상들이 묻힌 심씨 선산先山에 묻어달라는 것이 마지막 요청이었다.

장례를 치르고 난 심희수는 텅 빈 가슴을 시 한 수로 달랬다.

한 떨기 꽃송이 상여를 탔네
떠나기 싫어서 발걸음 무거운가
명정을 적시는 금강의 가을비는
그대가 뿌리는 이별의 눈물인가

심희수

조선 중기의 문신으로 호는 일송(一松)·수뢰누인(水雷累人)이다. 선조 5년에 별시 문과에 급제해 승문원에 등용되었고, 정여립(鄭汝立)의 모반 사건을 다룬 기축옥사가 확대되는 것을 저지하려고 조정의 의견과 맞지 않아 사직했다.
임진왜란 때 의주로 선조를 호종했고 도승지로 임명되어 명나라 장군 이여송(李如松)을 영접했다. 선조가 죽고 광해군이 즉위한 뒤 좌의정으로 이이첨(李爾瞻) 등이 국권을 좌우하며 임해군(臨海君)을 해치려 하자 그 부당성을 상소했다. 탄핵을 받은 뒤 조정의 기강이 날로 어지러워지자 병을 이유로 사임을 청했으나 광해군은 이를 허락하지 않고 좌의정 이항복(李恒福)을 시켜 강제로 출사시켰다.
1616년 명나라에 다녀온 허균이 중국 야사(野史)에 와전(訛傳)된 우리나라의 종계(宗系)를 시정했다고 보고하여 조정에서 그 축하연 개최 여부가 논의되었을 때 이를 반대하다가 축출되었고, 폐모론 등이 일어나자 둔지산(屯之山)에 들어가 은거했다.

부사 따라 순절한 매화

 황해도 곡산 땅에 매화梅花라는 기생이 있었다. 매화는 자색이 뛰어났으며 재치가 또한 깜찍하여 모든 남자에게 흠모를 받았다.

어느 해 황해 감사가 곡산을 순찰하다가 매화를 보고 마음에 끌려 해주에 있는 감영으로 데려다가 첩으로 삼아 지극히 사랑했다.

그때 어느 선비가 곡산 부사로 부임해 내려와서 감사에게 인사를 드리러 갔다가 우연히 매화를 한번 보고는 첫눈에 정신이 팔려서 열렬한 정을 품게 되었다. 그러나 상관의 애기愛妓에게 섣불리 손을 댔다가는 그야말로 목이 달아날 판이라 그리운 정을 꾹 참고 곡산으로 내려오는 길로 먼저 매화의 어머니를 구워삶기 시작했다.

새로 내려온 부사가 아무 까닭도 없이 선물을 보내오는 통에 처음에는 얼떨떨해하던 매화의 어머니는 두 번 세 번 거듭되는 동안에 '아하, 저 영감이 매화에게 마음이 있구나' 하고 눈치를 채고는 어느 날

시치미를 떼고 물었다.

"이 늙은것이 영감에게 너무 신세를 져서 염치가 없습니다. 혹 무슨 청이라도 계시면 서슴지 마시고 말씀해보세요."

부사 또한 여간내기가 아니라 태연스레 대답했다.

"자네가 지금은 늙었지만 전에 이름난 기생이었다기에 한번 친해보자고 그러는 것이지 청할 일은 아무것도 없네."

"호호호, 그러지 마시고 제가 할 수 있는 일이면 무슨 일이고 다 할 것이오니 말씀을 해보시지요."

"그렇게까지 말한다면" 하고 부사는 해주에서 매화를 만난 후로는 연모의 정이 도져서 병이 날 지경이라는 것을 실토했다.

"그러니 자네가 매화를 한 번만 데려다 보여주면 죽어도 한이 없겠네" 하고 부사는 매달리다시피 사정을 했다.

매화의 어머니는 이 말을 듣고 "내 그런 줄 알았다니까요. 진작 말씀하실 일이지" 하며 웃음을 지었다. 그날로 매화 어머니는 딸에게 거짓 편지를 보냈다.

"내가 급병으로 죽게 되었다. 죽기 전에 너를 한번 보고 싶으니 곧 돌아오너라."

늙은 감사의 수청을 들며 태평한 세월을 보내고 있던 매화는 이 급보를 받고 울며불며 감사에게 집으로 보내달라고 간청을 했다. 감사는 돈과 옷감을 잔뜩 주며 다녀오라고 했다. 매화가 부랴부랴 집으로 돌아와 보니 뜻밖에도 어머니는 다 죽어가기는커녕 오히려 전보다 살이 쪄서 건강하기만 했다. 영문을 몰라 하는 딸에게 거짓 편지를 띄우게 된 사정을 이야기한 어머니는 곧 매화를 관가로 인도해 갔다. 아무리 어머니라도 자기를 속인 것이 화가 나 언짢은 기분으로 관가에 따라간 매화는 부사를 보고 나자 생각이 달라졌다.

나이 갓 서른을 넘긴 듯한 늠름한 장부요, 외모도 출중하게 잘생긴 사람이었기 때문이다. 지금까지 늙고 시든 영감만을 상대해오다가 젊고 싱싱한 남자를 만나니 마음이 움직이지 않을 수 없었다. 인물 좋고 벼슬 좋겠다, 돈 많겠다, 게다가 자기를 열렬히 사랑하고 어머니에게 친절하니 다시 생각할 필요도 없었다. 그날 밤부터 매화는 젊은 부사의 굳센 팔에 안겨 단꿈을 꾸게 되었다.

부사의 소실이 된 매화

연모하던 아름다운 여자를 손에 넣고 기뻐하는 부사, 늙은이에게 없던 청신한 맛을 느끼고 흡족해진 매화, 두 사람은 세월 가는 줄을 몰랐다. 그리하여 어느 날 문득 정신을 차려보니 한정 받은 날이 이미 지나고 있었다.

마침내 두 사람은 헤어지지 않을 수 없게 되었다. 서로 정을 버리지 못하고 울며불며 이별하는 날 매화는 무슨 생각을 했는지 부사에게 말했다.

"영감, 저도 이제는 영감 없이 하루도 살지 못하게 되었나이다. 부득불 가기는 갑니다만 일단 돌아갔다가 무슨 수를 내더라도 다시 돌아와서 영감을 모시겠사오니 그리 아셔요. 맹세코 돌아오겠나이다."

그리하여 매화는 해주로 돌아갔다. 노감사는 반가이 맞이하면서 물

신윤복의 〈월하정인〉. 조선 시대 기생은 대부분 관청에 소속되어 있었으므로 따로이 정인이 있다면 남들의 눈을 피해 달빛조차 흐린 밤에 몰래 만나야 했을 것이다.

었다.

"그래, 네 어머니는 어떻게 되었느냐?"

"네, 처음에는 생사를 가릴 수 없더니 다행히 이제 그만하기에 돌아왔나이다."

"오래도 있었다."

감사와 젊은 기생의 생활은 지난날처럼 아무 일도 없었던 듯이 계속되었다.

그러던 어느 날이었다. 갑자기 매화가 몸이 불편하다고 하며 자리에 눕더니 통 음식을 먹지 못하고 신음하기 시작했다. 놀란 감사는 의

치마 속 조선사 221

원을 불러다가 진맥을 잡히고 약을 지어 먹였다. 그러나 매화는 약도 잘 먹지 못하고 자꾸 앓기만 했다. 그렇게 10여 일을 앓더니 별안간 자리에서 일어나 머리를 풀어 헤치고 치맛자락을 질질 끌며 깔깔대고 웃기 시작했다. 그러다가 웃음을 딱 멈추고 텅 빈 눈으로 허공을 쳐다보며 고래고래 소리를 지르기도 하고 심지어 감사에게 욕설을 퍼붓기도 했다. 하인들이 말리면 물고 뜯고 발로 차고 하여 감당할 수가 없었다. 매화는 드디어 미친 것이다. 감사가 미친 기생을 감영에 둘 수는 없는 일이었다. 그래서 하는 수 없이 매화를 친정으로 돌려보내고 말았다.

곡산으로 돌아온 매화는 하루아침에 병이 씻은 듯이 나았다. 본시 거짓으로 미친 체한 것이었고 뜻대로 친정으로 돌아왔으니 더 이상 미친 체를 할 필요가 없었다. 며칠 쉬면서 몸을 보한 뒤 매화는 부사에게로 달려갔다. 다시 만나 사랑을 속삭이게 된 두 사람의 정분은 전보다 훨씬 두터웠다.

부사는 곧 매화를 소실로 맞아들여 즐거운 생활을 보냈다. 그들이 꿈같은 세월을 보내고 있는데 병신년에 뜻밖에도 옥사獄事가 벌어졌다. 부사가 불행하게도 그 옥사에 연좌되어 옥에 갇히더니 며칠 안 가서 매를 맞아 횡사하고 말았다. 남편의 죽음을 들은 그의 아내도 목을 매어 그 뒤를 따랐다. 매화는 비록 기생으로 소실이 된 몸이기는 하지만 생전에 같이 지내온 정의를 생각해, 두 내외의 시체를 고이 수습하여 예를 갖추어 장사 지내주고는 자기도 그 무덤 앞에서 자결했다.

4장
나라 위한 사랑

피보다 붉은 마음 주논개

주논개朱論介의 할아버지인 혁爀은 전라도 장수현 임내면 주촌(지금의 장수군 장계면 명덕리 주촌)마을에 들어와 학당을 차리고 아동들을 훈육하는 훈장이 되었다. 아버지 주달문朱達文은 부친의 대를 이어 훈장으로 가업을 삼고 생계를 유지했다. 박씨 부인과 결혼한 주달문은 아들을 낳았으나 괴질에 걸려 요절하고 말았다. 후사가 없자 이들 부부는 명산 장안산長安山에 들어가 정성껏 기도를 드리고 주씨 가문에 대를 이어갈 자손을 점지해줄 것을 천지신명에게 빌었다. 그 보람이 있어서인지 박씨 부인의 나이 마흔에 태기가 있자 무척 기뻐했다.

1574년(선조 7년) 9월 3일 밤 박씨 부인은 술시戌時에 여아를 낳았다. 서당에 있던 주달문에게 아이의 출생을 알린 사람은 그의 아우 주달무였다. 아이의 탄생 소식을 들은 주달문은 손가락을 꼽아보고서 "기이한 일이로다. 기이한 일이로세"라고 중얼거리면서 내실로 들어갔다. 산모는 여아를 출산하고서 매우 실망하고 있었다. 남편은 실의에 빠져 있는 부인을 위로하며 말했다.

"비록 여아를 분만하였으나 아이의 사주가 아주 기이하오. 갑술년 갑술월 갑술일 갑술시에 태어나 사갑술四甲戌의 특이한 사주를 타고 났소. 장차 큰일을 하여 높은 명성을 얻을 것이나 우리 부부가 늙어 대성하는 것을 보지 못하고 죽을 것이 한스러울 뿐이오."

아버지 주달문은 딸아이가 사갑술을 타고나자 그 뜻을 새겨 개해, 개달, 개날, 개시라면 개를 낳는다는 것으로 해석하여 경상도 방언으로 "개를 놓다"(개를 낳다)라는 뜻을 담아 논개論介라고 이름 지었다.

최 현감의 측실이 된 논개

논개의 나이 열네 살 때 겨우내 병석에 누웠던 아비는 병세가 악화되어 위독한 상태에 이르렀다. 그러자 어린 논개는 약손가락을 깨물어 선혈을 아비의 입에 흘려 넣었으나 그 아비는 소생하지 못하고 이 세상을 떠나고 말았다. 주달문의 장사가 끝나자 주씨 일문의 불행이 시작되었다. 주색잡기와 행패를 일삼고 다니던 논개의 숙부 주달무는 당시 지방의 토호 김풍헌金風憲을 찾아가 형 유족의 생계를 걱정하는 체하며 자신의 행락 자금을 마련하려 했다. 간교한 김풍헌은 이때를 놓치지 않고 주달무의 방탕함을 이용해 백치에 불구인 제 아들의 민며느리로 논개를 사 올 것을 계획했으니 두 사람의 흥정은 쉽게 성립되었다. 김풍헌은 동네 앞 상답 세 마지기의 문서와 엽전 300냥, 당백

포 세 필에다 제 아들의 사주단자를 얹어 보냈다. 주달무는 그 돈을 주색잡기에 탕진할 때까지 주촌마을에 돌아가지 않았다.

김풍헌의 추궁과 재촉에 못 이긴 주달무는 마침내 형수 박씨 부인 앞에 나타나서 사주단자를 내던지고는 행방을 감추고 말았다. 김풍헌이 혼례 날짜를 잡고 박씨 부인에게 전하자 논개와 그 어미는 혼비백산했고, 청천벽력이 떨어진 듯한 곤경에 빠지게 되었다. 모녀가 우선 발등의 불을 피하기 위해서는 박씨 부인의 친정인 안의현 서하면 봉정마을로 피신하는 도리밖에 없었다. 한편 가마와 시종들을 주촌으로 보내 민며느리로 산 논개를 데리러 갔으나 허탕을 치고 돌아오자 김풍헌은 노발대발하여 소장을 만들어 장수 현감에게 제출하고 엄벌해 줄 것을 호소했다.

장수읍 관아 소선루 앞뜰에는 안의현에서 포졸에게 잡혀 온 박씨 부인과 논개가 부복하고, 김풍헌과 여러 증인이 현감 최경회崔庚會의 사건 심문을 받고 있었다. 심리가 끝나자 최 현감은 판결을 내리며 김풍헌에게 일렀다.

"무고한 사람을 무고해서 괴롭히는 처사는 다시는 있어서는 안 된다."

최 현감은 박씨 부인과 논개에게 무죄방면의 영을 내렸다. 한편 최경회 현감의 부인 나주 김씨는 논개의 억울한 사정을 듣고는 내아內衙에서 이 송사에 지대한 관심을 갖고 있었다. 이들이 방면되자 부인은 의지할 곳도 없고 갈 곳도 없는 모녀를 내아로 불러 그곳에 머물면서 병약하여 자리에만 누워 있는 자신의 시중을 들어줄 것을 간곡히 부탁했다. 모녀는 갈 곳도 없을뿐더러 최 현감의 현명한 판결로 무죄방

면된 은혜에 보답하고자 최 현감의 승낙을 얻어 내아에 머물면서 현감 부인의 병시중을 들게 되었다.

자색과 부덕을 겸비한 데다 성실하고 영리한 소녀 논개는 얼마 지나지 않아 김씨 부인이 혀를 내두르며 감탄하는 대상이 되었다. 이윽고 김씨 부인은 부군 최 현감에게 오래 살지 못할 자신을 대신하여 논개를 측실側室로 맞이할 것을 권했다. 박씨 부인도 친정으로 돌아가면서 딸이 최 현감의 뛰어난 인품을 믿고 재생의 은혜에 보답하기 위해서도 그의 측실이 되기를 원했다. 노년에 숙병宿病으로 고생하던 박씨 부인은 서하의 친정에서 세상을 하직했고, 논개의 정성 어린 간병의 보람도 없이 현감의 부인마저 이승을 떠났다. 이제 논개는 고아가 되어 세상에 의지할 곳이라고는 최 현감밖에 없었다.

1591년 봄에 논개는 드디어 최 현감의 측실이 되어 비로소 부부의 정으로 맺어지는 운명이 되었다. 그해에 최 현감은 무장 현감으로 전보되었고 논개는 자연 부군의 임지로 수행하게 되었다. 그러나 신혼의 단꿈도 깨이기 전에 임진왜란이 발생했다.

의병장으로 무공을 세운 최경회 장군은 경상우병사가 되어 수하의

논개 영정.

병졸 중에서 약 3천 명을 이끌고 진주성에 입성했다. 그런데 논개 부인이 며칠 후에 진주성으로 가는 도중에 왜적의 척후병에게 사로잡히고 말았다. 왜병들은 경상우병사의 부인인 것을 알고 왜군의 진지인 창원 근방으로 논개를 호송했다. 이때 왜적을 추적하여 경상도 상주 적암까지 진출한 충청 병사 황진黃進 장군에게도 진주성 방어 명령이 내려졌다. 이들이 진주로 진격하던 중 때마침 산청현 오부면을 지날 무렵, 논개 부인을 호송하다 부상당한 병졸로부터 왜군에게 논개 부인을 빼앗긴 사실을 알았다. 이들은 왜군을 추격해 함안 현양곡에서 극적으로 논개를 구출하는 데 성공, 무사히 진주성에 입성했다. 여러 장수와 수인사를 마친 황진 장군이 엷은 미소를 띠고 최 장군에게 말했다.

"진주 입성 도중 왜적을 만나 교전하여 이를 섬멸하고 귀중한 전리품을 빼앗았으나 여기가 경상우병사 관할 구역이니 도리상 최 병사에게 양도할 수밖에 없겠구려."

"무슨 말씀을요. 전쟁에서 얻은 전리품은 싸워서 뺏은 사람이 차지해야 하는 법입니다."

최 장군이 양보의 말을 하여 서로 양보하느라 끝이 없자 방어사 김천일 장군이 중재에 나서 전리품을 운반해 오게 했다. 그런데 웬일로 교자 한 채가 들어오고 교자에서 한 여인이 내렸다. 논개였다. 최 장군은 놀라 눈이 휘둥그레져서는 황 장군에게 감사하며 기뻐했다.

논개가 진주성에 안착하고 채 두 달도 지나지 않은 6월이 되자 운명의 날이 다가오기 시작했다. 진주성은 왜군에 함락되고 6만여 명이 무참히 학살되었다. 성이 함락당하자 최경회, 김천일, 고종후, 이종인, 장윤 등은 남장대南將臺에 모여 국토를 지키지 못한 책임을 통감하고 자결할 것에 합의했다. 이들은 최경회 장군의 임종시臨終詩를 읊으며 차례로 남강 물에 뛰어들어 순절했다.

촉석루 아래 몸을 던져

논개는 성이 함락되고 최 장군마저 순절했다는 비보를 듣고 무한히 비분강개했다. 성을 함락한 왜적들은 살육과 약탈을 일삼다가 7월 7일을 기해 촉석루에서 승전연을 베풀고자 기생을 모집하는 방을 거리에 붙였다. 이를 본 논개는 이것이야말로 하늘이 주신 설욕의 기회라 생각했다. 논개는 진주 고을 수안首案 기생을 불러 자신의 계획을 말하

촉석루. 우리나라 3대 누각 중 하나다.(사진 제공 : 진주시청 문화관광과)

치마 속 조선사 229

고, 기안妓案에 자신의 이름을 올리게 했다.

드디어 칠석날이 되자 공성에 참가했던 왜장들이 촉석루에 모여들었다. 논개는 어여쁘게 화장한 뒤 화려한 옷을 차려입고 운명의 연회석에 참석했다. 논개는 진주 기생들의 협조를 얻어 공성의 주장 왜장 게야무라 로쿠스케毛谷村六助에게 가까이 갈 수 있었다. 그는 적장 가운데서 가장 용맹한 장수로서 이번 진주성 공격 때 선봉에 서서 쳐들어온 자였다.

논개와 함께 불귀의 객이 된 왜장 게야무라 로쿠스케.

"이름이 뭐냐?"

"논개올시다."

"논개라. 술을 부어라!"

논개는 짐짓 공손히 술을 부어주면서 속으로 결심했다.

'오냐, 내가 비록 원수를 다 갚지는 못하더라도 네놈 한 놈이라도 죽이고 나도 죽겠다!'

이러한 결심을 하고 나니 마음이 한결 후련해져서 논개는 차츰 노래도 부르고 춤도 추며 권하는 대로 술도 마셨다. 연회가 무르익어 갔다. 술에 취한 적장들은 제각기 기생들을 하나씩 끌고 한 쌍 두 쌍 으슥한 곳을 찾아 내려가기 시작했다. 논개의 어여쁜 맵시와 고운 목소리에 반한 게야무라는 몽롱한 취안으로 논개의 손을 덥석 잡고 강가로 내려갔다. 논개는 묵묵히 이끄는 대로 따라섰다. 적장은 촉석루 아래 커다란 바위 위로 올라갔다. 어느덧 해는 서산에 기울어 흰 모시 적삼 사이로 선선한 강바람이 스며 들어왔다. 바위 위에서 게야무라는 또 술을 마셨다.

'실컷 마셔라. 네 운명도 이제 얼마 남지 않았다.'

논개는 속으로 이렇게 중얼거리며 연거푸 술을 권했다. 가까이에서 여자들의 간드러진 웃음소리가 나고 남녀가 희롱하는 소리가 들려왔다. 게야무라는 논개를 끌어당겨 얼굴에다 수염을 비벼대고 소곤거렸다.

"논개야, 다른 데로 가자."

"아니오. 더 놀다가 마음대로 하시오."

술에 취하고 논개에 취한 적장 게야무라는 춤이라도 같이 추자고 하면서 논개를 일으켜서 가슴에 품었다. 논개를 껴안고 춤을 추는 게야무라의 다리는 술기운에 힘이 빠져서 제대로 움직이지 못했다. 게

의암. 이 바위 위에서 열아홉 꽃다운 청춘의 논개가 적장을 껴안고 강물 속으로 몸을 날렸다.(사진 제공 : 진주시청 문화관광과)

야무라의 품 안에서 발만 들었다 놓았다 하던 논개는 '이때다!' 하고 힘껏 적장의 허리를 껴안았다. 그리고 다음 순간 외마디 소리를 지르며 푸른 강물 속으로 뛰어들었다. 가까이 있던 적장들이 와하고 일어섰다. 물속에 떨어진 게야무라는 필사적으로 몸을 솟구쳐 빠져나오려고 몸부림을 쳤다. 그러나 워낙 만취한 데다가 논개가 죽을 결심으로 껴안고 놓지 않았기 때문에 몇 번 솟았다 가라앉았다 하면서 첨벙거리다가 마침내 영영 가라앉고 말았다.

10여 일을 쉴 새 없이 내린 장맛비는 남강의 물을 노도와 같이 흐르게 했고 큰물에 휘말린 논개와 게야무라는 껴안은 채 한없이 흘러가 버리고 말았다. 열아홉 꽃다운 청춘의 최후였다.

후일 사람들은 그 바위를 의암義岩이라 불렀으며, 의암사義岩祠라는 사당을 지어 논개의 제사를 지냈다.

명기

고려 말기부터 명기의 이름이 사적(史籍)에 나타나기 시작했다. 그중에서도 설중매(雪中梅)라는 기녀는 왕조의 변천을 풍자함으로써 선비들을 놀렸다. 조선 왕조에서는 명기가 생기기 전에 공자(公子)나 왕손(王孫)들이 모두 독점해 그들은 명성을 날리지 못했다. 그래도 간혹 선비들의 입에 올라 그 이름을 높이기도 했다. 모두 태평성대의 성사라 하겠다. 특히 성종(成宗) 25년간은 평화 시대가 계속되었으므로 기녀들도 선비들과 같이 어울려 노는 일이 많았다. 따라서 성종 때부터 연산군, 중종 시대까지 70년간에 걸쳐 화원(花園)은 만발했다.

평양성 전투의 김응서 장군과 계월향

1592년 도요토미 히데요시는 가토 기요마사, 고니시 유키나가 등을 선두로 육군과 해군의 대군을 동원해서 조선을 침략했다.

부산에 착륙한 왜군이 한 달도 채 안 돼 한양을 점령하는 등 기세를 떨치자 선조 임금은 의주로 피난하고, 왕자들은 함경도로 달아났다가 반역자에게 붙잡혀 적군에게 팔리는 혼란의 소용돌이에 휩쓸렸다.

이렇게 몇 달 동안에 왜군은 평양·회령에까지 침공해 조선 국토의 대부분을 유린하고 학살, 약탈, 방화 등 온갖 만행을 저질렀다. 이처럼 조국이 존망의 위험에 처해 있을 때 이순신 장군은 거북선을 만들어 왜의 수군을 전멸시켰고, 곽재우를 비롯한 많은 의병장과 서산대사·사명당 등 승병장들, 그리고 애국적인 백성과 기생·노비까지 모두가 들고일어났다.

계월향은 참으로 얼굴이 아름답고 마음씨 또한 부드러운 처녀였다. 그녀는 타고난 미모를 지녔을 뿐 아니라 총명함과 지극한 효심 때문

〈평양성전투도〉. 1593년 1월 조선과 명 연합군은 전열을 가다듬고 총공격을 감행, 7개월 만에 고니시 유키나가 제1군으로부터 평양성을 탈환했다.

에 소문이 자자했다. 그러나 어머니와 둘이 사는 생활이 너무나 가난하여 할 수 없이 기생이 되었다. 가무음곡에도 뛰어난 계월향은 곧바로 평양 제일의 명기로 불리게 되었다. 계월향이 김응서金應瑞 장군과 깊이 교제하게 된 것도 이때의 일이다.

어느 날 왜군의 평양 침공이 급보로 전해지자 월향도 늙은 어머니를 모시고 보통문 밖으로 피난했다. 그러나 일시에 밀어닥쳐 성안으로 진입해 온 적군은 보통문 밖의 민가로 들어가서 가재도구나 식량을 닥치는 대로 약탈한 뒤 문밖에 있던 피난민들에게로 눈을 돌려 젊은 여자들을 모조리 끌어갔다. 너무나 끔찍한 일에 정신을 잃은 월향은 고니시 유키나가의 부장 격이었던 고니시 히다노카미小西飛驒守 앞에 끌려가게 되었다. 호색한인 소서비小西飛(당시 고니시 유키나가小西行長와 구별하기 위해 그를 이렇게 불렀다)가 그녀를 놓칠 리 없었다. 소서비는 입맛을 다시며 "정신을 차릴 때까지 간호해주어라" 하고 부하에게 명령했다. 그 속셈은 뻔한 것이었다.

겨우 정신을 차린 월향은 엉겁결에 "으악!" 하고 소리를 질렀다. 소서비의 얼굴이 너무나도 흉측했기 때문이다. 얼굴은 수염으로 뒤덮여 있고, 크고 툭 튀어나온 눈알, 거무칙칙하고 두툼한 입술이 마치 짐승 같았다. 소서비는 눈을 가늘게 뜨고 "좀 더 쉬는 게 좋겠다"라고 말하고 밖으로 나갔다. 월향은 이런 남자에게 몸을 더럽히느니 차라리 죽는 쪽이 낫겠다고 생각했으나 어차피 목숨을 끊을 바에는 신변에 있는 적장을 쓰러뜨리고 죽어야겠다는 생각이 들었다. 그러나 이 악귀 같은 적장을 여자 한 사람의 힘으로 어떻게 쓰러뜨릴 수 있겠는가. 어떻게든 김응서 장군에게 연락해야 했다. 그의 솜씨라면 적장을 죽일 수 있을 것이었다. 하지만 그것을 알릴 방법이 없었다. 월향은 눈을 감았다. 그녀가 적병에게 붙잡혔을 때 어머니가 뒤쫓아오며 "내 딸을 데려가려면 차라리 나를 죽이고 가라" 하고 외치던 소리, 그 어머니를 발로 걷어차던 적병의 모습, 목숨을 걸고 싸우던 백성, 그리고 적을 토벌하기 위해 승려가 무술을 단련하고 젊은이들이 권법을 배우는 모습, 어둠을 틈타 밤마다 나타나서는 그들을 지도하던 늠름한 김응서 장군의 모습이 떠올랐다.

목숨을 건 계획

한편 김응서 장군은 적의 정세를 살피기 위해 군관 두 사람과 부하를 데리고 평양 성안으로 잠입했다. 적에게 잡혔다는 계월향의 소식도 알고 싶었다. 적의 동정을 자세히 살핀 장군은 드디어 몰래 계월향의 집을 찾아가 보았다. 늙은 어미는 너무나 놀라 덜덜 떨며 말했다.

"이런 호랑이 굴에 오는 것은 목숨을 내놓는 일입니다. 빨리 돌아가세요."

장군은 월향이 걱정되어 왔으며 또 그녀에게서 적군의 동향에 대해 듣고 싶은 것이 있다고 이야기하고 "어머니라면 적도 만나게 해줄 것이오"라고 말했다.

"당치도 않습니다. 그런 구실로 적이 내 딸을 만나게 해주겠소? 내 딸이 노리갯감이나 되지 않았는지, 그것이 걱정될 뿐인데……."

노모는 너무나도 가슴이 아팠다. 장군은 거듭 재촉했다.

"우리나라가 흥하고 망하는 것은 오늘 밤 내가 월향을 만나는가의 여부에 달려 있습니다. 아무튼 국난을 구하기 위해서 월향을 만나주시오."

그때였다. 누군가가 대문을 두드리는 소리가 들렸다. 장군은 몸을 감추고 노모가 나가보니 월향이 적병을 대동하고 서 있었다.

깜짝 놀란 노모가 살며시 눈짓을 하자 눈치 빠른 월향은 적병을 문 밖에서 기다리게 하고 집 안으로 들어왔다.

"김응서 장군이 와 계신다."

노모가 귀엣말로 속삭이자 월향은 놀라서 조심스럽게 주위를 둘러보았다.

"오, 월향!"

"장군님!"

두 사람은 다가가서 두 손을 굳게 마주 잡았다. 서로 아무 말도 하지 않아도 깊은 뜻이 전해지는 것 같았다.

"옷을 갈아입는다고 하고 집으로 돌아온 것이에요."

월향이 장군의 귀에다 속삭였다.

"그런데 어찌하여 이런 위험한 곳에……."

"각오하고 있다. 월향이도 만나고 싶었지만 적군의 동태도 알고 싶구나."

노모가 문밖에서 망을 보고 있는 동안 두 사람은 빠르게 이야기를 주고받았다. 장군의 계략을 안 월향은 고개를 가로저으며 말했다.

"장군님! 장군님이 남들보다 뛰어난 힘과 용기를 가지신 것은 제가 가장 잘 압니다만, 아무래도 소서비를 쓰러뜨릴 수는 없을 것입니다. 놈의 온몸은 철판 같은 비늘로 덮여 있어 숨을 들이마시면 비늘이 곤두서고 숨을 내쉬면 비늘이 잡니다. 칼이나 창으로는 도저히 찌를 수 없습니다. 게다가 방의 사방에 방울을 단 모기장을 쳐서 살짝만 닿아도 방울이 울려 잠이 깨도록 장치되어 있습니다. 그리고 그 안에 몇 겹의 막을 치고 또 그 안쪽에 큰 병풍을 세워두었습니다. 놈은 그 안에서 잠을 잡니다. 그리고……."

"음, 계속하라."

"방 안에는 환하게 불을 켜놓았는데 머리맡에는 청룡도를 세워놓고 발치에는 비수검을 세워두었습니다. 자고 있어도 삼경까지는 귀로 듣고 눈으로 보고 오경까지는 눈으로 듣고 귀로 봅니다. 그렇게 하고 자기 때문에 아무도 그곳으로 들어가지 못합니다. 게다가 집 안과 밖에는 왜병들이 철저하게 지키고 있기 때문에 만일 실패하면 큰일입니다."

한 마디 한 마디 숨을 죽여가며 이야기하는 월향의 목소리는 떨리고 있었다. 그러나 장군은 무슨 까닭인지 빙그레 웃으며 그녀의 어깨를 두드렸다.

"좋아. 그래도 놈을 토벌해야지!"

"그래도 결행하시겠다는 것입니까?"

"그럼."

계월향은 안타까운 마음으로 장군을 쳐다보며 다음과 같이 말했다.

"조심하세요. 타인이 문을 열면 그 칼이 저절로 움직여서 목을 벤다고 합니다. 그때는 검에 침을 뱉으세요. 그러면 검이 본래의 장소로 돌아갑니다. 그리고 장군의 칼을 사용하지 말고 그 비수검으로 놈의 비늘이 곤두섰을 때 찌르세요. 비늘이 잘 때에는 아무리 찔러도 들어가지 않습니다. 장군님! 신중하고 또 신중하세요."

그때 방 밖에서 노모의 목소리가 들려왔다. 적병이 독촉하고 있다는 것이었다.

월향은 마지막 의논을 나눈 뒤 급히 갈아입을 옷을 가지고 성안으로 향했다. 계월향이 청허관으로 돌아온 기척에 눈을 뜬 소서비는 기다리다 지친 듯이 말했다.

"꽤 늦었군!"

"예, 오랜만에 어머니도 뵙고, 옷도 챙기느라……."

적병의 칼에 맞은 월향

그녀에게 빠져 있는 소서비는 곧 기분을 바꾸고 술잔치를 벌였다. 최근 한산과 부산 해전에서 왜의 수군이 이순신 장군에게 참패한 소식을 전해 들은 그는 불안감이 더욱 심해졌는지 주량이 매일 밤 늘어갔다. 하루에 한 되의 밥에 열 근의 고기와 소주 석 되를 먹어 치웠다.

월향은 의식적으로 평소보다 술잔에 술을 가득 따라서 몇 번이나 그의 입에까지 대어주곤 했다. 그는 기분이 매우 좋은 듯 계속 마시다가 마침내 의식이 몽롱해질 정도로 취해서 잠들어버렸다. 그녀는 이제 됐다고 생각하고 방울의 입구를 솜으로 막고 뒤뜰로 나갔다. 그리고 약속대로 대기하고 있던 김응서 장군에게 신호를 보냈다. 장군이 월향의 뒤를 따라 방으로 들어서자 듣던 대로 비수검이 대들었다. 월향은 장군을 감싸면서 침을 마구 뱉었다. 그러자 신기하게도 검이 본래의 위치로 돌아갔다. 살금살금 발을 내디딘 두 사람이 소서비의 모기장을 들었을 때 그는 굉장하게 코를 골면서 푹 잠들어 있었다.

장군은 그녀가 말해준 대로 침을 뱉은 비수검을 손에 들고 비늘이 거꾸로 설 때를 기다렸다. 잠시 후 비늘이 조용히 움직이는가 싶더니 살짝 거꾸로 섰다. 그 순간 단숨에 목을 찌른 장군은 다시 소서비의 목을 베어 떨어뜨렸다. 눈에 보이지 않을 정도로 빠른 솜씨였다. 그런데 어찌 된 일인지 목 없는 소서비의 몸이 갑자기 일어서는가 싶더니 푹 쓰러지는 것이었다. 장군은 확실히 목이 잘린 소서비가 일어서는 듯했기 때문에 실수한 것은 아닌가 싶어 떨어져 있는 목을 두 번 세 번 다시 봤다. 확실히 그 목은 눈을 크게 뜬 채 나동그라져 있었다.

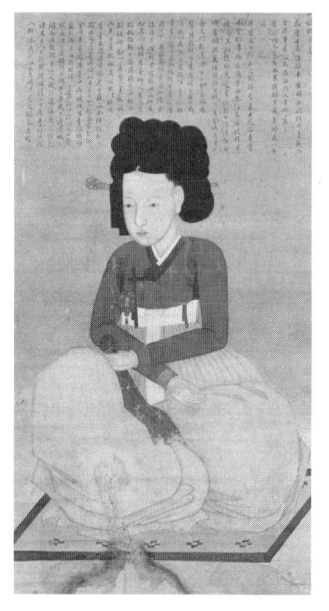

의기 계월향의 초상.

장군은 뱀처럼 집념이 강하고 생명력 있는 소서비에게 매우 놀랐으나 서둘러 월향을 데리고 청허관을 빠져나왔다. 사태를 파악한 적의 추격대가 뒤쫓아왔다. 성 밖에서는 김응서 장군의 부하들이 이제나저제나 하고 장군이 돌아오기를 기다리고 있었다. 그러나 닭이 세 번째 울어도 소식이 없고 별이 빛을 잃어가자 부하들은 틀림없이 실패한 것이라 생각하고 낙담하여 말을 끌고 발길을 돌렸다. 그런데 강동교 근처에까지 이르렀을 때 하늘의 별이 갑자기 다시 빛나기 시작했다.

"별이 빛나고 있어. 장군께서 성공한 것이 틀림없군!"

부하들은 급히 왔던 길을 되돌아갔다. 그리고 상처를 입은 월향을 등에 업은 장군을 만났다. 퇴각 도중 적병의 칼에 맞은 월향은 숨이 끊어질 듯 말 듯 했다.

"저는 이제 안 되겠어요. 빨리 도망가세요. 나라의 원한을 풀게 되어 정말 기쁩니다."

장군은 월향을 끌어안으면서 말했다.

"나는 그대를 사랑한 사람이오. 오늘 밤 적장을 쓰러뜨릴 수 있었던 것은 그대 덕이오. 어찌 호랑이 굴 속에 놔두고 떠나겠소."

그때 추격대의 말발굽 소리가 들려왔다. 부하는 장군을 재촉하며 말했다.

"장군! 추격대입니다. 이 정도의 상처라면 월향을 도울 수 없습니다. 한때의 정에 빠지지 마십시오. 게다가 그녀는 적장의 노리개였던 여자이지 않습니까?"

월향이 장군에게 말했다.

"소녀를 여기에 놔두고 퇴각하십시오."

그러나 장군은 강한 어조로 말했다.

"정말 야박한 말이군. 나를 도와 나라를 위해 큰 공을 세운 사람을 두고 가라니! 나는 그리할 수 없네."

김응서 장군은 월향의 몸을 끌어안고 말을 탔다. 그러나 월향은 이미 숨이 끊어져 있었다.

김응서

조선 중기의 무장으로 선조 21년에 감찰(監察)이 되었다가 집안이 미천하여 파직당했다. 임진왜란이 일어나자 다시 기용되어 수탄장(守灘將)으로 평양 방어전에서 대동강을 건너오는 적병을 막았다. 그해 8월에는 조방장(助防將)으로 2개월 전에 고니시 유키나가 군대에 점령당한 평양의 공략에 참가했다. 그 뒤 평안도 방어사로 승진했으며, 1593년 명나라 이여송(李如松)의 원군과 함께 평양성을 탈환하는 데 공을 세웠다. 김응서 장군은 전라도 병마절도사가 되어 원수(元帥) 권율(權慄) 장군의 밑에 있으면서 남원 등지의 도적을 소탕했으며 경상 우도 병마절도사로 있으면서 선조의 명에 따라, 전사한 동래 부사 송상현(宋象賢)의 관을 일본군이 점령하고 있는 지역에서 찾아왔다. 그 후 포도대장 겸 도정 함경북도 병마절도사, 평안도 병마절도사 등을 지냈다.

양놈에게 몸을 허락하고 죽은 최옥향

 대동강에는 꽃 같은 청춘을 던진 남녀들의 슬픈 사연이 많았다.

"옥향아, 잘 생각해봐라. 네가 그 사람의 수청을 들어서 호감만 산다면 지금 우리나라가 당하고 있는 어려운 문제가 다 잘 해결될 것이다."

"못 하옵니다. 이 몸이 목숨을 끊는 일이 있사와도 양이의 수청만은 들지 못하겠사옵니다."

옥향은 두 눈에 잔뜩 눈물을 머금고 말했다. 이에 감사도 아무 말을 하지 못하고 멍하니 천장만 지켜보고 있었다. 그가 생각해봐도 옥향이 불쌍하기 그지없었다. 이제 겨우 열여덟 살이 된 그녀에게 눈이 파랗고 노란 털이 복슬복슬한 서양인의 수청을 들라고 하기에는 감사의 양심에도 가책이 되었다.

'나에게도 옥향이만 한 딸이 있지 않은가. 아무리 천한 관기官妓의

몸이라지만…….'

그러나 한편으로 생각하면 지금 관찰청觀察聽에서 열리고 있는 미국과의 담판에서 조금이라도 우리나라에 유리한 결말을 내자면 미국인 문책사問責使의 호의를 사지 않을 수 없었다.

"정말 일이 난감하구나."

감사는 깊은 한숨을 내쉬었다.

"감사 나리, 차라리 천한 년을 죽여주시어요."

어깨를 들먹이며 울고 있는 옥향을 바라보던 감사는 심기가 불편해져서 자리를 피하고 말았다.

나라를 위해 미국인의 수청을 든 옥향

이같이 미국에서 문책사가 오게 된 것은 2년 전에 평양에서 있었던 큰 사건 때문이었다. 때는 1866년 7월, 장마 통에 대동강 물이 붇자 미국 군함 '제너럴셔먼호'가 서해 바다에서 대동강을 거슬러 올라와 닻을 내렸다. 그러나 강물이 줄어들자 군함은 강바닥에 주저앉고 말았다. 평양 감사는 중군中軍 이현익李玄益 등 세 사람을 보내서 사정을 물었으나 그들은 세 사람을 배 안에 감금하고 석방하지 않았다. 이에 감사가 누차 석방을 독촉했으나 그들은 응하지 않을뿐더러 오히려 희롱하는 태도를 보이므로 이에 격분한 군중이 마침내 셔먼호에 불을 지르고 말았다. 그러자 군함에 타고 있던 미국인들은 더러는 도망치고 더러는 물에 빠져 죽었다. 그중에 토머스라는 선교사가 간신히 강

제너럴셔먼호. 미국은 제너럴셔먼호 사건을 구실로 1871년 신미양요를 일으켰다.

가에 상륙했으나 군중은 그를 때려죽이고 말았다.

 이러한 일이 있은 지 2년 후인 1868년 3월에 미국 군함 '셰넌도어호'가 셔먼호 사건을 문책하러 평양에 온 것이다. 그들 미국인 문책사 일행은 감찰청에서 평양 감사와 담판을 벌였는데 그들의 요구가 어마어마했다. 배상금 백만 불, 기독교 포교布敎의 자유, 신자의 생명과 재산의 보호, 토지 소유권의 보장 등 실로 어려운 문제들이었다. 감사는 다소라도 그들의 환심을 사서 담판을 유리하게 이끌려고 모란봉 득월루得月樓에서 큰 잔치를 베풀기도 하고 대동강에 놀잇배를 띄워서 밤새 대접하기도 했다.

 한편 평양 기생 백여 명은 총출동이 되어 그들의 접대에 여념이 없었다. 연일 이러한 잔치 소동을 벌이는 가운데 미국 문책사의 눈에 띈 것은 백여 명의 기생 중에서도 모든 면에서 아름다움을 자랑하는 옥향이었다. 옥향의 미모에 반한 미국인 대표는 넌지시 감사에게 그녀와의 동침을 요구해 왔다. 감사는 담판을 유리하게 결말지을 수 있는 좋은 계기라 생각하고 즉각 옥향을 불러서 미국인의 수청을 들기를 권했다. 그러나 옥향은 감사의 뜻을 강경하게 거절하는 것이었다. 이에 난처해진 감사는 갖은 방법으로 옥향을 설득하기 위해 애를 썼다. 감사는 할 수 없이 옥향의 어머니에게 부탁을 했다.

"나라를 위한 일이니 잘 말하여서 옥향이 마음을 돌리도록 하게."

감사의 신신부탁을 받은 옥향의 어머니는 딸을 타일렀다. 옥향도 마침내 나라를 위하는 일이라 생각하고 미국인의 수청을 들기로 결심했다. 드디어 옥향은 열여덟의 꽃다운 몸을 미국인 문책사에게 허락했다. 이 일이 계기가 되었는지 난항을 거듭하던 담판이 일사천리로 매듭을 짓게 되었다. 10여 일 동안의 담판이 끝나고 문책사 일행은 평양을 떠났다.

"휴, 옥향의 덕택으로 담판이 순조롭게 끝났구나."

감사는 귀여운 듯이 옥향을 바라보며 그녀에게 고마움을 말했다. 그러나 옥향에게는 새로운 시련이 기다리고 있었다.

"양놈의 수청을 든 더러운 년!"

"뻔뻔스럽게 그 낯짝을 하고 어떻게 산담."

동료 기생들은 그녀를 세워놓고 흉을 보기 시작했다. 옥향은 눈물을 뿌리며 살을 깎는 듯한 수모를 참아야 했다.

"서양 놈하고 잔 년, 재수 없다."

옥향이 나가는 술자리에선 이러한 말까지 나오게 됐다. 마침내 그녀는 연회석에 불리는 일이 없게 되었다. 그럴 뿐만 아니라 동리의 아낙네들과 심지어는 글방에 다니는 아이들까지 그녀에게 손가락질을 하고 침을 뱉었다.

'죽자. 이러한 세상을 살아간들 무엇 하리.'

결국 옥향은 눈물을 뿌리며 대동강 푸른 물에 한 많은 몸을 던지고 말았다.

옥향의 시체는 다음 날 아침에 강물 위에 둥실둥실 떠올랐다. 마침 낚싯배가 그녀의 시체를 건져서 강기슭에 올려놓았다.

"옥향이 대동강에 빠져 죽었다!"

"죽어 싸지. 그 더러운 인생을 살아서 무엇 한담."

불쌍한 그녀가 죽었어도 그녀에 대한 험담은 가시지 않았다. 그뿐만 아니라 강기슭에 건져놓은 그녀의 시체를 그 누구도 묻어주려고 하지 않았다. 더러운 기생의 송장을 치웠다는 욕이 두려워서였다. 썩어 들어가는 옥향의 시체는 까치 떼가 쪼아 먹었다. 그녀의 시신은 보기에도 끔찍하게 변해버렸다. 수개월이 지나자 누구의 손에 의해서인지 옥향의 시신이 없어졌다.

그 후 날이 궂으면 대동강에선 애끓는 옥향의 울음소리가 들려왔다고 한다.

제너럴셔먼호 사건

1866년 음력 7월 대포 2문과 기타 다수의 무기로 무장한 기선 제너럴셔먼호는 조선을 왕래했던 영국인 기독교 선교사 토머스(사진)를 통역으로 하여 평양 대동강에 들어와 통상을 요구했다. 표면으로는 통상을 표방했으나 실질 내용은 평양 부근의 고대 왕릉을 도굴, 약탈하려는 계획이었다.

당시 조선의 지방 관청에서는 네 차례에 걸쳐 쌀, 쇠고기, 닭, 계란, 신탄, 소채 등을 공급해주면서 즉시 철거를 요구했으나 오히려 요구하러 간 관원을
체포, 구금하고 무고한 민중들의 선박을 습격해 약탈했으며, 부녀자를 능욕하고 함부로 발포하면서 10여 명의 양민을 살상했다. 이와 같은 끝없는 만행을 보다 못한 평안도 관찰사 박규수의 강경한 퇴거 요구에 대해 미국인들은 뻔뻔스럽게 쌀 일천 석과 거액의 금은, 인삼을 내놓으라고 요구했다. 이에 분노한 평양 군민들은 퇴역 군인 박춘권(朴春權)의 지휘하에 창의적인 화공술(火攻術)로 셔먼호를 불태워 버렸고 이로 인해 선교사 토머스를 비롯한 몇 명이 죽었다. 후일 이 사건이 신미양요(辛未洋擾)의 원인이 되었다.

5장 왕실과 사랑

연산군과 궁녀의 옷을 입은 광한선

 연산군 9년, 왕의 나이는 28세였다. 전년에 제안대군의 종 장녹수를 처음 사랑하여 숙원으로 봉했다. 이때부터 궁녀 이외의 다른 여성에게도 손을 대기 시작했다.

이해 6월에 어명을 내렸다.

"내일 양 대비전(母와 祖母)에 소연을 드리고자 한다. 특히 해금을 잘하는 기녀를 입대시켜라. 들어올 때 붉은 치마를 입지 말도록 하라."

기생 차림을 하지 말고 궁녀와 같이 차리라는 말이다. 장악원掌樂院에서는 해금기奚琴妓 광한선의 이름을 적어 올렸다.

이날이 되자 왕은 소연을 위해 양 대비전에 광한선 등 기녀 네 명을 선발해 보내고 자기도 친히 소연에 참가했다. 이는 어머니와 할머니에게 효도한다는 뜻에서 나온 일이다. 연회가 시작되자 궁인 차림을 한 광한선은 동료 세 사람을 데리고 장악원 서리의 안내로 궁중 후원

장악원 터. 한양 기생들은 궁중의 음악과 무용을 담당하는 장악원이라는 관청에 소속되어, 이곳에서 노래와 춤을 교육받은 뒤 궁중의 연회에 동원되었다.

에 들어갔다. 광한선은 원래 잘생긴 여성으로 누가 보아도 탐스럽게 생겼다.

연회가 시작되자 왕은 친히 술을 양 대비에게 올리고 축수한다.

"부디 만수무강하시옵소서. 소자 불효막심하외다."

"상감, 너무 심려를 끼쳐드려 미안하오. 어서 국사에 참여하오."

"아니옵니다. 오늘은 두 분 마마께 술을 드리고자 하옵니다. 많이 드시옵소서."

"상감, 고맙소이다."

연산군은 이렇게 말을 나누며 옆에 앉아 있는 광한선을 자세히 보았다. 해금을 뜯는 손이 희고 미끈하며 얼굴엔 분홍빛이 돈다.

궁중 후원의 곡연은 왕과 가까운 친척만 모인다. 왕의 매부 되는 임숭재任崇載도 있었다. 두 사람은 광한선의 해금에 도취되어 멍하니 바라볼 뿐이었다.

왕은 옆에 있는 임숭재를 꾹 찌르며 귓속말로 속삭였다.

"여보, 풍원위豊原尉, 그 기생이 잘도 생겼네. 군침이 도는데!"

"상감의 뜻대로 하시옵소서."

"안 될 말이지. 대신들의 이목이 있는데……."

"염려 없소이다."

"대신들이 알면 왕이 기생과 사통했다 하여 문제를 일으키지 않을까?"

연산군은 왕이라는 자리를 생각해 체면을 차리고자 하는 말이었다.

"전하, 걱정 마시옵소서. 전날 세조 대왕께서도 기생을 좋아하여 네 명의 기녀가 항상 궁중에 무상 출입했다 하옵니다. 전하께서도 그렇게 하시지요."

왕은 임숭재에게 명령을 내려 궁중 후원으로 광한선을 불러들이게 했다. 이때 그녀는 궁녀 차림으로 들어왔다. 주연이 벌어지자 왕은 그녀를 더욱 유심히 바라보았다. 과연 천하의 절색이었다. 술잔을 올리는 기녀, 노래 부르는 기녀들이 서로 얼굴을 가다듬고 아양을 떨고 있으나 광한선이야말로 군계일학群鷄一鶴이었다. 왕은 광한선을 볼수록 더욱 빠져들었다. 이때 같이 들어온 적선아謫仙兒, 완산월完山月, 상림춘上林春도 모두 특기를 가진 기녀들이었다.

왕은 다시 네 명의 기생을 남게 했다.

"광한선아, 너의 해금이 아주 좋구나. 그 소리 누구를 원망하는 듯하고 때로는 누구에게 하소연하는 듯하구나."

"황은이 망극하옵니다. 상감을 원망하고 하소연하고 있답니다."

"무슨 일을 원망하느냐?"

"천한 몸을 부르심이 원망스럽습니다. 그리고 부름을 받은 여인은 뜻을 이루지 못하면 하소연하옵니다."

"오냐, 너의 뜻을 알았다."

옆에서 임숭재는 어서 행사하라고 독촉하는 눈짓을 했다.

"전하, 전날 세조 대왕도 궁중에서 항상 네 명의 기생을 시켜 공신들과 같이 입참하게 했습니다."

네 명의 기녀를 궁중에 두라는 말이었다. 그래도 연산군은 껄끄러웠다.

"전날 부왕은 네 명의 어기御妓를 두었다는 말이 없는데 어찌 된 셈이오?"

임숭재에게 물었다.

"선왕 때의 일은 잘 모릅니다. 다만 세조 대왕 때 늙은 기생이 시립하여 공신들에게 술을 권했다 합니다."

광한선의 고혹적인 자태

밤은 더욱 깊어갔다.

"상감마마, 어디로 거둥하시렵니까?"

광한선이 애교를 떨며 물었다.

"갈 곳이 없다. 이 자리에서 쓰러지면 그대로 쉬는 것이다."

임숭재는 상을 물리고 세 명의 기녀를 내보냈다.

"신도 물러가겠나이다."

"여보, 매부, 왕으로서 기녀를 건드린다고 말이 없겠소?"

연산군은 매우 조심스러웠다. 비록 폭군의 소리를 듣는다 하지만 왕이 기녀를 건드린다는 것은 드문 일이다. 그러므로 매부 임숭재에게 묻는 것이다.

"상감마마, 구중궁궐 깊은 곳의 일을 누가 알겠사옵니까? 용기를 내시어 천기의 몸도 맛보시옵소서."

이 말에 왕은 웃었다. 웃음 속에는 음란한 풍과 조심성이 섞여 있었다.

나중에 연산군은 광한선과 단둘이 남게 되었다. 때는 마침 6월로서 한참 무더웠다. 광한선은 땀을 흘렸다. 왕의 앞이라 하여 조심스러워 솜을 둔 버선이 화끈거렸다.

"더우니 옷을 벗으려무나."

"어디 어전 앞에서 옷을 벗겠나이까?"

"아니다. 이제 아무도 없다. 더우니 웃옷을 벗어라."

광한선은 왕명에 따라 웃옷을 벗었다. 속에는 모시 속치마만 남았다. 저녁이 되어 몸은 비치지 않지만 허리와 등이 그대로 노출됐다. 왕은 처음 대하는 기녀인 만큼 호기심이 끌려 덥석 손을 잡았다.

"매우 부드럽구나."

광한선은 처음인 만큼 두려운 생각이 앞섰다.

"상감마마, 소녀는 천한 기녀이옵니다. 어찌 지고하신 상감마마의 몸과 섞이겠나이까? 너무 황공하옵니다."

"아니다. 왕도 사람이다. 나도 그동안 열인을 하여보았지만 너희같이 재주가 있는 여성은 처음이다. 지금 몇 살이냐?"

"20세이옵니다."

"언제부터 해금을 배웠느냐?"

"10여 세 때부터 배웠나이다."

왕은 그녀의 손이 신기한지 자꾸 만지작거렸다. 미끈한 손이 부드럽기 그지없었다. 왕은 그동안 장녹수에게 고혹되어 세상에 다시없는 여인같이 여겼으나 이제 20세인 광한선을 대하니 마음이 더욱 흡족해졌다.

그동안 왕은 장녹수를 비롯하여 승방에 있는 여승에게까지 손을 뻗쳤다. 그러나 모두 두려워하여 충분한 쾌락을 맛보지 못했다. 산전수전 다 겪은 광한선은 처음에 두려운 빛을 나타냈으나 시간이 갈수록 아주 친숙해졌다. 왕은 점점 미지의 유수幽邃의 경지를 개척해 들어갔다.

'같은 여성이라도 오묘한 경지는 다르구나.'

이러한 생각이 지나가며 이제부터는 새로운 경지를 개척해야겠다는 욕심이 용솟음쳤다. 광한선과의 관계는 왕의 방탕한 심정을 더욱 부채질한 셈이 되었다.

월하매의 초혼제에 무당과 함께 춤을 춘 연산군

 월하매月下梅는 원주原州 기생이다. 제1차로 선발되어 궁중으로 들어왔다. 연산군이 그녀를 처음 봤을 때 매우 영리하게 생겼다고 느껴 즉시 흥청악에 편입시켜 후원에서 가무음곡을 배우게 했다. 비록 시골 향촌에서 나고 자랐으나 타고난 재주가 있어 음률을 가르칠수록 더욱 영리해졌다.

연산군은 후원에서 흥청악을 보며 기녀들의 재주를 평하고 있었다.
"저기 저 기녀는 어디서 왔느냐?"
장악원의 총률에게 하문했다.
"예, 원주에서 올라온 기녀이옵니다."
"그러하냐? 곧잘 하는구나."
"흥청악 중에서도 뛰어난 재주를 가지고 있습니다."
"매우 좋은 일이다."
연산군이 칭찬했다. 한번 칭찬이 내리면 후한 상이 따른다. 저녁이 되자 연산군은 특히 원주기를 부르라 했다. 이제 월하매에게는 출세의 길이 열리게 된 것이다.

월하매는 시녀에게 안내되어 연산군의 처소로 들어갔다. 방문을 소리 없이 열고 들어와 어전에 사뿐히 절을 올렸다. 비단 치마의 소리만 사르르 났다.

"원주기 흥청악 문안드리옵니다. 성체 만수무강하사이다."

고운 목소리, 은쟁반에 구슬을 굴리는 듯한 소리다. 월하매는 재배한 후 그 자리에서 허리를 구부리고 섰다.

"앉아라."

"황공하옵니다."

"아니다. 그대로 앉아라."

"천한 몸이 어이 어전에 앉겠나이까? 어명을 받잡고자 하옵니다."

"더욱 귀여운 소리를 하는구나. 관계없다. 명령을 받아라."

월하매는 그제야 비로소 고개를 숙이고 앉았다.

"더 가까이 오너라."

월하매는 마음 놓고 가까이 다가갔다.

"오늘 보니 네가 가무와 음률을 잘하더구나. 그래, 어디서 배웠느냐?"

"황공하옵니다. 궁중에 들어와 배웠나이다."

"누구에게 배웠느냐?"

"총률에게 배웠나이다."

"몇 해나 되었느냐?"

"2년간 배웠나이다."

연산군은 그동안 못 본 것이 분할 지경이었다. 얼마 후 조촐한 주안상이 들어왔다.

"비파를 가져오너라."

즉시 시녀가 비파와 피리 등 악기를 들고 왔다.

"총률을 부르오리까?"

"아니다. 오늘은 월하매의 재주를 보고자 한다. 아무도 가까이 하지 말아라."

밖에는 오직 장번내시와 무수리 두어 명이 아랫방에서 대기하고 있을 뿐이었다.

"술을 따라라."

연산군은 술을 마시며 이야기할 셈이었다. 월하매는 연산군과 단둘이 있는 것이 어딘지 모르게 불안했다.

"오늘은 너의 기술을 보고자 한다. 조금도 숨기지 말고 정성껏 나타내 봐라."

"황공하옵니다. 어찌 조금이라도 휘하겠나이까."

"황공할 건 없다. 흥청악은 궁중의 이원자제梨園子弟(기생 학교의 학생)이다. 너희는 재주만 보여주면 된다."

월하매는 연산군과 처음 대면하지만 조금도 수줍어하지 않고 연산군과 수작하게 되었다. 술을 따라 연산군에게 권했다.

"상감마마, 만수무강하시옵소서."

"오냐, 너의 술이면 만수무강하겠다."

술이 몇 잔 돌았다. 연산군이 음률을 하라 명했다. 월하매는 정신을 차려 비파를 뜯었다. 은어 같은 고운 손가락이 줄을 따라갈 때 신묘한 음곡은 하늘에서 내려온 듯 연산군의 마음을 점점 황홀한 경지로 몰아갔다.

"과연 명수로구나. 궁에 오기 전에 시골에서 배웠느냐?"

"아니옵니다. 천기가 사는 원주에는 이러한 비파는 없습니다."

"그럼 무슨 악기가 있느냐?"

"거문고나 가야금이 있을 뿐이옵니다."

"옳다. 네 말이 맞다. 그럼 거문고나 가야금을 뜯어보아라."

월하매는 간단히 가야금을 뜯었다.

"무엇이든지 잘하는구나."

연산군은 감탄의 말을 연발했다.

"아니옵니다. 궁중의 악기가 너무 좋아 그러하옵니다."

연산군은 자기가 그동안 악기를 많이 사 오길 잘했다고 생각했다.

"이번에는 피리를 불어보아라."

월하매는 피리를 불었다. 그 소리가 길고 짧아 적막한 궁 안을 흔들었다.

"음률의 천재로구나."

연산군은 감탄해 마지않았다.

"그럼 노래를 불러보아라."

여기에 따라 월하매는 가야금을 뜯으며 노래를 불렀다. 역시 아름다운 목소리는 곱고 길게 퍼져나갔다. 무엇 하나 모자라는 것이 없었다. 연산군의 마음은 흡족했다.

"우리나라에도 음률과 가무가 절묘한 여인이 있구나."

홀로 말하며 월하매를 더욱 가까이 부르니 월하매는 연산군 곁으로 옮겨 왔다.

"용안을 지척에 대하오니 천기는 몸 둘 곳이 없습니다."

"대답도 잘하는구나. 그런 말을 어디서 배웠느냐?"

"총률에게 배웠습니다."

"매우 쓸 만한 총률이구나."

하향에서 올라온 대부분의 기녀들은 연산군이 가까운 곳에 있으면 어쩔 줄을 몰라 벌벌 떨곤 했다. 도살장으로 끌려가는 소처럼 떨고만 있으니, 이래서야 어디 연산군의 흥취를 돋울 수 있겠는가. 그런 중에 월하매는 살살 웃으며 응수했다. 연산군은 흡족하여 손을 덥석 잡았다.

"손도 곱구나."

"몸은 더욱 곱습니다."

"그러냐. 말도 잘하는구나."

"황송하여 대답할 뿐이옵니다."

"그렇다. 조금도 두려워할 것이 없다. 사람은 다 같다. 뻣뻣한 신하보다 훨씬 더 대답을 잘하는구나."

"상감마마의 물음에 대답을 잘해야 좋은 신하가 되는 줄 아옵니다."

| 월하매의 매력에 흠뻑 빠져

술기운이 오를수록 연산군의 마음은 흡족했다. 방 안은 더욱 훈풍이

감돌았다. 연산군은 덥석 그녀를 안았다. 피부를 대하니 더 고운 것 같았다. 너무 부드러워 미끄러울 지경이었다. 다른 기녀들은 분을 덕덕 발라 묻어날 것 같지만 월하매는 화장술도 좋은지 부드러움과 향기만 느껴질 따름이었다. 연산군은 월하매의 비단옷을 만지며 물었다.

"이 옷은 어디서 난 것이냐?"

"흥청악에게 하사하신 상감마마의 은총이옵니다."

"너에게 특별히 좋은 옷을 주었나 보구나."

"아니옵니다. 2백의 흥청이 다 같이 입고 있습니다."

이 말에 연산군은 매우 만족해했다. 너무나 많은 기녀를 양성하므로 혹시 일부만 나누어 입지 않나 생각했던 터라 월하매의 대답에 흐뭇했다. 시간이 흐를수록 연산군은 유흥에 잠겼다. 연산군은 점점 월하매가 마음에 들었다.

"상감마마, 마마께서도 한곳에 모인 3천 궁녀의 가무를 보셔야 하지 않겠습니까?"

"나도 그것이 보고 싶구나. 그런데 어디 뜻대로 되느냐?"

"당나라 명황에게 져서야 되겠습니까? 만승천자의 나라는 아니지만 천승의 제왕이온데 왜 못 하십니까?"

"너희들이 잘해야 쉽게 된다. 각지에서 올라오는 가흥청이나 운평이 이제는 하나도 마음에 들지 않는다."

월하매는 연산군의 신임이 두터워질수록 연산군의 유흥에 기름을 쏟아부었다.

"네 말이 옳다. 어서 뒤뜰 경회루에서 3천의 이원자제가 생가笙歌를 올려야 한다."

경회루. 연산군은 경회루 못에 만수산을 만들고 못 안에 수십 척의 배를 띄워 흥청, 운평 등과 더불어 유흥을 즐겼다고 한다.

밤이 깊어질수록 월하매의 아양은 더욱 짙어갔다. 연산군은 그동안 장녹수에게 혹하여 그 몸에서 딸까지 낳았다. 그러나 이제 그녀는 30세가 훨씬 넘었다. 새로이 20세의 월하매를 대하니 정이 솟는 것 같았다. 그뿐 아니라 그녀는 우스운 소리도 곧잘 했다.

"상감마마, 선상기는 지방의 수령들이 모두 손을 댔습니다."

"그럼 네게도 손을 댔다는 말이냐?"

"아니옵니다. 수령이 어찌 감히 상감마마에게로 가는 소녀에게 손을 댑니까? 손 하나도 까딱하지 못했습니다."

"그것이 정말이냐?"

"보십시오."

월하매는 감히 가슴까지 풀어 보였다. 양편의 유봉은 진홍색으로 붉어 있었다. 백옥 같은 살 속에 봉긋한 유봉은 임을 바라듯 신신하다. 연산군의 손이 스르르 닿았다. 역시 고운 피부였다. 월하매는 매혹적인 웃음을 짓고는 양미간의 충혈된 눈을 감았다. 공손히 제 몸을 바치겠다는 신호다.

"나는 너만 곁에 있으면 세상이 편안할 것 같구나."

"그러시다면 아주 옆에 두시옵소서."

"신하들의 잔소리가 귀찮아 그리 못 한단다."

"상감마마도 신하를 꺼리십니까?"

"선비들은 잔소리가 심하단다. 그래야만 일이 되는 줄 알지."

총명한 상감이 신하들의 잔소리 때문에 자기 마음대로 못 하는 것이 어딘지 모르게 서운한 것 같다.

어느덧 궁 밖에서 닭 우는 소리가 들려왔다.

"상감마마 밤이 깊어가옵니다."

"정말 늦었구나."

"침전으로 드사이다."

"여기가 바로 나의 침전이다."

이불 안에는 훈훈한 봄바람이 감돌았다. 월하매는 손과 발이 길쭉길쭉한 늘씬한 몸의 소유자였다. 연산군은 많은 여성을 경험했지만 늘씬하고 가는 여인은 처음인 듯했다. 그동안 무절제하게 여색을 탐냈다. 하지만 술에 취해 무아무중이 되었을 때 행한 행사는 그다지 취미에 맞는 것이 아니었다. 어머니에 대한 원한, 잔소리만 하는 대신 등 모든 것이 귀찮았다. 연산군은 항상 시적인 감정에 사로잡혀 지내고 싶었으나, 마음에 맞는 여성과 밤이 깊도록 소근대는 일은 별로 없었다. 그런데 월하매야말로 달 밝은 추운 겨울밤 추위를 무릅쓰고 상

끝이 피어난 한 송이의 매화꽃인 듯했다.

"너야말로 가장 일찍 피어 봄을 알리는 매화 같구나."

"눈 속에 피는 정결한 매화 같은 몸이옵니다."

"그렇다. 매화 옛 등걸에 살며시 올라온 매화꽃이로구나."

연산군은 더욱 그녀의 마음속으로 매혹되어 들어갔다. 여자는 어느 모로 보아도 늘씬하고 사지가 길쭉해야 하는 모양이었다. 헤어날 수 없을 만큼 감미로운 경지로 들어갔다. 연산군의 지난 과거는 너무나 거칠고, 궁중은 살벌했다. 정이 가득한 한 여인의 따뜻한 품에 잠겨보지 못한 것이 한스러웠다.

"월하매야, 너야말로 호방한 여인이구나."

"과한 칭찬이옵니다. 오직 상감마마의 은혜에 보답하고자 할 뿐이옵니다."

속삭이는 속의 진진한 취미는 처음으로 새로운 경지를 걸어가는 듯했다. 무릉도원을 찾아 헤맨다는 말과 같이 그윽한 경지는 더욱 오묘했다. 난숙한 여체에서 풍기는 여향은 더욱 아리따웠다. 그동안 꽃밭 속에서 헤매어봤으나 모두 한물간 낙화 직전의 꽃 같았다. 이제 월하매야말로 봉오리 진 꽃이 방긋이 웃고 있는 듯했다. 그녀는 호탕한 성격대로 모든 것을 내맡기는 동시에 일거일동이 연연하게 넘어갔다.

"과연 호탕하구나."

연산군은 몇 번이고 되풀이해 말했다.

어느덧 동창이 환히 밝았다. 연산군은 월하매에게 즉시 나인內人으로 궁 안에 있으라 했다. 그러면서 흥청악에서 여러 흥청을 지도하는 일을 맡겼다. 연산군은 월하매에 대한 새로운 연정이 솟아났다. 그러나 매일 대할 수는 없었다. 그저 때때로 마음이 불편할 때면 월하매를 불러들였다. 그러면 그녀는 전과 같이 연산군 앞에 사뿐히 절하며 공손히 대했다. 연산군의 근심을 풀기 위해 음률을 올리면 연산군은 그녀의 길쭉한 손가락에 더욱 매혹을 느꼈다.

"섬섬옥수가 가야금에 들어맞는구나."

"섬섬옥수뿐입니까? 늘씬한 요하腰下는 풍만하옵니다."

"풍만이 아니라 호탕하구나."

"일엽편주가 푸른 바다를 가고 있습니다."

"좋은 말이구나. 꽃향기에 나비가 덩실덩실 춤을 추고 있겠구나."

"그러하옵니다. 이제 상감마마의 모든 울화도 저절로 풀릴 것이옵니다."

"풀리고말고. 더할 수 없이 좋은 기회란다."

월하매의 짧디짧은 생

연산군과 월하매의 사랑은 점점 깊어갔다. 그러나 둘의 인연은 너무나 짧았다. 연산군 11년, 월하매는 병이 들고 말았다. 이 소식을 들은 연산군은 즉시 흥청악 중에 병자가 생겼으니 별원別院으로 옮기라 했다. 이와 동시에 월하매에 대한 생각이 간절해 별원까지 찾아갔다.

월하매는 상감을 보자 자리에서 일어나려고 했다.

"아니다. 그대로 누워 있어라."

"황은이 망극하옵니다. 어찌 천인이 병난 얼굴로 상감께 대하오리까.”

월하매는 겨우 일어나 화장을 하기 시작했다. 병으로 여위었다 해도 길쯤한 얼굴에 길쯤한 손발은 여전히 고왔다.

"몸조리를 잘해야 한다. 너의 고운 자태를 보아야 내 마음이 풀리겠구나."

"상감마마의 은혜로 병은 나을 것입니다."

"그래야 한다."

연산군은 그녀의 야윈 손을 만져보고 얼굴도 쓰다듬어보았으나 어딘지 모르게 쓸쓸했다. 아무래도 병이 깊이 든 것 같았다.

"3천의 이원자제가 다 되었다. 그때까지는 살아야 한다."

"상감마마, 그때 천녀賤女가 어전에서 춤을 추겠습니다."

끝까지 연산군을 위로하고 죽어가지 않겠다 했으나 월하매는 다음 날 그대로 소리 없이 떨어졌다.

연산군은 너무나 슬펐다. 즉시 월하매에게 여완麗婉이란 칭호를 주고, 봉상시奉常寺에 명령을 내렸다.

"나인 월하매가 죽었으니 봉상시에서는 전을 올리도록 하라. 그리고 지제교知製敎는 즉시 제문을 지어 올려라. 나인이 죽었으니 염습 등 모든 일은 승지가 나가 감독하고, 각사各司의 제조는 친히 장사 일을 잘 치르도록 감독하라. 만일 소홀히 하는 일이 생기면 제조의 높은 지위에 있는 자에게 태형을 가하겠다."

연산군은 월하매를 후궁과 같은 식으로 장사를 치르라 명했다. 그리고 친히 월하매의 영전에 나가 절을 하고 통곡까지 했다. 즉시 원주에 사는 월하매의 부모 형제까지 인견하고 조위의 말을 하사했으며,

궁중 후원에서 야제野祭까지 지내라 했다.

3일 되는 날 후원에서 야제를 지낼 때 연산군은 비빈과 흥청을 데리고 나가 친히 제사를 지냈다. 이 제사는 일종의 초혼제였다. 무당이 덩실덩실 춤을 추며 말했다.

"상감, 월하매 여기 왔소이다. 짧은 인생을 버리고 상감 곁에서 떠나오니 이후 황천길에서 만나 뵙겠나이다."

연산군은 눈물을 흘리며 체면도 생각지 않고 무당과 같이 뛰며 영혼을 불렀다.

"월하매야, 먼저 갔구나. 후원의 이원자제 3천을 누가 거느리겠느냐? 혼이라도 있으면 다시 오너라."

점점 신이 들자 덩실거리며 무당과 어울려 굿을 했다. 그래도 마음속은 시원하지 않고 응결된 그대로였다. 연산군은 애여완哀麗婉 시를 그 자리에서 썼다.

> 슬픔이 깊으니 눈물도 거두기 어려워
> 비애가 깊어갈 때 잠도 아니 오는구나.
> 마음은 심란해 애가 타는데
> 이제부터 더욱 상심만 남았구나.

연산군은 어딘지 모르게 슬픈 생각만이 더 치밀어 올랐다. 모든 것이 월하매로 보이며 그녀에 대한 연연한 마음을 걷잡을 수 없었다. 아무래도 이원자제 3천 명의 호화스러운 꿈은 실현될 것 같지 않았다.

연산군의 무덤. 성종의 큰아들로 태어나 19세에 왕이 된 연산군은 재위 12년 만에 왕위를 박탈당하고 31세로 짧은 생을 마감했다.

만호가 상심된 채 연기만 오르는데
백관이 어느 날 다시 조정에 오겠느냐.
가을 되어 괴목에서 빈 궁 안에 낙엽 지면
쓸쓸한 중에도 연못가에서 음악을 연주하라.

이 시는 당나라 왕유王維의 시다. 시 속에서 당나라 명황이 안녹산에게 쫓겨 촉으로 도망간 후 쓸쓸한 장안 궁전의 모습을 나타냈다.
연산군은 좌승지 강혼姜渾에게 이 시를 적어주며 화답하는 시를 지어 올리라 했다. 지금까지 무슨 일에도 무심하던 연산군이 일개 여악의 죽음으로 상심해 시로 위로받고자 한 것이다. 그래도 마음은 가라앉지 않았다. 연산군은 월하매의 혼을 위해 제사 지내는 곳을 추혜서追惠署라 칭하고 신주 모시는 곳을 영혜실永惠室이라 했다. 연산군의 은혜를 영구히 베푼다는 뜻이었다. 그래도 연산군의 마음은 가라앉지 않았다. 한 달 후에 월하매의 장삿날이 되어 후원에 땅을 팔 때 연산군의 비통은 최고조에 달했다. 승지 강혼이 지어 온 제문의 문장이 너무나 슬프고 애절했다. 연산군은 강혼의 글을 칭찬하고 그 자리에서 다른 흥청악의 기녀를 시켜 읽게 했다.

이로써 한 여성의 아름다운 혼은 영원히 가고 향기로운 몸도 멀리 가고 말았다. 비애를 느끼는 연산군의 모습은 더욱 쓸쓸했다.

연산군

재위 12년 동안 무도한 짓을 많이 한 연산군은 15대 광해군과 함께 조선 시대 폐주(廢主) 가운데 한 사람이다. 같은 폐주라 하더라도 광해군에 대해서는 사고(史庫)의 정비라든가 성지(城池)·병고(兵庫)의 수리, 중국에 대한 현명한 외교정책 등을 들어 긍정적인 평가를 내리기도 한다. 그러나 연산군은 이러한 긍정적 요소가 조금도 없었다. 그가 그토록 광포하고 난잡한 성품을 가지게 된 동기를 주로 생모를 잃은 사실에서 찾으려는 견해도 있다. 그러나 실록 『연산군 일기』에는 "그는 원래 시기심이 많고 모진 성품을 가졌으며, 또 자질이 총명하지 못한 위인이어서 문리(文理)에 어둡고 사무 능력도 없는 사람이다"라고 서술되어 있다.

흥청악

연산군은 재위 후 차츰 여색을 밝혀 연산군 10년에 전국에서 1만여 명의 미녀를 모아 거대 후궁 집단을 만들었는데, 그중에서도 자색이 뛰어난 자들을 따로 뽑아 '흥청'이라 했다. 흥청 가운데 왕과 관계를 갖지 못한 자는 '지과'라 하고, 관계를 가진 자는 '천과'라 하며, 관계를 가졌으되 흡족하지 못한 자는 '반천과'라 했다. 이들 왕실 소속 기생들을 위해 모두 일곱 군데에 거처할 시설을 지었다. 또한 음식 공급을 위해 '호화고'를 두었고, 의복과 화장품 공급을 위해 '보염서'를 설치했다. 이 어마어마한 규모의 왕실 기생을 유지하기 위한 비용은 모두 백성들이 부담했으니 불평불만의 소리가 높을 수밖에 없었다. 흥청, 운평에 대해 험담하는 자들을 잡아들이라는 명령까지 따로 내릴 정도였다.

또 이들 기생 가운데 곱게 화장하지 않은 자는 귀양을 보내고 그의 부모까지 처벌하도록 했다. 아이를 가질 경우 그 남편은 목을 베고 아이는 생으로 매장하게 했다. 연산이 서울 근교로 놀러 갈 때 왕을 따르는 흥청의 수가 1천 명씩 되었고 날마다 계속되는 연회에도 이들 흥청과 운평이 동원되었다. 연산의 이러한 행각으로 '흥청'은 '흥청거리다'라는 말을 낳았고 오늘날의 '흥청망청'으로 이어졌다고 한다.

명나라 사신들에게 유명한 자동선

 자동선紫洞仙은 한양 출신의 기녀로서 세조 때부터 이름 있는 기생이다. 그녀는 원래 무희로서 재주가 뛰어났고, 용모가 아름다웠다. 효령대군의 다섯째 아들인 영천군永川君 이정李定이 그녀의 후원자로서 사랑했다.

영천군은 종실 중에 풍류 있는 왕자로서 처음에는 송도 기녀 청교월靑郊月을 사랑했다가 슬쩍 자동선에게로 옮겨 갔다. 기녀들에 대한 가벼운 사랑의 일면이라 하겠다. 그래도 때때로 두 명의 기생을 데리고 놀기도 했다. 그는 청교월과 자동선을 데리고 옛 고려의 서울 송도를 구경했다. 경치가 좋다는 청교역靑郊驛에서 말을 타고 송악산 깊숙이 있는 경승지 자하동紫霞洞까지 들어갔다. 글 잘하는 서거정徐居正은 영천군이 송도로 놀러 가는 것을 보고 시를 지어주었다.

　　청교역의 버드나무 상심하여 푸르러가는데

자하동의 노을은 더욱 무르익어 가노라.

　청교월은 장차 떨어질 것을 상심하는데, 자동선의 심회는 더욱 깊어간다는 풍자의 시였다. 영천군은 이 시를 매우 좋아하여 술만 마시면 읊었다.

명나라 사신, 장녕과 무충

세조 때 명나라에서 사신으로 정사 장녕張寧과 부사 무충武忠이 들어왔다. 정사는 글을 잘했고 운치가 있으며 의기가 호매豪邁했다. 부사인 무충은 문장은 서투르지만 놀기를 잘했다.
　명나라의 사신은 천자 나라의 사신이라 하여 천사天使라고 했다. 천사가 들어온다 하면 홍제원까지 마중 나갔다. 여기서부터 그들을 모셔 들여 모화관에서 잠시 쉬게 하고 태평관에서 연회를 연다. 이들을 칙사勅使라 하여 모든 음식을 대접했다. 소위 칙사 대접하듯 한다는 말이 여기서 생겼다.
　태평관 넓은 뜰에서 정사와 부사를 위해 가희들이 춤추며 노래 불렀다. 그러면 명나라의 두 사신은 이국적인 정서에 도취되어 정신없이 바라본다. 그중에도 무충은 춤추는 자동선의 자세에 홀려 넋을 잃고 바라봤다. 장녕도 자동선의 거동을 보고 참으로 절세미인이라 하며 감탄했다.
　대접하러 나간 조선 조정의 접반관은 두 사람의 눈치만 보며 대접

모화관에서 영조가 사신을 영접하던 모습. 조선 초기부터 이어진 중국과의 외교 관계에서 사신 접대는 국가적인 행사였다.

하기에 열중했다. 먼저 장녕이 옆에 앉은 접반관을 보고 한마디했다.

"부사 무 대인武大人은 노래와 춤을 잘 아는 사람이오. 이제 만리타국에 와서 벌써 집 떠난 지가 여러 날 되오. 무엇으로든지 위로해주어야 하겠소."

"물론입니다. 벌써 소국에서도 알고 있습니다. 어느 기녀가 마음에 드시는지 말씀하시지요."

"그야 무 대인의 마음속에 있지 않겠소."

자기의 생각은 슬쩍 빼놓고 말한다. 그 속에는 자기의 마음먹은 것도 있다는 뜻이다.

"아니오. 정사의 눈에 드시는 기녀 말씀입니다."

"나야 무어 그런 것을 찾겠소."

사양하는 눈치이지만 얼굴에는 화색이 돌고 있다.

"말씀하시오. 대령하리다."

"그야 다 좋소만 저기 춤 잘 추는 아이가 필요하오."

"그러십니까. 그 애는 자동선이라 하옵니다. 지금 우리나라에서는 명기로 알려져 있습니다."

"그럼 글도 알고 말도 할 수 있소?"

"글도 곧잘 하고 말도 통하는 아이올시다."

장녕은 매우 흡족해했다.

"그러면 파연하고 다시 저 애들을 데려다가 방 안에 조촐하게 자리를 마련하시오."

"그렇게 하리다."

저녁이 되어 다시 태평관 뒷방에서 연회가 열렸다. 이때 호색한 무충은 좋아라 하며, 술좌석에 모인 기녀를 한 사람씩 감상했다. 모두 미인이다. 무충은 굶주린 이리와 같은 눈으로 기녀들을 훑어보았다. 술이 돌아갈수록 더욱 좌석은 떠들썩했다. 그런 중에도 자동선은 어찌하면 이 자리를 모면할까 하고 궁리하고 있었다. 하지만 무충이 자동선을 잡고 놓지 않았다. 때로는 합환주라 하여 술잔을 같이 마실 것을 요구하기도 했다. 장녕은 가만히 거동만 보고 있었다. 이미 자동선을 점찍고 있는 중에 무충이 자꾸 집적거리는 것이 조금 불쾌했다. 그렇다고 그 자리로 가서 자동선을 독차지하기에는 체면상 거북했다.

술에 취한 무충이 손으로 자동선의 가는 허리를 감아쥐었다. 날씬한 몸체가 품 안에 쏙 들어왔다. 술을 마실수록 무충의 얼굴에서 호색적인 욕심이 이글이글 끓어올랐다. 장녕은 무충이 자동선을 마음대로 주무르는 것이 언짢았다. 밤이 깊어갔다. 장녕은 정사로서 점잖을 빼며 슬쩍 자리에서 일어나 중문까지 나와 호상胡床에 걸터앉았다.

"이제 밤이 깊어가니 우리도 쉬어야겠다."

통사를 시켜 소리쳤다.

"기녀들은 모두 일어나 가거라."

이 말과 동시에 기녀 10여 명이 일어났다.

"모두 문밖으로 나가라."

기녀들은 아무 소리 않고 나갔다. 그녀들도 취해서 비틀거렸다. 장녕은 문에서 한 사람씩 그 수를 헤아렸다. 모두 나갔다.

"이제는 아무도 없느냐?"

이 말과 동시에 문을 걸어 닫았다. 무충은 취한 중에 그래도 한 사람쯤은 남을 줄 알았는데 모두 가버리자 매우 불만스러운 눈치였다. 그래도 정사인 장녕이 하는 일이니 어찌할 도리가 없었다. 숨소리만 색색 쉬며 취중에 그 자리에 그대로 쓰러졌다.

다음 날 사신 일행은 제천정濟川亭에서 배를 타고 선유했다. 한강의 물은 맑아 아주 푸른빛이 돌았다. 배는 서서히 내려가 삼개(마포)까지 갔다. 사신과 주인이 서로 술을 권하며 시를 읊었다. 펄펄 뛰는 생선을 요리하며 내려가는 풍경은 아름다웠다.

망원정까지 내려가 거기서 일단 쉬었다. 이날 장녕과 무충은 기녀를 골라 한양으로 들어와 오래간만에 만리원정의 억압되었던 감정을 속 시원하게 풀었다. 영천군의 사랑을 독점하던 자동선도 정사의 품에 안겨 요염한 여성으로 화하여 정사의 간장을 녹여냈다.

"대인, 그동안 기다리셨지요."

"아니다. 물색은 두고 보아야 좋은 것을 알 수 있단다."

부드러운 몸 안에 감겨 있는 정사는 그야말로 신선이 되어 하늘을 나는 기분을 만끽했다.

이때부터 자동선의 이름은 명나라 사신들 사이에 널리 알려졌다.

명나라 사신의 마음을 사로잡은 자동선

그 후 태복승太僕丞 김식金湜과 중서사인中書舍人 장성張城이 정사와 부사로서 조선에 들어왔다. 특히 정사 김식은 성이 우리나라에서 흔한 김씨라 하여 모두 친밀감을 가졌다. 그는 시도 잘 짓고 더욱이 글씨와 그림을 잘해 평이 좋았다.

이때는 제천정에서 두 사신을 청해 환영연을 열었다. 우리 쪽의 접대관으로 글 잘하는 사람만 뽑아 접대케 했는데 신숙주, 이승소, 김복창, 서거정, 김수온 등 당대의 명인들이 선발됐다. 이 자리에서는 시를 읊으며 노래까지 불렀다. 이와 동시에 기녀 10여 명이 그 앞에서 춤과 청아한 목소리로 흥을 돋웠다. 김식이 옆에 있는 접대관에게 물었다.

"귀국에 자동선이란 명기가 있다 하던데 누구요?"

이날 자동선은 영천군이 내놓지 않아 참여하지 못했다. 접대관이 임시변통으로 아무 기생이나 가리키며 "저기 있는 저 아이올시다" 하고 대주었다. 김식은 한참 보다가 고개를 갸우뚱했다.

"아니지. 전번에 왔던 장 학사가 말하는데 하늘에서 내려온 선녀 같다던데. 여기는 그런 기녀는 없소?"

"아니오. 저 아이가 맞소."

"아무래도 못 믿겠소. 장 학사의 눈이 보통 눈이 아닌데. 어서 찾아오시오."

"자동선은 기녀를 그만두었다오."

"그럼 있기는 있구려. 역시 장 학사의 말이 맞는군. 좀 데려오구려."

명나라 사신이 떼를 쓰는 바람에 할 수 없이 자동선을 찾아오기로 했다.

"그럼 술자리는 잠시 중지하오. 어서 시나 읊읍시다."

"시보다도 칙사의 그림 솜씨가 좋으니 그림을 그려주시오."

"그렇게 합시다."

김식은 신이 나서 그림을 그렸다. 기녀들까지 그림을 그려달라고 종이를 내놓았다. 김식은 한 손으로만 그리는 것이 아니었다. 급할 때면 두 손으로 그린다. 수십 장을 순식간에 그렸다. 아무리 빨리 그려도 모두 잘되었다. 그야말로 신품神品이다.

"자동선이 들어오오."

길게 뽑는 소리에 김식은 그림을 멈추고 쳐다보았다. 자동선은 제 천정으로 들어와 김식 앞에서 절했다.

"옳지. 이제야 선녀를 구경하는구나. 장 학사가 바로 보았어."

김식은 무릎까지 치며 찬양했다.

"칙사님, 소녀에게도 그림 한 장 그려주시오."

자동선이 흰 비단을 내놓았다.

김식은 "하오하오好好" 소리를 연발하며 먹을 다시 갈아 일필휘지했다. 한강의 경치가 그대로 종이 위에 나타났다. 그리고 제천정 난간에 의지한 자동선의 모습이 그대로 표현되었다.

"신필이로소이다."

모두 칭찬의 말을 아끼지 않았다.

자동선은 명나라 사신 두 사람을 흠뻑 반하게 만들었다. 그리하여 자동선의 이름은 명나라 사신들 사이에 더욱 알려지게 되었다.

사신 접대

명나라 황제가 보낸 사신이기에 예를 다했지만 그들의 무례한 행동은 도를 더해 갔다. 사신 황엄이 자신이 황제인 양 태종 위에 군림하려 들었다. 이를 지켜보던 태종이 잔치를 일찍 파해버렸다. 수모를 당했다고 생각한 사신 일행은 예법을 모르는 무식한 군왕이라 투덜대며 숙소 영빈관으로 돌아가 버렸다. 외교 분쟁으로 비화할는지 모르는 사건이 터진 것이다.

명 황제에게 머리를 조아리는 것은 할 수 있지만 황제가 보낸 사신을 위로 받들어 모시고 머리를 조아린다는 것은 자존심이 허락하지 않았다. 태종은 하륜을 불렀다.

"사신 따위가 군림하려 드니 도저히 묵과할 수 없구려. 대명 외교는 어떻게 풀어 나가야 하겠소?"

"외교란 쉽고도 어려운 법입니다. 어려운 일이라 생각하면 한없이 두렵고, 쉽다 생각하면 한없이 간단합니다."

"쉬운 길로 갑시다."

"외교도 역시 사람이 하는 일입니다. 사람이 하는 일이기에 위상과 관계가 중요합니다. 황제는 대륙에 앉아 계시고 전하는 조선에서 제자리만 지켜주시면 외교는 아랫사람들이 하는 것입니다. 어제처럼 전하께서 툭 쳐주시는 것이 자리를 지켜주시는 것입니다. 나머지는 우리 아랫것들이 수습하고 메우고 안겨주는 것이 외교입니다."

"그렇구려. 어제의 일을 사과하려 했는데……."

"아니 되옵니다. 전하께서 무너지면 저희가 설 자리가 없어집니다. 황제께서는 전하께서 일찍이 설파하신 것처럼 정상에서 내려가는 길을 조심스럽게 내딛는 시점입니다. 조선에 무리한 강수는 두지 않을 것이라 사료됩니다. 우리나라를 방문하는 사신들만 잘 주무르면 만사형통하리라 생각합니다."

이때부터 일명 잔치 외교의 전성시대가 펼쳐졌다. 조선에 오는 사신들에게 융숭하게 잔치를 베풀어주고 어여쁜 기생을 안겨주어 잠자리 시중을 들게 했다. 기생 중에 이러한 임무를 전담하는 시침녀(侍寢女)가 별도로 있었다. 그리고 그들이 돌아갈 때는 진귀한 선물을 한 아름 안겨주었다.

권율의 후예 권직과 단종의 후예 영월

 주머니 속이 텅 빈 권직權直은 저녁 준비에 부산한 이 주막 저 주막에 걸려 있는 먹음직한 홍어를 흘겨보며 무거운 몸을 이끌고 다시 걷기 시작했다. 나그네 권직은 충청도 비인에서 제물포까지 사흘 밤낮을 배에서 시달려 한양으로 올라가는 길이다.

형편없이 기울어진 가세 속에 글만 읽고 있던 그는 초라한 늙은 부모의 눈빛이 나날이 흐려져 가는 것이 뼈를 긁어내리는 것같이 슬펐다. 그렇다고 쟁쟁하던 권율權慄의 후손으로서 좁은 서천 고을에서 생계를 위해 발버둥 칠 수도 없었다. 그래서 넓은 한양으로 올라가서 한번 이상을 펼쳐보려는 것이었다. '한양에 올라가면 어떻게든 되겠지!' 하는 막연한 생각으로 나선 길이었다. 삼각산이 인색한 장안의 인심을 말하듯이 메마르게 보이기 시작하자 불안한 마음이 들었다.

하룻밤 걸숙해야 하는 권직의 심경은 선대先代들의 흥겨웠던 과거와 비교해볼 때 쓸쓸하기 짝이 없었다. 그는 앞서 이름을 떨쳤던 위세대의 활약을 상상하며, 그리 높지 않은 고개를 올라가고 있었다.

"앞에 가시는 선비님!"

뒤에서 다급한 여인의 소리가 권직의 걸음을 멈추게 했다. 돌아보니 자그마한 보따리를 가슴에 안은 젊은 여인이 무엇에 쫓기는 듯이 숨 가쁘게 걸어오고 있었다. 권직은 여인이 다가오자 외면을 하고 발머리를 돌려서 서서히 걷기 시작했다.

"저, 어디까지 가시옵는지……."

여인이 수줍어하며 물었다.

"한양까지 가오."

"저도 한양까지 가옵니다."

반가운 듯 여인의 말소리가 성급히 뒤따라왔다.

"아니! 날이 어두운데 부인 혼자서 가시는 길이오?"

"한시가 급한 일이 있사와 급히 집에 돌아가는 길이옵니다."

"어디를 가셨다가……."

"부평 친가에 다녀오는 길이옵니다."

그들은 어느덧 고개를 넘어서 바로 왼편 산기슭을 따라 자리 잡은 큰 동네를 눈앞에 놓고 있었다. 권직이 걸음을 멈추고 뒤를 돌아보자 그 여인도 몇 발 떨어진 곳에 발을 멈추었다.

'나는 이 동네에서 걸숙하겠소. 부인은 어찌하겠소?'

권직은 이렇게 말하고 싶었으나 양반 체면에 말을 꺼내기가 어려웠다. 망설이고 있는 권직의 눈앞에 여인의 날씬한 몸이 황혼을 뚫고 어른거렸다.

"선비님!"

"……."

"젊은 여인의 나그네 길, 죄송스런 말이오나 하룻밤 일이오니 내외라고 하옵고 촌가를 찾아가서 선비님은 사랑에, 저는 안에서 유하기로 하오면 행려行旅가 무난할까 하오이다."

"하…… 부인의 말씀이 그럴듯하오마는……."

권직은 여인의 꾀가 어처구니가 없어서 웃음을 터뜨렸다. 부인은 민망했던지 얼굴을 붉히며 기어드는 소리로 말했다.

"부탁이옵니다."

권직은 남편 있는 여인의 말로서는 듣기에 맹랑하여 "선비가 어찌 하룻밤의 편의를 위해서 귀중한 남의 부인을 거짓인들 아내라고 부르겠소" 하고 넌지시 무례함을 꾸짖었다. 그러나 마음속으로는 그리해도 크게 문제 될 일은 아니라고 수긍했다.

"지당한 말씀, 남편이 있는 여자가 어찌 단신 길을 걷겠나이까?"

서른이 될락 말락 한 무르익은 여인의 체지體肢가 권직의 가슴을 헤집어놓았다. 권직은 선비의 위엄을 간직하면서 말없이 걸었다. 말없이 걷기 시작한 건 여인의 소청을 응낙한다는 뜻이었다. 묵묵히 따라오는 여인의 숨소리가 들리는 것 같기도 했다.

동네 당산나무 밑에는 어둠이 깃들어 있었다. 권직의 앞을 스쳐 가는 여인은 마치 비바람에 흔들리는 풍정風情 같았다.

권직의 머리에는 모든 잡념이 사라져버리고 오직 여인에 대한 호기심만이 남았다. 여인은 그럴싸한 어떤 집 대문 앞에서 걸음을 멈추고 권직에게 붙어 서며 다정하게 말했다.

"제가 들어가서 주선하겠으니 여기서 기다리세요."

"들어가보오."

태연히 대답을 해놓고 권직은 쓴웃음을 지었다. 이윽고 대문 안 어둠 속에서 주인인 듯한 사람이 나오며 권직을 맞아주었다.

"손님, 고생이십니다. 어서 들어오십쇼. 내 집 문밖에만 나서면 그저 고생이죠."

은근히 환영해주는 태도에 권직은 말로만 듣던 경기도의 후한 인심을 피부로 느꼈다.

"고맙습니다."

권직은 주인을 따라 사랑으로 들어갔다. 주인은 닫혀 있던 문을 활짝 열어젖히고 방으로 들어가서 등잔에 불을 켰다. 방 안에 가득해진 불빛 속에 사십에 접어든 주인의 때 벗은 자태가 점잖게 나타났다.

"손님, 처소가 누추하오만 어서 들어오셔서 행장을 푸십쇼."

"미안합니다."

권직은 마루에 걸터앉아 괴나리봇짐을 풀어놓고 미투리를 벗어 들고 토방에 탁탁 털었다.

"난생처음인 원행遠行이 되어서 발이 험상하오이다."

"찬물에 발을 좀 담그시구려."

주인은 우렁찬 소리로 머슴에게 물을 가져오라고 외쳤다.

머슴이 가져온 대얏물에 세수를 하고 무섭게 부르튼 두 발을 담그고 있으려니까 빳빳한 장딴지가 서늘한 물에 풀리는 것 같았다. 권직은 발을 씻고 나서 의관을 가다듬고 방으로 들어가서 주인에게 공손히 인사를 청했다.

"처음 뵙겠습니다. 저는 충청도 서천에 사는 권직이라고 합니다."

"나는 최영국崔永國이오. 원로에 수고가 많으시오. 더구나 부인 동반의 길에……."

"청을 들어주셔서 감사합니다."

"괘념 마시오. 누구이고 객지에 나오면 의례히 당하는 일이 아니겠소. 그런데 충청도 서천이라면 왜 중림도를 잡아들었소?"

"마침 제물포까지 선편船便이 있어서 그랬소이다."

"서천이라면 비인이나 웅천서 배를 타고 오신 모양이로군!"

주인은 혼잣말을 했다.

"그렇습니다. 비인서 왔소이다."

"허허, 그렇구려. 며칠 만에 닿았소?"

"순풍을 만나 사흘 만에 닿았소이다."

"허허, 다행한 일이오. 바람을 잘못 타면 여러 날 고생한답니다."

저녁상이 들어오자 주인은 "시장하시겠소. 찬은 없지만 좀 드시오" 하고, 내일의 농사일로 동네 사랑방에 다녀오겠으니 기다리지 말고 편히 쉬라고 이르면서 서둘러 나가버렸다. 시장한 판이라 순식간에 밥 한 그릇을 먹고 나니 피로가 일시에 덤벼들었다. 권직은 그대로 잠이 들어버렸다.

| 위기에 빠진 권직

어느새 아침이었다. 권직은 두런두런하는 말소리에 잠이 깨었다. 방문 밖에서 사람들이 수군거리는 것이 심상치 않았으나 그것은 권직이 아랑곳할 일이 아니라, 찌뿌드드한 사지를 쭉 뻗으면서 몸을 일으켰다. 별안간 방문이 왈칵 열렸다. 우둥퉁한 주인이 뒷짐을 지고 와들와들 떨면서 노기 찬 눈으로 권직을 노려보았다. 엊저녁에는 그렇게도 상냥하던 주인이었다. 권직은 무슨 영문인지 몰라 주인을 바라보고만 있었다.

"이놈!"

주인은 다짜고짜로 권직에게 놈 자를 붙였다.

난생처음 당하는 봉변에 권직은 순간 철퇴를 맞은 듯 안동 권씨의 긍지가 부서지는 것을 느꼈다. 그러나 권직은 냉정을 되찾고 점잖게 주인의 말에 응수했다.

"왜 그러시오, 주인장?"

"왜 그러느냐고? 뻔뻔스럽기도 하지! 글쎄 그걸 날더러 물어?"

주인의 말은 갈수록 태산이었다. 권직도 역정을 냈다.

"주인장! 듣기에 심히 거북하오. 도대체 내가 어쨌단 말이오?"

"흥! 심히 거북하다고? 말만은 양반이구나. 그래 내가 일러줄까! 연놈이 과객인 척 돌아다니면서 도둑질을 해! 네 여편네가 어젯밤에 내 집에서 물건을 훔쳐 갔다. 당장 내놓아야지 그렇잖으면 포교를 불러 올 테다."

주인의 말을 들은 권직은 그 여인에게 넘어가서 동행한 것을 후회했다. 그렇다고 이 마당에 부부가 아니라고 말해보았자 소용없는 일이었다.

"여보, 주인장! 장난이 너무 심하지 않소. 하룻밤 재워준 나그네라고, 이러는 법이 어디 있소?"

권직의 기지가 이렇게 나왔다. 주인은 뒤에 거느리고 있는 실팍진 젊은 녀석들을 흘깃 돌아보고서 금방이라도 손질을 할 기세로 말했다.

"장난? 글쎄 장난할 일이 없어서 도둑놈하고 장난을 해?"

그러자 권직이 펄쩍 뛰면서 호통을 쳤다.

"네 이놈! 말이라고 하느냐? 보아하니 호색好色하게 생긴 네놈이 내 처의 미색美色에 야욕을 품고 돌려 빼낸 것이 아니냐! 시임時任 형조판서가 내 당숙이요, 대사헌大司憲이 처숙妻叔이다. 뉘 앞이라고 그런 수작을 쓰는 거냐! 당장에 내 처를 내놔라. 그럼 도둑맞았다는 것을 다 찾아줄 테다. 관가로 가자, 어서 관가로 가!"

그러자 주인은 당황하기 시작했다. 그렇다고 그대로 기가 죽어버리면 꼼짝없이 되몰려버릴 판이었다. 주인은 "소, 손님 진정합쇼. 사필귀정이라고 선악은 가려지는 법이 아니오. 내가 어찌 그런 무도한 짓을 하겠소. 필시 무슨 곡절이 있는 것 같소이다" 하며 자신 역시 무고함을 호소했다.

"사부가士夫家의 부녀를 가지고 곡절이 있다? 그것도 말이라고 하느냐!"

권직은 이대로 아내를 잃은 넋두리를 해야 할 입장이 내심 기막혔으나 내친걸음은 별수 없는 일이었다. 주인은 머리를 숙이고 나왔다.

"하늘을 우러러 조금도 부끄럽지 않소. 내 어찌 감히 그런 수작을 하겠소. 귀신이 곡할 노릇이지. 손님, 내 얘기를 좀 들어보우."

주인은 자초지종을 말했다.

어제저녁에 그 여인이 이야기책을 읽어준다기에 동네 아낙네들이 이 집으로 모였다는 것이다. 이야기는 〈사씨남정기謝氏南征記〉라 했다. 대청마루에 늘비하니 누워서 영롱한 부인의 이야기책 읽는 소리에 혼탁한 아낙네들은 시간 가는 줄 모르고 듣고 있다가 그만 잠이 들어버렸다. 잠에서 깨어보니 아침 해는 중천에 있고, 분주한 농번기에 아낙네들은 당황하여 뿔뿔이 집으로 달음질쳐 갔다. 그런데 옆에 누워 있어야 할 그 부인은 간 곳이 없고 방 안 옷장 문들이 활짝 열려 있더라는 것이다. 옷장을 뒤져보니 값진 패물들이 송두리째 사라지고 없었다. 주인의 이야기가 끝나자 노인 하나가 허둥지둥 나오더니 주인의 옷자락을 잡아당기며 권직을 향해 말했다.

"손님! 도상途上에 큰 봉변이오. 난 이 집 주인의 당숙이오."

"……"

권직은 반갑지 않다는 듯이 노인을 쳐다봤다. 노인은 권직의 태도야 어떻든 주인에게 "경망도 부득이지…… 안에 좀 들어가 있거라" 하고 꾸짖으며 그를 안으로 들여보내 놓고 권직에게 진심으로 사과했다.

"손님, 촌에서 농사나 짓고 사는 사람이 무슨 분별이 있겠소. 그저 선비의 온유한 아량으로 용서하시오."

상황은 유리하게 변했지만 우습게도 권직은 하룻밤 사이에 아내를 잃어버린 사내가 되고 말았다.

"여보십시오, 노인장! 용서도 분수가 있잖소?"

권직은 일부러 더욱 강경히 항의를 했다. 노인도 딱한 모양으로 부인을 찾을 때까지 이 집에 머물러 있으랄 수밖에 할 말이 없었다.

권직은 괴나리봇짐에서 원척 간의 형조 판서에게 가는 편지를 앞에 놓고 따졌다.

"노인도 보시오. 이 서한을 급히 전해야 할 내 처지에 어떻게 이곳에 머무른단 말이오."

결국 권직은 그대로 한양으로 올라가서 일을 보기로 했다. 그간이라도 아내가 돌아오면 이곳에 머무르게 하라 하고 노자 스무 냥을 얻어가지고 그 집을 나왔다.

여인을 따라 그녀의 집으로

오늘 권직이 가야 할 길은 멀었으나 발걸음이 가벼웠다. 그것은 몇 달 동안을 지탱할 수 있는 돈 스무 냥이 괴나리봇짐에 묵직히 들어 있는 까닭이었다. 세상 따라 선비의 긍지를 걷어치우고 돈벌이를 하려고 가는 판에 꿈에도 생각지 않았던 적잖은 돈이 생겼으니 싹수가 있을 징조로 여겨졌다.

들판을 지나고 고개를 넘으니 길은 칙칙한 솔밭으로 기어 들어가고 있었다. 돌연 어디서인지 여인의 너털웃음 소리가 들려 권직은 걸음을 멈추었다. 바로 바른편 숲 속에서 지난밤의 그 여인이 손에 든 보따리를 내두르면서 다가오고 있지 않은가.

"선비님, 어떻게 빠져나오셨수?"

어제저녁과는 아주 딴판인 여인의 태도는 권직의 말문을 막아놓았다.

오늘 아침에 당한 일을 생각하면 당장이라도 관가로 끌고 가 혼구멍을 내줘도 속이 시원치 않겠으나 황홀하게도 어여쁜 그녀의 얼굴을 대하니 순간 그런 생각이 그만 눅어지는 것이었다.

"하, 빠져나오다니? 궁한 판에 덕택으로 돈벌이까지 했소."

권직은 갈피를 못 잡는 여인에게 호기롭게 경로를 말해주었다.

"어머나, 대단하신 선비님이셔라!"

여인은 백옥 같은 이를 드러내 놓고 간드러지게 웃었다.

이 여인을 어떻게 대해야 할 것인지 권직은 엄두가 나지 않아 어처구니없이 바라보고만 있었다. 그러나 여인은 다정스럽게 물었다.

"선비님은 무슨 일로 한양에 가셔요?"

"돈 벌러 가오."

권직은 무뚝뚝하게 대답했다.

"선비님은 벼슬을 하셔야지……."

"배가 고파도 벼슬이란 말이오? 논지論旨 한 장이면 금·옥관자가 왔다 갔다 하는 세상!"

권직은 여인의 말에 끌려 이런 말을 하게 된 자신이 처량해서 긴 한숨을 내쉬었다.

"흥! 돈 벌어서 벼슬 사고 게다가 어여쁜 색시나 얻으면 금상첨화겠네!"

혼잣말로 빈정대는 여인에게 권직은 농을 걸며 이렇게 장단을 맞추었다.

"도상途上에서 귀부인을 만나 덕택으로 돈까지 얻었으니 앞길에 싹수가 있을 징조로다."

"귀부인이요? 옛날 같으면……."

여인은 어딘지 모르게 싸늘하게 웃었다. 권직은 여인의 쓸쓸한 웃음 속에서 한 올가미로 다루어질 여자가 아니라는 것을 느꼈다.

"하룻밤만이라도 내외라고 했던 부인! 고향이 어디시오?"

"한양이에요."

"어제는 부평이라더니?"

"고향이 따로 있나요. 오늘은 동읍東邑, 내일은 서읍西邑, 부평초처럼 떠돌아다니는 연의 신세."

"장사의 형편상 그렇기도 하겠소."

"포도청이 무서우니까요."

이런 실없는 말을 하며 길을 걸어가다가 점심때가 되었다. 누가 보면 금실 좋은 부부였다. 주막에 들어가자 겸상을 내왔다. 둘이는 마주보고 빙긋이 웃으며 숟가락을 들었다. 권직이 점심 값을 치르려고 하니까 여인이 먼저 얼른 치러버리고는 길을 나섰다. 권직은 여인을 따라 또다시 걸음을 재촉했다. 여인은 심히 궁금해하는 권직에게 자기의 처지를 이렇게 말했다.

성은 어魚가요, 한양에서 나서 한양에서 자랐고, 아버지는 종로에서 큰 포목전을 하고 있다. 열일곱 되던 해에 상의원尙衣院 이첨정李僉正의 아들에게 시집을 갔었으나 몇 달이 채 못 되어 상부를 당하고 친가에 돌아와 있다. 지금은 집 한 채를 사서 노파와 단둘이 살고 있는데, 개화開化되어가는 세상에 서른이 다 된 나이에 무슨 재미로 살겠느냐. 그래서 종종 바람을 잡으러 이러고 다닌다.

여인의 말을 어느 정도 믿을 것인지, 권직은 덤덤히 고개를 끄덕이고 있다가 익살을 주어 말했다.

"보아하니 사정이 그리 어렵지 않은 모양인데 왜 그런 벌이를 하고 다니오?"

"선비님도. 그러고서 어떻게 장안에 가시어 돈벌이를 하겠수. 그러지 마시고 저와 장사하시지 않겠어요?"

"궁한 판에 무얼 가리겠소만 억만금이 생긴다 한들 도둑질 장사란 난 싫소."

"장사꾼이나 벼슬아치나 도둑이 다를 게 뭐 있는 세상예요? 사흘 굶으면 담 안 넘을 사람 없다는 얘기가 있잖아요."

여인은 입맛을 다셔가며 야죽야죽 이런 이야기를 했다.

이야기를 들으며 걷다 보니 벌써 남대문의 웅장한 모습이 황혼에 장엄莊嚴하게 보였다.

"선비님, 적당한 숙소가 없으신 모양이니 저희 집으로 가시지요."

"고마운 말이오만 여인끼리 살고 있다는 집에 어떻게 가겠소."

"그런 염려는 마세요. 제가 주인인데요."

"그럼 부탁합시다."

도둑이건 화냥이건 권직은 그 여인에게 몸을 한번 맡겨보기로 했다. 그녀의 집 문 안에 들어섰을 때는 구름에 가려 별 하나 보이지 않는 밤이었다. 골목길을 잡아 돌아 "이 집이에요" 하고 여인이 걸음을 멈춘 곳은 어둠 속에 보아도 아담한 집이었다. 몇 개의 층계를 올라가서 대문을 두드리자 "아씨 오세요? 하유! 이 밤중에……" 하는 소리와 함께 대문이 열렸다.

"생원님, 들어오세요."

갑자기 여인은 위엄을 세웠다. 집안에 들어서자마자 권직의 눈에 뜨인 것은 처마에 걸려 있는 청사롱靑紗籠이었다.

'당하관堂下官의 미망인!'

아무리 문란해진 세상이라지만 청사롱은 당하관의 것임이 분명했다. 권직은 여인이 안내하는 안채 큰방 앞마루에 서슴지 않고 걸터앉아서 집안을 한번 휘 둘러보았다. 고운 자태의 여인과 아담하게 꾸며진 정원庭園에 비기어 자신은 너무도 초라했다.

노파와 계집아이가 저녁 준비를 하는 동안 여인은 몸소 대야에 물을 그득히 가져왔다. 권직은 잠을 잘 방을 걱정했다. 발을 씻고 난 권직은 보따리에서 새 버선을 꺼내 신으면서 여인의 방을 흘낏 넘겨다보았다. 여인은 저녁을 재촉하면서 권직을 안방으로 이끌었다. 벽에 걸려 있는 어해도魚蟹圖 한 폭과 문갑 위에 놓여 있는 동자가 그려진 백자기白磁器가 여인의 편안하고 한가로운 생활을 말해주고 있었다.

두 번째 골탕 먹다

이윽고 밥상이 들어왔다. 시장하시겠기에 대강 보았다는 밥상이 성찬이었다. 겸상을 하고 앉아 술을 부어주는 여인의 태도는 어디로 보나 귀부인의 것이었다. 밥을 먹고 나서 노곤해진 권직은 몸을 팔에 기대어 옆으로 누웠다. 여인은 웃으며 "근처에 맑은 물이 흐르고 있사오니 여진旅塵을 씻으시옵지요" 하고 권했다. 그리고 노파에게 목욕을 하고 오겠으니 자리를 펴놓으라고 이르고 계집아이에게 초롱을 들리고 밖으로 나갔다.

못가에 지어진 정자亭子에 닿자 여인은 권직에게 옷을 벗으라고 했다. 이렇게 된 바에야 거리낄 것이 없었다. 권직은 옷을 활딱 벗어버렸다.

"생원님!"

보드라운 여인의 손이 살며시 권직의 등에 닿았다. 여인은 등에 볼을 대고 "저기 저것이 뭐예요?" 하며 구름이 자욱한 하늘을 가리켰다.

"무엇 말이오?"

"저기 저것……."

"안 뵈는데!"

"저기 말이에요, 저……."

답답한 듯이 여인은 권직의 등을 안아 난간 밖으로 이끌어갔다. 권직이 색정에 취한 허리를 뻗쳐 하늘을 보려고 할 때 갑자기 여인은 권직의 등을 쳤다. 권직은 그대로 못에 떨어지고 말았다. 정자 쪽에서 돌멩이가 마구 날아왔다. 권직은 정자와 반대쪽으로 젖 먹던 힘을 다해 헤엄을 치기 시작했다. 권직이 간신히 못가로 기어 올라와서 잔디 위에 퍽 주저앉아 원망스러운 눈길로 정자를 보니 정자는 어느새 고요했다.

'이게 무슨 꼴이람!'

그녀에게 두 번이나 속아서 돈 스무 냥은 고사하고 옷마저 빼앗겨 벌거숭이가 되었으니 날이 밝으면 어쩔 것인지 권직은 경망한 자신이 한심스러웠다. 기억을 더듬어 그녀의 집을 찾아보면 찾을 길도 있겠지만 찾아가 본들 앙큼한 그녀에게 도리어 봉변만 당할 것 같아 그만 단념해버렸다. 권직은 화려한 꿈을 빼앗긴 것이 분하기 짝이 없었다. 이러한 중에도 잠은 권직을 엄습했다.

얼마나 잤을까. "이크, 송장이다!" 하는 가물가물한 소리에 잠이 깬 권직은 죽은 듯이 그대로 누워 있었다.

"또 뻗었어? 험악한 놈의 세상! 물에 빠져 죽은 놈의 옷까지 벗겨갔군!"

"누가 아니래! 이렇게 사람이 죽다간 멸종하겠어! 이 사람아, 난 요즈음 순라군살이가 싫어졌어. 이걸 어찌한담."

"어찌하기는 어찌해. 포청에 알려야지……."

"그런데 동관同官!"

"응?"

"동관도 알다시피 내 큰놈 말이야, 그 애가 오랫동안 신병으로 누워 있지 않나?"

"응!"

"그래서 말인데, 내 청 하나 들어줄 수 없겠나?"

"이 사람! 자넨 차분하기도 허이. 송장을 앞에 놓고 청은 무슨 청이야, 원!"

"동관은 죽은 놈이 뭐가 무서워서 벌벌 떨고 있어? 다름 아니라 의원의 말이 내 자식 놈 병엔 막 죽은 송장의 불알이 선약仙藥이라네그려. 그래서 동관만 눈을 감아주면 내 자식 놈이 살아날 수 있단 말일세."

"이 사람, 난 모르겠네. 난 가겠네."

"별수 있나, 자네가 그런다면야. 친구도 오륜에 든다데마는……."

한 순라군이 서운한 태도를 보이자 다른 순라군은 정에 끌려 그만 승낙을 해버렸다.

"그럼 얼른 하게. 난 송장만 보아도 사지가 오그라질 지경이야."

"들어주겠나. 고마우이."

어이없이 듣고 있던 권직은 벗어날 꾀를 생각하고 있었다. 순라군이 불알을 덥석 쥐려고 할 때 권직은 벌떡 일어서면서 그자의 멱살을 추켜잡고 "네 이놈! 네놈을 찾으려고 몇 해 동안 별렀는데 하늘이 무심치 않아 이제야 만났구나!" 하며 호통을 쳤다.

"죽을죄를 지었습니다. 용서하십쇼."

순라군은 손을 싹싹 빌었다.

"내 형님을 죽인 철천지원수!"

"옛?"

밑도 끝도 없는 말에 순라군은 깜짝 놀랐다.

"앙큼한 놈이로고! 그래, 네 죄를 네가 모르느냐?"

"무슨 말씀이온지 소인은……."

"모른다? 음흉한 놈! 내가 말해줄까? 난 충청도에 산다. 3년 전에 내 형님께서 대과大科를 보시려고 한양에 오셨다가 어느 날 밤 약주에 취하시어 노상에 쓰러져서 잠이 드시었다. 그 틈에 어떤 무도한 놈이 불알을 발라 가버려 그만 그 길로 돌아가셨다. 그래서 나는 3년 동안을 형님의 원수를 갚으려고 이러고 다니다가 오늘 밤에야 네놈을 만났으니 어찌 하늘이 무심타 하겠느냐. 네 이놈! 형조刑曹로 가자. 당장 형조로 가!"

듣자니 너무도 엄청난 이야기였다. 이 마당에 변명할 여지가 없게 되어버린 순라군은 맥이 풀렸다. 그런 일이 없다고 밝혀지더라도 지체 높아 뵈는 선비의 불알을 까려고 덤볐으니, 그것만으로도 천한 순라군 따위는 뒤통수를 쳐서 눈을 빼고 목을 벨지 모르는 세상이었다.

"나리! 죽을죄를 지었사오나 사람을 죽인 일은 없사옵니다. 살려주시옵소서. 살려주시옵소서."

"이놈! 용서는 형조에 가서 받고, 네놈 옷을 벗어라. 네놈이 도망가지 못하도록 옷을 벗긴 뒤 이 밑에서 기다리고 있는 친구들을 부를 테다."

▍영월의 사연

갈수록 노기가 더해가는 선비 앞에 순라군은 옴짝도 못 하고 옷을 벗기 시작했다. 권직이 순라군이 벗은 바지를 들고 한쪽 다리를 막 꿰었을 때였다.

"호호."

바로 등 뒤에서 그녀의 특징 있는 웃음소리가 들려왔다. 권직은 어둠 속을 쏘아보았다. 어둠 속에서 순라군의 초롱 불빛에 태연히 나타난 요염한 그녀의 뒤에는 앞서 초롱을 잡았던 계집애가 따르고 있었다.

"영월 아씨 납시옵니까?"

초롱을 잡고 벌벌 떨고 있던 순라군이 허리를 굽실하며 맞이하자 멱살을 잡힌 자가 몹시 반가운 듯이 "아씨! 소인을 살려주시옵소서" 하고 여인에게 애원했다.

권직은 분대로 해서는 그녀에게 달려들어서 목이라도 졸라버리고 싶었으나 순라군들이 아씨라고 황공히 대접을 하는지라 그럴 것까지

296

는 없다고 마음을 다독였다. '영월 아씨라고 했겠다, 영월이!' 하고 여인의 이름을 머리에 새기면서 권직은 잡았던 멱살을 놓아주고 험악하게 그녀를 노려봤다. 그러자 여인은 "호담하신 선비님의 기지奇智, 소녀의 애간장을 흩어놓았나이다" 하며 엉뚱한 말을 하고 죄수처럼 고개를 숙였다. 그러고는 잔디 위에 단정히 앉아 거느리고 온 계집아이로부터 보따리를 받아 권직 앞에 옷을 꺼내놓았다.

"……"

갈수록 이상한 여인을 또 어떻게 다루어야 옳을지 미처 분간을 못 하고 옷을 입고 난 권직은 순라군을 어떻게 처치할 것인가 난처하기 짝이 없었다. 여인은 그 눈치를 채고 말했다.

"생원님, 제가 잘 알고 있는 순졸巡卒들인데 그런 악독한 짓을 할 위인이 못 되는 인간들이옵니다. 늘그막에 둔 자식이 병을 앓고 있사와 그만 환장지경이 되어 감히 그런 불경한 죄를 지은 성싶으오이다. 저를 보시고 용서하옵소서."

"……"

모든 사정을 알고서 제멋대로 차車 치고 포包 치는 여인 앞에서 살려달라고 울먹이는 순라군의 소리가 더더욱 가련해서 권직은 말했다.

"마땅히 형조로 끌고 가서 물고를 낼 터이로되 아씨의 말도 있고 해서 용서할 테니 앞으로 유념하렷다."

"황공하옵니다."

얼씨구나 하고 순라군이 재빨리 가버리려고 하자 여인은 언성을 높였다.

"아무리 분별없는 졸때기로서니 무례도 유만부득이지! 나리를 처소까지 모시지 못할까?"

순라군의 무지한 소행을 꾸짖는 여인의 음성에는 고귀한 기풍氣風이 서려 있었다.

"예!"

순라군은 굽실굽실 초롱을 들고 앞서면서 "아씨! 어느 댁으로 모시오리까?" 하고 두려운 어조로 물었다.

"내 집으로……."

이렇게 말하는 여인을 뒤에 거느리고 가는 권직은 황홀한 꿈을 다시금 이어보았다. 얼굴에 빗방울이 한 방울 두 방울 떨어졌다. 팔만장안은 고요히 잠들고 있었다. 촛불 타는 소리에 밤은 깊어만 갔다. 술상 머리에 다소곳이 앉은 여인의 촉촉한 하소연은 권직의 마음을 사정없이 애태워 주었다.

여인은 당세當世 홍계훈洪啓薰과 더불어 시명詩名이 있던 종친宗親, 이행지李行之의 딸 보옥寶玉이라고 했다. 낙척한 종친의 위치란 돈의 위력이 나날이 강해져 가는 세상에서는 빛깔 좋은 개살구였다. 그래도 옛날에는 종친과宗親科라도 있었지만 지금은 그것도 돈으로 흥정이 되고 있었다. 그렇다고 행지는 벼슬에 관심이 있는 사람도 아니었다. 풍월을 읊조리며 세상이 괴롭다고 처자를 돌보지 않고 매일같이 뜻이 맞는 친구들과 음중팔선飮中八仙을 자처하고 다녔다.

보옥이 열네 살 나던 해 봄, 아직도 추위가 가시지 않은 어느 날 석양이었다. 조상으로부터 물려받은 가재를 팔아서 하루하루를 연명하는 궁핍한 생활 끝에 병으로 몇 달 전부터 신음해오던 행지의 처 유씨는 눈물을 철철 흘리며 병에 시달려 뼈와 가죽만 남은 엉성한 손으로 딸 보옥을 어루만지면서 말했다.

"글이 원수다! 넌 아버질랑 믿지 말고 초동 어부라도 널 잘 거추해 줄 사람이면 따라가 살아라. 내 너를 치우지도 못하고……."

어느 때 돌아올지 모르는 남편. 그래도 기다려지는 것이 인정인지, 유씨 부인은 한사코 머리맡 방문을 쳐다보는 버릇이 생겼다. 그러나 무상한 건 죽음이었다. 무엇이 알렸는지 그날따라 일찍 돌아와 문 안에 들어서는 남편을 보지도 못하고 유씨 부인은 한 많은 세상을 떠나고야 말았다.

그날도 끄윽 트림을 하면서 방문을 여는 행지의 눈에 뜨인 것이 무엇이었던가? 거기에는 아버지를 원망하는 애절한 딸 보옥의 통곡과 종친의 긍지와 선비의 청빈淸貧을 조소하는 식어버린 아내의 몸뚱이가 놓여져 있었다. 행지는 마치 도끼로 머리를 맞은 황소처럼 무릎을 꿇고 굳은 아내의 눈을 쓸어내리며 뚝뚝 눈물을 떨어뜨렸다.

유씨 부인의 치상은 남편의 시우詩友들의 절실한 도움으로써 면목을 세웠다. 그 길로 행지는 그렇게 좋아하던 술을 끊고 염치 불구하고 벼슬길을 찾아다니기 시작했다. 그것이 죽은 아내에 대한 공양인 것처럼.

때는 흥선대원군興宣大院君에 의해서 국상까지 선포되었던 명성황후明成皇后가 장호원長湖院으로부터 돌아와서 그의 일파가 집권하던 무렵이었다. 그들의 안중에 일개 종친인 이행지가 있을 턱이 없었다. 미직微職 하나 얻지 못한 행지의 가슴속에는 고종의 사직에 대한 불만이 용솟음치고 있었다. 이런 심화로 어수선한 일상을 보내던 행지는 그해 겨울 갑작스레 세상을 떠났다. 같은 해에 사고무친이 되어버린 보옥의 심정은 이루 말할 수 없었다.

어린 보옥은 '부모를 빼앗아 가버린 것은 돈이다. 돈을 벌어서 부모의 원한을 풀어드리자!' 하는 심지가 굳어버렸다.

보옥은 생각한 끝에 기생이 되기로 결심했다. 이리하여 기명妓名을 영월影月이라고 했다. 그것은 단종의 후예라고 하여 영월에 인연한 것이었다.

어린 기생 생활 몇 해 동안은 예도藝道를 익히는 고행의 세월이었다. 그러나 연약한 보옥의 자색에서는 고귀한 왕손의 기품이 깃들어 있었다. 그녀의 가무음곡은 따를 사람이 없었고 장안의 화류계는 영월의 독천장이었다.

영월의 집에는 옥관자들의 출입이 빈번했고 그 안에서 쥐도 새도 모르게 벼슬이 흥정되었다. 그리하여 많은 재산을 모은 영월의 앞에는 옛날에 영월을 거들떠보지도 않던 사람들이 척분을 따지고 찾아와서 목멘 소리로 자기네들의 처지를 호소했다. 더러운 세상이었다.

헝클어진 세상에 넌더리가 난 영월은 문득 이런 생각이 들었다.

'자식을 하나 두어 부모의 봉제사奉祭祀를 시켜야겠구나.'

날이 갈수록 이런 생각은 서른을 바라다보는 영월의 머릿속에 절실하게 새겨졌다.

영월은 오뉴월 파리처럼 모여드는 뭇 사내들 중에서 마땅한 사람을 생각해보았다. 그러나 거개가 글재주 없는 간교한 벼슬아치들이었다. 아무리 기생으로 낙명落名은 했다지만 영월의 혈통血統은 그러한 사내들과의 피의 융합을 거부했다. 그래서 '청운靑雲의 뜻을 품고 한양으로 올라오는 선비들 중에서 뜻에 맞는 사내를 골라내자' 이런 생각으로 표연히 나섰다가 중림도重林道에서 늠름한 권직을 만나게 되어 그를 다루어보려고 한바탕 장난을 쳐본 것이었다. 하룻밤 걸숙했던 그 집에서도 물건을 훔쳐 온 것이 아니라 금패물들을 바느질 광주리에 넣어놓고 왔다는 것이다. 권직은 이때야 그 집 주인과 시비 도중에 주인의 당숙이란 노인이 나타나 주인을 꾸짖던 일이 문득 생각났다.

"하……."

권직은 호탕한 웃음을 터뜨리면서 영월에게 잔을 내밀었다.

이슥한 밤 비는 오고 오가는 술잔에 이들의 운우지정雲雨之情이 넘실거렸다.

신하와 기녀를 중매한 성종 임금

어느 날 밤 성종 임금이 친히 궐내를 순시하다가 매계梅溪 조위曹偉의 처소 앞에 이르렀다. 밤이 이미 깊었는데 조위의 상방에서는 낭랑히 글 읽는 소리가 흘러나오므로, 성종은 그의 방문 앞에서 가만히 방 안을 들여다보았다. 휘황한 촛불 아래 단정히 앉아 글을 읽고 있는 조위의 모습은 한층 더 아름다워 보였다. 한참 엿보고 있던 성종이 막 문을 열고 들어가려고 할 때, 표연히 뒷문이 열리며 소복단장을 한 궁녀 하나가 들어와서 살며시 조위의 책상머리에 앉았다. 성종은 호기심 어린 눈으로 지켜보았다. 그러나 조위는 거들떠보지도 않고 계속 글만 읽고 있었다. 여인은 언제까지고 그렇게 있으려는 듯이 앉아 있었다. 얼마 동안 시간이 지난 뒤에 조위가 읽던 책을 탁 덮고 나서, "그대는 어떤 여인이기에 이 깊은 밤에 남자가 있는 방으로 들어왔는가?" 하고 점잖게 물었다. 그러자 여인은 얼굴을 붉히며 "저는 나인 처소에 있는 궁녀이옵니다. 궐내에서 잔치가 베풀어질 때마다 당신의 늠름하신 풍모를 뵈옵고 연모의 정이 샘솟곤 했사오나, 순서를 얻지 못하여 연연한 정을 풀 길이 없사와 이제는 사념이 병으로 되었나이다. 그리하여 부끄러움을 무릅쓰고 당돌히 이 자리에……" 하며, 말을 채 끝내지 못하고 홍도화처럼 붉어진 얼굴을 깊숙이 숙였다. 그 말을 듣고 난 조위는 그래도 어디 이럴 수가 있느냐고 점잖게 꾸짖었다.

여인은 긴 한숨을 내쉰 다음 품속에서 시퍼런 장도칼을 꺼내 들고, "상사相思로 죽느니 임이 보시는 앞에서 죽겠나이다" 하며 칼을 가슴에 댔다. 위기일발의 순간이었다. 성종이 문밖에서 손에 땀을 쥐고 지켜보는데, 조위는 깜짝 놀라면서 날쌔게 손을 들어 칼을 빼앗아 던지고, "그대의 뜻이 그런 줄은 몰랐구려. 정 그렇다면 내 소원을 들어줄 터이니 쓸데없는 생각은 버리오" 하고는 여인의 손을 이끌어 자기 앞에 앉혔다. 그리고 따뜻한 말로 위로한 다음, 옷을 벗고 동침하는 것이었다. 여기까지 지켜보고 있던 성종은 조위의 아름다운 마음씨에 감탄하면서, 곧 돌아가서 내시에게 명해 자기가 덮는 비단 이불을 몰래 덮어주게 했다.

이튿날 아침 조위가 깨어 보니, 방 안에 향내가 은은하며 자신에게 난데없는 금침이 덮여 있었다. 조위는 매우 경황하여 왕에게 대죄를 했다. 그러나 성종은 웃는 얼굴로 "내 다 보았소. 사람이 사람의 힘으로 목숨을 구한다는 것이 얼마나 아름다운 일이오" 하고 도리어 칭찬을 했다.

신종확에게 기생 수청을 받게 하라

그런 일이 있은 다음 날, 성종이 일과인 강연을 파하고 앉아 있는데 옥당 한 사람이 아뢸 말씀이 있다고 하면서 어전으로 나왔다. 성종이 바라보니 그는 신종확이었다. 당시 조위와 신종확, 두 사람은 풍채와 문장으로 쌍벽을 이루고 있는 터였다.

신종확이 머리를 조아리며 말했다.

"옥당 조위는 몰래 궁녀와 간음한 죄를 범했사오니 무엄한 신하로소이다. 그런 자에게는 중한 벌을 내리심이 마땅하오니 금부에 명을 내리시어 정배케 하시옵소서."

성종이 어떻게 그것을 알았느냐고 궁금히 여겨 묻자 종확이 대답했다.

"신이 그날 밤 입직하여 글을 읽다가 의심이 나는 구절이 있기로 조위에게 물으러 갔다가, 궁녀 하나가 조위의 처소에서 뒷문으로 빠져나가는 것을 달빛에 뚜렷이 보았나이다."

성종은 그제야 자기도 직접 보았노라 하고, 인명에 관계되는 일이었던 만큼 조위가 그렇게 한 것이 오히려 아름답지 않느냐고 말했으나 신종확은 단호히 그의 문죄를 주장하여 굽히지 않았다. 그래서 성종도 할 수 없이 "장차 중형으로 다스릴 터이니 그리 알라" 하고 신종확을 달래어 보냈다.

4, 5일 뒤 성종은 신종확을 불러들여서 그를 평안도 어사에 제수했다. 마패와 수의를 주어 각 읍을 순행하며 탐관오리를 일소하고 착한 백성들을 도우라 한 다음, 성종은 가벼운 웃음을 짓고 "들으니 평안도는 색향이라 하던데, 특히 그대만은 탈선치 않을 줄 믿으나 각별히 조

심하라" 하고 덧붙여 일렀다. 신종확은 "분부대로 하오리다" 하고 길을 떠났다. 그리고 성종은 비밀리에 평안 감사에게 지시하기를, "무슨 계책을 쓰든지 이번에 내려가는 어사에게 기생 하나를 수청 들게 하라. 만일 그만한 묘계가 없으면 벌을 받게 되리라" 했다.

이런 하교를 받은 평안 감사는 여간 걱정이 되지 않았다. 필연 어사가 여색과는 담을 쌓은 사람이므로 왕이 그런 분부를 내린 줄은 알겠지만, 그가 굳이 싫다 한다면 어떻게 해야 하는가. 감사가 근심하는 것을 본 옥란이란 기생이 "기생은 고을마다 있사오니 사또께서는 각 읍 수령에게 분부하시와 여럿의 힘으로 성사케 함이 좋지 않을까요?" 하고 헌책했다. 감사는 그럴싸하게 여겨 각 읍에 통지하기를 "만일 공을 이루는 사람이 있으면 후한 상금을 주리라" 했다. 그때 선천에 옥매향이란 기생이 있었는데, 그녀는 부사의 이야기를 듣고 자원하여 자기가 어사를 유혹해보겠다 했다. 그녀는 아직 스무 살도 안 된 한창때였는데, 인물이 절묘한 데다 지혜가 출중한 기생이었다.

한편 왕명을 받든 신종확은 평안도를 향해 길을 재촉했다. 그는 암행어사가 아니라, 노문路文이라 하여 먼저 어느 고을로 가겠노라는 통지를 하고 다니는 어사이므로 가는 곳마다 대우가 이만저만하지 않았다. 그러나 여자만은 일절 가까이 오지 못하도록 하여 언제나 기생은 그의 곁에 얼씬도 못 했고, 따라서 남자 관속들만이 시중을 들었다. 그래서 각 읍 관속들은 그를 내관 어사니, 부처님 어사니 하는 별명까지 지어 불렀다. 그렇게 기생 수청을 받도록 하는 일만은 어디서나 성공하지 못했고, 평양에서도 또한 무사히 지나갔다.

어사는 평양을 떠나서 여러 고을을 순찰하고 다니다가 성천成川에

도달했다. 이곳은 본래 아름다운 고장으로서 강선루降仙樓 등이 서도 제일의 경치를 자랑했지만, 신 어사는 풍월만을 즐길 뿐 금색의 철칙은 조금도 늦추지 않았다. 그런데 기생 옥매향은 무슨 계교를 생각했던지, 통인 중에 가장 영리한 사람을 골라 그와 무엇인가를 짜고는 그 통인으로 하여금 어사를 모시게 했다.

여인의 울음소리

신 어사가 성천 사처에서 묵던 첫날밤이었다. 그가 책상의 적막한 기분을 덜까 하고 밤늦도록 책을 보고 있노라니, 문득 어디선지 여인의 처량한 울음소리가 고요한 밤공기를 타고 들려왔다. 가만히 귀를 기울여 듣자 하니, 그 소리는 사람의 간장을 마디마디 도려낼 듯 구슬프고도 아름다웠다.

처음엔 신 어사도 심상히 들어 넘기려 했으나, 높은 듯 낮고, 멈추는가 하면 다시 이어져 밤이 새도록 그칠 줄을 모르는 소리에 급기야 보던 책을 덮고는 옆에 있는 통인通引에게 물었다.

"이 밤중에 여인이 무슨 까닭으로 저리 슬피 우느냐?"

통인은 시침을 뚝 떼고 대답했다.

"저 여인은 나이 열아홉에 남편을 여의고 의지할 부모 친척도 없어, 외로움에 못 이겨 밤마다 저렇게 울며 지내나이다."

측은한 마음에서인지 신 어사는 그날 밤 좀처럼 잠을 이루지 못했다.

그 이튿날 밤, 책을 들고 앉은 그의 귀에 여인의 슬픈 곡성이 또다시 들려왔다. 어사는 얼마 뒤 차마 그 소리를 못 듣겠다는 듯이 통인에게 "저렇게 날마다 울기만 하면 필경 쓰러져 버릴 게 아닌가. 인생이 가련치 않느냐? 내 저 여인을 타일러 조금치라도 위로해주려 하니, 네가 가서 불러오너라"라고 했다. 그러나 통인은 허리를 굽실하면서 능청스럽게 대답했다.

"저 여자는 지조가 높은 수절 과부로서 외간 남자의 부름에 응할 리 만무합니다. 어사님께서 불쌍히 여기사 도와주실 양이면 그 집이 예서 가깝사오니 잠깐 행차하옵심이 좋을까 하나이다."

이 말을 듣고 신 어사가 생각해보니, 자기가 친히 간다는 것은 쑥스러운 일이었다. 그러나 자기는 백성들의 어려움을 덜어주려고 온 터가 아닌가. 그리하여 그는 마침내 결심을 하고 통인의 안내를 받아 그 울음소리가 나는 집으로 찾아갔다. 그 집에 당도해보니 네다섯 칸짜리 초가집이었다.

그는 먼저 통인을 들여보내서 어사가 효유하러 왔음을 알게 했다. 그러나 어사가 한참을 서서 기다려도 여인의 울음소리는 그치지를 않았다. 기다리다 못한 신 어사는 문을 열고 들어갔다. 방 안을 살펴보니 깨끗하게 도배를 한 천장과 벽, 그리고 방 한가운데에 등불이 조는 듯 켜져 있고 그 옆에 소복을 한 아리따운 젊은 여인이 손을 턱에 괴고 앉아서 울고 있었다. 통인이 그 옆에서 자꾸 울음을 그치라고 했으나, 그런 말은 들리지 않는 모양이었다. 신 어사는 아름다운 여인의 뺨에 하염없이 눈물이 흘러내리는 것을 보니, 한층 가엾은 생각이 들었다. 그리하여 그는 용기를 내어 부드러운 말로 타일렀다.

"무슨 연유로 이리 슬피 우는고? 나는 봉명奉命 어사로서 이틀 밤이나 그대의 울음소리를 듣고 측은한 생각이 들어서 이렇게 찾아왔으니 사정을 말하라. 내 힘닿는 한 도와주리라."

여인은 이 말에 겨우 울음을 그치고 눈물을 닦으면서 고운 입을 열어 옥을 굴리는 듯 아름다운 목소리로 말했다.

"첩은 일찍이 남편을 여의옵고 그의 뒤를 쫓으려 했사오나, 모진 목숨 끊지를 못하와 이처럼 울다가 죽으려 하는 몸이로소이다. 귀하신 몸으로 이런 누추한 곳에 행차하옵시어 고마우신 말씀을 내리시옵은 무어라 아뢰올 바를 모르겠사옵니다만 이미 각오한 몸이오니 다시는 높으신 말씀 마시옵기 바라나이다."

그러고는 다시 울기를 시작하는 것이었다. 신 어사는 그 말을 듣고 더욱 애틋한 정이 솟아올라 순순히 타이르기를 "부모가 물려준 귀한 목숨이거늘, 울면서 마치려 함이 당치 않을뿐더러 의탁할 곳이 없다면 차에 적당한 자리를 택하여 다시 금실 좋게 살면 되는 것인데, 무엇 때문에 생목숨을 끊으려는 것인가" 하고 말했다. 여인은 그 말을 받아 "말씀은 지당하오나 다시 사람을 따르자 하니 혹 용렬한 자를 만날까 두렵사옵고, 수절로 한평생을 마칠까 하여도 가냘픈 여자 홀몸으로 욕된 일을 당하기 쉽겠사와 아무래도 죽는 게 상책인가 하나이다" 하고 대답하는 것이다. 신 어사는 이때 그 여인의 너무나도 아름다운 용모와 고운 마음씨가 아까워서 아무래도 그대로 죽게 할 수는 없다고 생각했다. 그리하여 그는 더 생각해보지도 않고 "내가 비록 용렬하긴 하나 부랑자의 유는 아니니 나를 따라서 목숨을 보존함이 어떻겠는고?" 하고 물었다. 여자는 적이 놀라는 듯한 눈초리로 한참 신 어사의 얼굴을 바라보다가 이윽고 낭랑한 목소리로 똑똑히 말했다.

"저 같은 비천한 계집에게 그런 말씀을 해주시니 너무나 기쁘고 황송하와 감히 믿을 수 없사옵니다. 그러나 또한 어사님 같으신 분이 허언하실 리가 없을 줄 믿삽고 감사히 따르겠사옵니다."

그러면서 여인은 울음을 그치고 사뿐 일어나서 절까지 했다. 신 어사는 물론 결과가 이리 될 줄은 생각도 못 했고, 또 목숨을 건져주었으니 적당히 얼버무려 넘길 생각으로 "오늘은 내가 바빠서 그대로 돌아가겠으나, 후일 다시 와서 그대를 데리고 갈 것이니 그리 알고 기다리라"고 말했다. 그러나 여인은 펄쩍 뛰면서 그 온화하고 아리따운 얼굴에 싸늘한 표정을 지으면서 말했다.

"아니, 누굴 노리개로 아시나요. 감언이설로 남의 수절 과부를 꼬여놓고는 별안간 딴말씀을 하시네요. 사람의 내일을 어떻게 믿고 두 달이나 기다리란 말씀예요. 이 몸은 이미 당신께 바쳤는데, 그런 말씀으로 속이려 하시다니 아이구 분해라. 이제 사람들이 알면 저를 어떻게 보겠어요. 얼마나 더러운 년이라고 욕하겠어요. 정 그리시다면 저는 거리에 나가서 어사가 날 꾀었으나 난 넘어가지 않았노라고 내 순결함이나 밝히고 나서 죽겠습니다. 여기 있는 통인이 증인이니까요."

말을 마친 여인이 당장이라도 일어나서 나갈 것같이 서두는 통에 신 어사는 당황했다. 정말 여인의 말대로 한다면 큰일이다. 난처해진 그로서는 여인을 붙들어 앉혀놓고 통인을 물러가라고 한 다음, 거기서 하룻밤을 여인과 함께 지내는 수밖에 없었다. 그리하여 봉명 어사 신종확은 뜻하지 않은 하룻밤을 꽃 같은 여인의 품에서 보내게 되었다.

궁녀는 조위에게, 매향은 신종확에게

날이 밝자 신 어사는 공사를 마친 다음 곧 데리러 오겠노라고 하고 여인과 작별했는데, 그녀는 별로 섭섭해하는 기색도 없이 "하시는 대로 따르겠나이다" 할 뿐이었다. 그 여인은 바로 기생 옥매향이었다. 옥매향은 어사가 다녀간 뒤 자세한 보고를 본관 사또에게 했고, 본관은 매우 기뻐하며 감사에게 보고했던 바, 감사 또한 기뻐하며 많은 상품을 내렸다. 그리고 봉서封書로 왕께 그 사실을 주달하니 회보回報가 내려오기를 그 기생을 한양으로 올려 보내라는 것이었다. 그리하여 옥매향은 즉시 한양으로 올라왔고, 그런 영문을 알 리 없는 신 어사는 두루 순행을 마친 다음 한양으로 돌아왔다.

성종은 그의 수고를 치하하고 민간 사정을 하문한 후 술자리를 베풀었다. 한참 모두 즐겁게 노는데 왕이 신종확에게 물었다.

"평안도는 미색이 많은 고장이라 거기에 내려갔던 소년 관원들 중에 색을 범하지 않은 자가 없다고 들었는데 경은 어떤고? 본래 색에는 범연한 사람이니까 다른 사람과 같지는 않았을 테지."

신종확은 저지른 일이 있는지라 얼굴빛이 홍당무처럼 붉어지며 "부득이 인명에 관계되는 일이었기로 기생이 아닌 여염집 여자를 상관한 일이 있나이다" 하고 성천에서 겪었던 이야기를 떨리는 목소리로 대강 말했다. 그 자리에는 조위도 있었다. 성종은 신종확의 말을 끝까지 듣고 나서 웃음을 참지 못하며 손을 들어 해와 달을 그린 병풍을 거두라 했다. 그러자 어찌 된 영문인지 병풍 뒤에서 조위가 상관했던 궁녀와 신종확이 상관한 과부가 곱게 차리고 있다가 사뿐사뿐 걸어 나왔다.

신종확은 어리둥절한 눈으로 옥매향을 쳐다보고 있다가 부끄러움을 이기지 못해 그만 고개를 숙였다. 성종은 부복하고 있는 신종확을 향해 "경이 상관했다는 여인이 바로 저 여인이지? 경은 기생이 아니라고 했지만, 그래 과수는 계집이 아니란 말인가? 경도 인명을 버릴 수 없어 상관했다지만 조위의 경우와 다를 게 무엇인가?" 하고는 자초지종을 낱낱이 이야기하니, 좌우 제신들은 입을 가리고 웃음을 참지 못했다. 이윽고 성종은 말하기를 "이 두 여인은 각기 주인에게 맡길 것이니 서로 화목하게 살아서 중매한 나로 하여금 기쁘게 하기 바라노라" 했다. 그리고 두 여자에게는 상금을 많이 하사한 다음 궁녀는 조위에게, 매향은 신종확에게 각각 짝을 지어주었다.

조위

조선 중기의 문신으로 7세에 이미 시를 지을 정도로 재주가 뛰어났다. 성종 때 식년 문과에 병과로 급제했다. 성종 때 실시한 사가독서(賜暇讀書, 문흥을 일으키기 위해 유능한 젊은 관료들에게 휴가를 주어 독서에만 전념케 하던 제도)에 첫 번째로 뽑히기도 했다. 연산군 때에 성절사(聖節使)로 명나라에 다녀오던 중 무오사화가 일어나, 김종직(金宗直)의 시고(詩稿)를 수찬한 장본인이라 하여 오랫동안 의주에 유배되었다. 이후 순천으로 옮겨진 뒤 그곳에서 죽었다. 김종직과 친교가 두터웠으며 초기 사림파의 대표적 인물이었다. 박식하고 문장이 위려(偉麗)하여 문하에 많은 문사가 배출되었다.

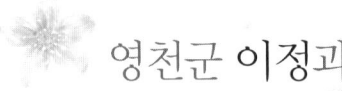# 영천군 이정과 소춘풍

   성종成宗은 호화스러운 군주인 만큼 때때로 신하들을 불러놓고 주연을 하사하곤 했다. 이런 때면 여악女樂을 베풀었다. 그러면 후원에서 왕이 높은 옥좌에 앉고, 그 좌우에는 영의정 이하 6조의 판서가 나란히 앉았다.

  이러한 때 으레 장안의 명기를 초청하여 물색을 감정하고 기녀들의 노래와 춤까지도 감상하는데, 소위 어연御宴이라 하여 이 자리에 참석하는 기생은 용모가 단정하고 재주가 뛰어나야 했다.

노래하는 기생, 소춘풍

소춘풍笑春風은 영흥永興의 명기로, 태생은 영흥이지만 어려서부터 한양에서 살았으므로 흔히 경기京妓라 한다. 이날 소춘풍은 노래 부르는

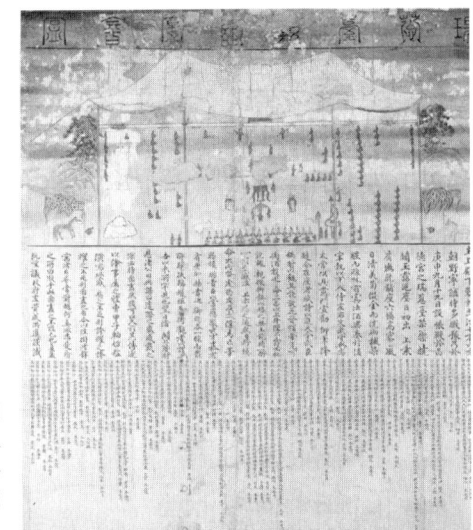

《서총대친림연회도》. 왕이 친히 베푼 연회에 참석하는 것은 기생으로서는 단번에 이름을 높일 수 있는 좋은 기회였다. 그림은 조선 시대 왕실의 연회를 도식화한 것이다.

기녀로서 들어왔다. 금술잔에 푸른색이 도는 술을 한 잔 부어 어전에까지 가지고 갔으나 감히 얼른 술을 들라는 말을 못 하고 주저했다.

"영상에게 올려라."

소춘풍은 왕에게 미소를 지으며, 옆에 앉아 있는 영의정에게 권했다.

"한마디 부르려무나."

왕이 말했다. 소춘풍은 목소리를 가다듬고 술잔을 든 채 노래를 불렀다.

"순임금도 계시건마는 요님이여, 내 임금인가 하노라."

동시에 술을 영상에게 주니 영상은 껄껄 웃으며 받았다.

"노랫소리도 묘하고 그 글도 좋구나."

감탄의 말을 했다. 옆에는 무장武將 출신인 병조 판서가 앉아 있었

치마 속 조선사 313

다. 응당 자기의 차례로 올 줄 알고 기대하고 있었다. 그러나 소춘풍은 한 자리 건너 예조 판서 앞으로 갔다. 역시 금잔에 술을 잔뜩 부어 올리며 노래를 불렀다.

"고금에 통하신 명철한 군사를 어찌 멀다 하고 무지無知한 무부에게 먼저 가오리까?"

이는 완전히 무관을 욕하는 노래였다. 병조 판서는 무안해져 노기를 띠고 소춘풍을 바라보았다. 소춘풍은 또다시 술을 부어 이번에는 병조 판서에게 올렸다.

"먼저 드리온 말씀은 웃음의 말씀이오. 이내 말이 틀렸나이다. 규규무부赳赳武夫를 어찌 모른 척하오리까?"

이 노래에 병조 판서도 얼굴이 풀어졌다. 왕은 재치 있게 넘어가는 소춘풍의 즉흥적인 가사에 매우 만족했다. 연회는 계속되었다. 다른 기생들도 이 광경을 보고 따라가며 노래 부르고 술을 권했다. 왕과 신하 사이에는 연회가 더욱 무르익어 모두 소춘풍의 놀이를 감상했다.

왕은 소춘풍에게 상품을 하사했다. 먼저 비단과 중국의 산동주를 내리고, 다시 노래 한 곡이 끝나면 이번에는 호피를 하사했다. 그리고 나중에는 후추까지 하사했다. 어찌나 많은 물건을 주었는지, 소춘풍이 혼자 가지고 가기에는 어려웠다. 시위 군사들은 모두 이것을 보고 부러워했다.

기생이 궁중의 연회에 들어가 많은 상을 받았다는 소문이 나면 다음부터는 명기로서 이름이 나게 마련이었다. 소춘풍으로서는 어연에 참여했으니 어깨가 으쓱해졌다.

소춘풍의 애인들

소춘풍이 처음으로 노래하는 기생으로 나선 것은 성종 초년이다. 이때 그녀에게 김윤손金胤孫이란 애인이 있었다. 김윤손도 선전관으로서 왕의 좌우에 있었다.

그 후에는 한양에서 일류 오입쟁이로 꼽히는 영천군永川君 이정李定에게 의탁했다. 그는 효령대군의 제5남으로 매우 호탕했다. 성질은 근엄했고 시를 잘 지었으며 그림도 잘 그렸다. 일생을 주색에 빠져 시골 기생이 처음으로 한양에 올라오면 우선 자기 집으로 맞이하여 감색하고 의복을 한 벌 잘 지어주었다. 그러므로 선상기는 대개 영천군의 옷을 얻어 입고, 또 자기의 애인을 따라 사라졌다. 그래도 그는 간여하지 않고 내버려 두었다. 호방한 일면이다. 특히 문사를 사랑하여 시인을 만나면 며칠이고 같이 놀았다.

소춘풍도 영천군의 덕으로 한참을 호강했으나 전날의 김윤손을 잊을 수 없었다. 김윤손 역시 첫정을 억제하지 못해 그녀를 찾아다녔다. 간혹 길에서 만나는 수가 있었지만 영천군의 그늘에 있으므로 감히 근처에 가지 못했다. 그럴수록 그리운 마음은 점점 깊어갔다.

기회만 기다리고 있던 어느 날, 김윤손은 직접 영천군의 집으로 소춘풍을 찾아갔다. 마침 영천군은 보이지 않았다. 좋은 기회라 생각하고 큰사랑으로 들어가니 소춘풍이 나왔다.

김윤손은 그녀의 손을 잡고 말했다.

"영천군은 안 계신가?"

"진사 나리는 지방에서 올라온 기생들과 놀러 가셨소."

신윤복의 〈월야밀회〉. 무관의 기방 출입은 쉽게 용인되었던 만큼 이들이 기생의 기둥서방 노릇을 하는 것은 특별한 일이 아니었다.

"그럼 좋은 기회로구나."

소춘풍도 반가이 대했다. 우선 안으로 들어가며 자기의 처소로 안내했다. 풍류남아의 애인의 방인 만큼 잘 꾸며놓았다. 모든 가재도구가 명나라에서 가져온 값진 물건이었다.

"소춘풍아, 얼마나 보고 싶었는지 이루 말할 수 없구나."

"나리, 소녀도 잊지 않았습니다. 첫정을 어찌 잊으리까. 그저 이곳을 벗어나려고 하였으나 진사께서 놓지 않는구려."

소춘풍의 눈에서도 실안개가 피어올랐다. 양쪽 볼에도 화색이 환한 중에 눈의 안개는 봄비를 머금은 도화 같았다. 더욱 은은한 정이 솟아 뺨을 대니 눈물은 어느덧 김윤손의 얼굴로 옮겨 온다.

"천 냥짜리 눈물이로구나. 이제 그만 나하고 가자."

"갑자기 갈 수 없소."

그렇다고 김윤손이 놓아주진 않는다. 소춘풍은 어찌할까 망설이다가 김윤손을 따라나섰다. 두 사람은 김윤손의 사랑채까지 같이 가 질탕하게 놀았다. 그 후 김윤손은 영천군이 없는 틈을 타 영천군의 집을 자기 집같이 드나들었다. 때로는 영천군과 만나 소춘풍을 중간에 놓고 노래와 술로써 시간을 보내기도 했다. 나중에는 좋지 않은 풍문까지 돌았다. "김윤손이 백주에 영천군의 집에서 소춘풍과 간통했다" 하는 것이었다. 이러한 소문이 도니 사헌부에서 들고일어났다.

"선전관 김윤손은 영천군의 집에서 살고 있는 기생 소춘풍을 백주에 간통했다 하니 이를 간통죄로 장杖 1백에 처하고, 김윤손의 관직을 삭탈해야 하옵니다."

왕은 소춘풍의 이름을 알고 있었으므로 쉽사리 응하지 않고 대신들과 의논하여 처벌하라 했다.

먼저 정창손鄭昌孫이 말했다.

"사헌부의 의견대로 처하고 외방으로 내보내오."

윤필상尹弼裘은 이에 반대했다.

"김윤손의 말에 의하면 그가 먼저 소춘풍과 사랑하던 사이요. 그리고 영천군은 나중이 되오. 창기는 본래 일정한 남편이 없소. 간통죄에도 해당하지 않소."

그래도 왕은 종친의 첩을 간했다 하여 김윤손을 외방으로 보내고 말았다. 먼저 애인이었다는 점을 참작해 경죄로 처리된 것이다. 그리고 이제 소춘풍은 영천군의 첩이 아닌 일개의 기녀로서 나서게 되었다.

어느 놀이든지 한번 소춘풍이 끼면 그 연회는 무르익어 장안의 난봉꾼들이 그녀를 따랐다. 그러면서 애인도 많이 생겨 종실 중에 흥원군興原君, 또 선비 이수봉李秀封 등이 같이 어울렸다. 그중에도 이수봉과 가장 친하게 지냈다. 나중에 나이 사십이 넘어서자 소춘풍에게서도 전날의 고운 자취가 사라져갔다. 그래도 명기인 만큼 찾는 사람이 많았다. 끝으로 최국광崔國光이 그녀의 정식 남편이 되어 같이 살았다. 비록 얼굴에는 잔주름이 생겼으나 윤택한 피부는 전과 같았다. 열 인을 많이 했으므로 모든 면에 능통했다. 최국광은 따로 집까지 지어 주고 첩같이 데리고 살았다.

그녀의 나이 오십이 채 못 되어 병석에 누웠다. 최국광은 더욱 아끼며 극진히 간호했다. 나중에는 소춘풍을 자기의 무릎에 누이고 여러 가지 이야기를 했다.

"무엇이 먹고 싶은가?"

"아무것도 먹고 싶지 않소이다."

"그래도 먹어야지. 죽으려고."

"그만큼 놀았으니 가도 섭섭한 것은 없소이다."

"그럼 누구든지 보고 싶은 사람은 없나? 불러다 주지."

이 말에 그녀는 눈을 감고 생각하는 듯이 가만히 있는다.

"말해보구려."

"정말이오?"

"당신 소원을 못 들어주겠는가?"

"이수봉이 보고 싶소."

겨우 대답했다. 최국광은 너무나 뜻밖의 대답이라 아무 말도 하지 못하고 그대로 있었다. 자기는 끝가지 소춘풍을 사랑했는데, 이제 남의 다리에 감발한 셈이 되었으니 최국광은 그만 정신이 아찔했다. 그녀는 더 살지 못하고, 최국광의 무릎에서 한 떨기 꽃같이 지고 말았다. 그래도 최국광은 그녀의 시체를 고향 자기의 선영 아래 묻어주었다.

이 소식을 들은 전날의 애인 홍원군은 제물을 차려 그녀의 산소까지 가서 제사 지내주었다. 한때를 빛내던 명기도 쓸쓸히 청산의 한 줌 흙으로 화해갔다.

춘화

춘화는 조선 후기에 유행했던 민속화의 일종으로, 남녀 간의 정사를 가감 없이 표현한 것이다. 춘화에 등장하는 여성의 대부분이 기생으로 춘화를 통해 당시 기생들의 생활상을 알 수 있다. 조선 시대의 유명한 화가인 신윤복과 김홍도 기생과 관련된 그림을 많이 그렸으며, 이들이 그린 춘화도 지금까지 전해 내려오고 있다.

뱀에게 제문을 올린 종실 파성령

 조선 선조 임금 무렵 종실 파성령破城令은 각지로 돌아다니며 여색에 빠져 있었다. 가는 곳마다 이별하는 기녀들과의 눈물은 헤아릴 수 없었다. 전라도 남원에서 또 며칠을 놀았다. 관기 무정개武貞介가 그를 따르며 여러 가지로 아양을 떨었다.

"진사 나리, 낭군과 한번 이별하면 소녀는 살맛이 없소이다. 아주 데리고 가주세요."

파성령은 손을 꼭 잡고 말했다.

"데려가고 싶지만 종실이 지방의 관기를 데려다 산다고 하면 국가에서 걱정이 대단할 거야."

"그러시면 소녀는 죽습니다."

"아니다. 종실에 대한 금령이 풀리면 데려가마."

그럴수록 무정개는 파성령을 놀려주고 싶은 생각이 들었다.

"진사 나리, 소녀는 못 기다립니다. 이별한 후 이 몸이 죽어서 뱀이 되어 낭군을 따라가겠습니다."

상사뱀의 전설을 믿은 파성령

파성령은 뿌리칠 수 없었다. 다음에 다시 와서 데리고 간다고 간곡히 다짐하고 떠났다. 한양으로 올라가려면 아직도 며칠 더 걸려야 했다. 여기저기를 들러 공주로 향했다. 그런데 공주 목사 정희현鄭希賢은 파성령이 남원에서 기생과 이별할 때 나눈 이야기를 들어 알고 있었다. 그는 파성령이 공주로 오기 전날 큰 뱀 한 마리를 잡아놓고 기다리고 있었다. 파성령은 공주 관아로 들어와 정 목사를 찾았다. 구면이었다.

"아이구, 파성령, 오래간만에 뵈옵니다. 어려운 출입을 하셨습니다. 어서 오십시오."

정 목사가 반가이 대해주었다.

"멀리 오느라고 몸까지 파리해졌습니다. 며칠 쉬고 가십시오."

"고맙소이다."

멀리서 온 손님이라 하여 주연상을 차리고 대접했다. 정 목사는 파성령이 앉을 자리 밑에 뱀을 미리 숨겨놓았다. 거의 죽어가는 뱀이었다. 술이 돌아가고 관기들의 노래와 춤이 어울려갈 때 파성령은 남원에서 이별한 기생 생각이 간절했다. 혹시 자기를 그리워하다 죽지는 않았을까 하고 골똘해 있었다. 술이 돌아가고 취흥이 도도해지자 정 목사는 파성령의 자리 옆으로 가 술을 권했다.

"파성령, 어찌 수심에 싸였소이까? 어서 술을 드시고 유쾌하게 노시오."

"별로 수심할 일도 없소이다. 어쩐지 술이 잘 넘어가지 않는구려."

"좋은 안주를 가져오리다."

정 목사는 금강에서 잡은 잉어를 가져오며 여러 관기를 시켜 술을 권했다. 파성령도 이제 술이 들어가자 취흥이 도도해졌다. 이러한 기회를 이용해 정 목사는 자리 밑에 숨겨둔 뱀의 꼬리를 슬그머니 꺼냈다. 파성령이 이것을 보았다. 목사는 진노한 듯 소리쳤다.

"여기 괴상한 물건이 있구나. 손님 앞에 이게 웬일이냐? 잡아 없애라!"

하인이 들어와 파성령이 앉았던 자리에서 뱀을 잡아 내리쳤다. 거의 죽은 뱀인 까닭에 꿈틀거리다가 죽었다.

파성령은 한탄해 마지않았다.

"죽었구나. 드디어 가고 말았어. 네 말이 참말이구나."

어느덧 눈물까지 글썽거린다. 이것을 본 정 목사는 짐짓 놀라는 체하며 물었다.

"왜 그러시오?"

파성령은 정 목사에게 지난번 남원에서 이별했던 기생 이야기를 들려주었다.

"미물이라도 사실은 사람의 원한이 붙어 있구려."

술상이 끝난 후 파성령은 죽은 뱀을 남원 기생 무정개의 영혼이라 하여 자기가 입고 다니던 속적삼으로 싸서 객사 근처에 묻었다. 그리고 제문까지 지어 제사를 지내주었다.

정 목사는 자신이 장난한 것을 파성령은 참인 줄 알고 정중히 대하니 웃을 수도 없었다. 단지 '파성령이 상당히 미쳤구나' 하는 생각만 들었다. 예로부터 전해지는 상사뱀想思蛇의 전설을 정말로 여긴 파성령이 애처롭기까지 했다.

임영대군 이구와 금강매

조선 왕조 초기부터 각 지방의 창기를 선발해 궁중으로 들여보냈다. 이것은 궁중에 여악이 있기 때문에 그것을 보충하기 위해 지방에서 실력 있는 기생을 선발해 올려 보낸 것이다. 한번 선상기選上妓가 되면 교방敎坊 같은 곳에서 잠시 훈련을 받는다. 그러나 처음으로 한양에 올라온 선상기는 아무래도 유력한 사람의 추천을 받아야 출세할 수 있기 때문에 사실상 어떻게 하든지 한양의 양반을 구하려고 한다.

| 노래 잘하는 금강매

금강매錦江梅도 창과 무용을 연습하며 때때로 사랑놀이에도 나가게 되었다. 여기서 만난 사람이 바로 임영대군臨瀛大君이다. 임영대군 이구李璆는 세종의 제4남으로 20대의 청년이었다.

임영대군은 금강매를 보자마자 마음이 흡족했다.

"오늘은 이 사랑에서 놀도록 하여라."

처음 대하는 금강매에게 하는 말이다.

"황송하오이다. 미천한 몸이 이렇듯 진사 댁에서 놀게 되오니 그 은혜 태산 같습니다."

"그래, 네 이름은 뭐라고 하는고?"

"하향遐鄕에서 올라온 금강매라 부르는 창기입니다."

"오냐, 내 너의 이름을 들은 지 오래다. 그래, 객지에서 고생하겠구나."

"아니오이다. 잘 지냅니다."

이 말 가운데는 이미 많이 놀았다는 뜻이 포함되어 있다. 그러나 임영대군은 그러한 생각은 없고, 어서 금강매와 놀아보고 싶은 마음이었다. 악공樂工을 비롯하여 노는 건달패들이 모여들었다. 금강매는 시골에서 부르던 가곡을 불렀다.

"시골 애로서는 곧잘 하는구나."

임영대군의 칭찬의 말이었다.

"이 애가 공주 감영에서 노래 잘하기로 이름이 나서 뽑혀 왔습니다."

악공이 옆에서 거들었다.

"장차 크게 되겠다."

"창기가 크게 되면 얼마나 크게 되겠습니까?"

"아니다. 일류 명창이 되면 어전기御前妓가 되지 않겠느냐?"

"어전기보다도 천량錢糧이나 모아서 그저 넉넉히 살고자 합니다. 대군께서 많이 도와주시면 좋겠습니다."

어릿광대 노릇을 하는 악공은 금강매를 임영대군에게 넘기려 든다. 그렇지 않아도 임영대군은 미지의 하향退鄕 기생이 마음에 들었다. 좌석은 더욱 어울려 들어갔다. 악공은 피리를 불고 또 거문고도 탄다. 술이 돌아가고 말소리가 거칠어지면 금강매는 일어나 목청 좋게 노래를 불렀다. 노랫소리는 더욱 청아하게 들려왔다. 임영대군은 오랫동안 놀고 싶었다. 그러나 악공은 어서 파연곡을 부르고 가려는 듯한 태도를 보였다.

"이제 그만 가봐야겠습니다."

"더 놀다 가지 그러는가."

임영대군은 취안이 몽롱하여 말했다.

"저 애도 데리고 가야겠습니다. 진사께서는 저 애를 보내주셔야 합니다."

"아니다. 자네 혼자 돌아가게나."

"같이 데리고 가야겠습니다. 그렇지 않아도 선상기는 왕자들이 모조리 떼어버린다 하여 말이 많습니다."

악공은 금강매를 그냥 두고 가지 않겠다는 말이다. 소매 속에 돈을 넣어주어야 갈 모양이다. 임영대군은 눈치채고 하인을 불러 악공에게 노자를 넉넉히 주어 보냈다. 그리하여 거의 억지로 금강매를 사랑에서 재우게 된 젊은 임영대군은 밤새도록 새로이 올라온 금강매와 수작을 부렸다.

"금강의 매화라 하였으니 이른 봄을 상징하는구나."

"그러하오이다. 금강의 매화는 가장 일찍 핀다 하여 이름을 지었습니다."

"그렇다면 매화가 봄을 먼저 알리듯 너의 몸에서도 아주 이른 봄을 느낄 수 있겠구나. 기녀이니 열인閱人을 많이 하였겠지?"

"아니오이다. 진사께 바치고자 처녀의 몸으로 있사옵니다."

"기특한 일이로구나."

아직도 16세의 소녀였다. 그녀는 일찍이 아버지를 잃고 편모 밑에서 살다가 창기가 되어 한양으로 올라온 것이다. 항상 어미 생각을 하며 얼른 출세할 생각만을 가졌다. 이제 왕의 아들과 깊은 관계를 맺게 되었으니 잘 구슬려 한밑천 잡을 셈이었다.

"진사 어른, 소녀에게도 상금을 많이 주셔야 합니다."

"물론이지. 처녀의 몸으로 사귀게 되었으니 머리를 얹어주어야 하겠구나."

"중매 없는 혼인이 쓸쓸하오이다."

"악공이 중매 서지 않았느냐?"

"그런 것도 중매인가요. 납채納采(신랑 집에서 신부 집에 혼인을 구하는 의례)를 하셔야 되지요."

어서 납채라도 하여 자기를 데려가라는 말이다. 호탕한 임영대군은 모든 것을 승낙했다.

"네가 아주 왕자 궁에 들어와 소첩으로 있게 되면 그만이 아니겠느냐?"

"그러하오니 성례成禮(혼인 예식)를 하셔야지요."

앙큼한 수작이었다. 육례六禮를 갖추지는 못하더라도 성례의 의식을 갖추자는 말이다. 기생 신분에 되지도 않을 말이었다. 그래도 임영대군은 금강매에게 애정을 느껴 이후로부터 그녀는 임영대군의 처소에서 살게 되었다.

신윤복의 〈삼추가연〉. 기생의 초야권을 사는 것을 흔히 '머리 얹어준다'라고 하는데, 상대가 아무리 관직이 높다 하더라도 마음에 들지 않으면 기생은 제안을 거부할 수 있었다고 한다.

임영대군의 방탕한 생활

한편 기첩을 얻은 임영대군은 방탕하는 심정을 자제할 수 없었다. 마치 막아놓은 물을 트면 이리저리 흘러가듯 또다시 다른 여성과 행각行脚의 길을 걷게 되었다.

궁중 안에는 궁비宮婢가 많은데, 그중 내자시內資寺의 궁비 막비莫非가 임영대군의 눈에 들었다. 원래 막비는 영리한 여성이어서 얼마 후에는 중궁의 시녀로 들어가게 되었다. 임영대군은 어머니를 뵈러 중

궁전에 들어갈 때면 으레 막비를 만났다.

"임영대군의 문안이오."

상궁의 전갈이 있으면 그 다음에 임영대군이 어머니를 배알했다.

"근자에도 공부를 잘하고 있느냐?"

모후의 인자스러운 말이다.

"종학宗學에서 글을 배우고 있습니다."

말로는 글을 읽는다 하지만 글보다는 여성에 대한 관심이 더 많았다. 이런 때면 막비가 옆에서 시중을 들었다. 모후의 명령으로 음식상이 들어오면 막비가 술까지 따라주는데, 그러면 임영대군은 막비의 고운 손목을 잡고 떨어질 줄을 몰랐다. 모후는 눈치를 채고 있었지만 아들에 대한 일인 만큼 덮어두었다.

세상이 태평성대가 되어갈수록 유흥의 길이 열리게 되었다. 환관 김전을金田乙은 임영대군이 들어오면 항상 가까이했고, 응방鷹坊의 김흥金興과 악공 안막동安莫同도 임영대군과 어울려 한껏 놀았다. 특히 매사냥은 양녕대군 이래 어느 왕자이고 간에 즐거운 놀음의 하나였다. 해동청海東靑 보라매가 공중으로 높이 떠 꿩이나 토끼를 잡는 일은 남아의 기상으로 여겨졌다.

임영대군이 사냥을 나갈 때면 김흥이 따라나섰다.

"진사 나리, 사냥을 많이 하셨으니 또 한 번 놀아보셔야지요."

"좋은 노리갯감이 있느냐?"

"있고말굽쇼."

"누구인데?"

"인수부仁壽府에 있는 아이이온데, 전에는 그 아이도 무희였습니다.

바로 김질지金叱知라 하는 아이입니다."

인수부는 선왕 때 후궁들이 많이 모여 살던 곳이다. 여기에는 내관은 출입할 수 있으나 보통 사람은 드나들지 못한다. 역시 환관 김전을을 시켜 김질지를 꾀어내게 했다.

일단 임영대군의 솜씨에 걸려들면 영락없이 떨어지고 만다. 그는 금강매 이하 막비, 김질지 등 세 명의 여성을 골고루 데리고 다니며 놀았다. 왕손이 너무나 방탕했다. 세종은 이러한 음풍을 없애려고 했으나 좀처럼 가라앉지 않았다. 그런 중에 중궁은 아들의 장래를 위해 왕에게 고언苦言했다.

"전하, 임영이 공주에서 올라온 선상기 금강매를 귀여워한다 하오. 어찌하오리까?"

"글을 배우지 않고 유흥에 잠기는 습성은 좋지 못하니, 즉시 타일러 다시는 그런 짓을 하지 말라 하시오."

"타일러도 들을 때는 지난 듯하오이다."

"그래도 중궁이 타일러 일이 없도록 해보구려."

어머니로서는 아들의 장래를 위해 끊임없이 타일렀다. 그래도 임영대군은 좀처럼 말을 듣지 않았다. 근엄한 세종은 아들의 일을 걱정하여 영상 황희黃喜, 우상 허조許稠와 의논했다.

"임영이 기녀를 데려다가 작첩하고 궁비를 간음하고 있으니 이를 어찌하면 좋겠소?"

"전하, 연부역강年富力强한 왕자는 간혹 방탕하는 일이 있습니다. 그러한 버릇이 자라기 전에 잘라야 합니다. 그러나 경전輕典을 내리는 것이 좋을 듯합니다."

속히 엄하게 처벌하되 왕으로서는 너그럽게 처리하라는 말이다. 그래도 왕은 다시 도승지 김돈金墩에게 의논하고 명령을 내렸다.

"임영대군에게서 고신告身(벼슬아치에게 주는 사령장)을 수탈하고 금강매는 다시 공주로 내려보내라. 그리고 궁비들은 원방遠方으로 보내고 관련된 김전을 충군充軍(죄를 지은 벼슬아치를 군역에 복무시킴)하고, 악공 수응인收鷹人 등 관련자도 모두 충군하라."

다음부터 관련자가 속속 나왔다. 임영대군의 일당이 무려 10여 명이나 되었다. 다 함께 유흥을 일삼던 자들이다. 이들은 모두 고신을 박탈당하고 군역에 동원되었다. 세종은 아들이 많은데 어찌 한 아들의 잘못을 용서하여 여러 아들의 의심을 살 수 있느냐 하며 전부 중죄로 다스리게 했다. 다만 일시 임영까지 원방으로 귀양 보내고자 했으나 이것만은 실행하지 않았다.

금강매는 젊은 임영대군에게 첫정을 주었으며 달콤한 생활을 했으나 그것도 몇 달 못 가, 젊은 임영대군은 다시 다른 꽃으로 봉접같이 날아가고, 자신은 전과 같이 옛 고향 공주로 쫓겨나게 되었다.

임영대군

세종과 소헌왕후의 넷째 아들로 이름은 구(璆)다. 대광보국 임영대군에 봉해졌으며, 안평대군과 함께 성균관에 입학했다. 임영은 세종의 총애를 받아 원윤이 되었으며, 세종의 명으로 총통 제작을 감독했고, 문종 때는 문종의 명을 받아 화차를 제작했다. 그리고 세조가 정권을 잡자 그를 보좌하여 신임을 얻었다.